Praxisguide Strategischer Einkauf

Ulrich Weigel · Marco Rücker

Praxisguide Strategischer Einkauf

Know-how, Tools und Techniken für den globalen Beschaffer

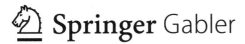

Ulrich Weigel
Eschenburg, Deutschland

Marco Rücker
Braunfels, Deutschland

Das Buch wurde realisiert mit der freundlichen Unterstützung von

 und

ISBN 978-3-8349-4430-6   ISBN 978-3-8349-4431-3 (eBook)
DOI 10.1007/978-3-8349-4431-3

Die Deutsche Nationalbibliothek verzeichnet diese Publikation in der Deutschen Nationalbibliografie; detaillierte bibliografische Daten sind im Internet über http://dnb.d-nb.de abrufbar.

Springer Gabler
© Springer Fachmedien Wiesbaden 2013
Dieses Werk einschließlich aller seiner Teile ist urheberrechtlich geschützt. Jede Verwertung, die nicht ausdrücklich vom Urheberrechtsgesetz zugelassen ist, bedarf der vorherigen Zustimmung des Verlags. Das gilt insbesondere für Vervielfältigungen, Bearbeitungen, Übersetzungen, Mikroverfilmungen und die Einspeicherung und Verarbeitung in elektronischen Systemen.

Die Wiedergabe von Gebrauchsnamen, Handelsnamen, Warenbezeichnungen usw. in diesem Werk berechtigt auch ohne besondere Kennzeichnung nicht zu der Annahme, dass solche Namen im Sinne der Warenzeichen- und Markenschutz-Gesetzgebung als frei zu betrachten wären und daher von jedermann benutzt werden dürften.

Lektorat: Stefanie Brich, Marén Wiedekind

Gedruckt auf säurefreiem und chlorfrei gebleichtem Papier.

Springer Gabler ist eine Marke von Springer DE. Springer DE ist Teil der Fachverlagsgruppe Springer Science+Business Media
www.springer-gabler.de

Vorwort zur ersten Auflage

Wissenschaft trifft Praxis, ein Leitfaden und Ratgeber für den modernen Einkäufer (Der Einkauf als Dienstleister, Strategiemotor und antreibendes Zahnrad im Operations-Getriebe)

Zahlreiche Fachartikel und Fachbücher beschäftigen sich mit Themen rund um die Beschaffung, aber nur wenige werden von Autoren verfasst, die selbst nennenswert an der Beschaffungsfront Erfahrung gesammelt oder gar Verantwortung getragen haben. Und gerade deshalb will dies kein nur in grauer Theorie erdachtes, praxisfremdes Buch sein, das womöglich doch nur im Regal verstaubt. Vielmehr haben wir es uns zum Ziel gesetzt, ein über 300 Seiten starkes, gelegentlich humorvolles und weitestgehend kurzweilig gestaltetes Werk zu schreiben, das sowohl Berufseinsteigern als auch erfahrenen Einkaufsexperten als nützliches Werkzeug für den beruflichen Alltag dienen soll.

Wissenschaftliches Grundlagenwissen wird mit in der Praxis erprobten Einkaufstechniken und Ratschlägen vom Profi mit seinem breiten Erfahrungsschatz aus verantwortungsvollen Positionen quer durch fünf verschiedene Industrien gepaart. Durch die in 25 Jahren entwickelten Methoden und deren Evolutionen wird der Leser in die Lage versetzt, unterschiedlichste Einkaufspraktiken unkompliziert und gewinnbringend auch international nutzen zu können, beispielsweise durch einfache Methoden, um den Wert von Artikeln ohne Kenntnis der Kalkulation des Lieferanten zu ermitteln. Folgende Fragestellungen werden beantwortet: Wie managt man branchengerecht heterogene Lieferantenstrukturen und wie begegnet man Partnern aus unterschiedlichsten Kulturen? Wie meistert man Beschaffungskrisen und minimiert diese proaktiv? Wie führt man Mitarbeiter auch über große Distanzen und wie steigert man das Standing der Beschaffung intern und extern?

Dies sind nur einige Beispiele, die in diesem Werk theoretisch und praktisch behandelt werden.

Marco Rücker liefert dazu die aktuellen wissenschaftlichen Grundlagen und Ulrich Weigel steuert seinen Erfahrungsschatz bei. Unzählige Einkaufsverhandlungen und Lieferantenentwicklungen in den USA, West-, Süd- und Osteuropa, Vietnam, Malaysia und Indien, vor allem jedoch China, Japan und Korea haben dafür die Basis geschaffen und ermöglichen das Einschätzen der unterschiedlichen Kulturen und der daraus resultierenden unterschiedlichen Verhaltensweisen. Neben den allgemeinen Einkaufsgrundlagen werden besonders die Themenkomplexe Global Sourcing (Schwerpunkt Asien), Lieferantenmanagement und Einkaufsverhandlung intensiv erörtert. Die einzelnen Kapitel werden jeweils mit zahlreichen Praxisbeispielen abgerundet und dienen somit als Ratgeber und Leitfaden sowohl für berufserfahrene Fach- und Führungskräfte aus dem Umfeld der Beschaffung als auch für am Anfang ihrer Karriere stehende Einkäufer, die sich mehr und mehr von der operativen Aufgabe hin zur strategischen Beschaffung mit Führungsaufgaben entwickeln wollen.

Dieses Buch eignet sich darüber hinaus auch hervorragend als Lehrstoff für Studierende aus den Bereichen Einkauf, Logistik und Supply Chain Management. Denn dem Einkäufer, der entlang der Supply Chain die Qualität verbessern, Risiken minimieren und dabei Beschaffungskosten nachhaltig und messbar senken kann, winkt zunehmend ein steiler Aufstieg auf der Karriereleiter.

Großer Dank für ihre Unterstützung gilt der Leica Camera AG, wo beide Autoren derzeit beschäftigt sind. Ulrich Weigel als Vice Chief Operating Officer und Bereichsleiter Einkauf und Marco Rücker als Wirtschaftsingenieur im strategischen Einkauf verantwortlich u. a. für Prozessentwicklung in der Supply Chain, Risikomanagement und Strategieentwicklung. Mit freundlicher Unterstützung trug auch die D&B Deutschland GmbH zu dem Gelingen dieses Buches bei.

Besonders danken möchten die Autoren auch ihren Kolleginnen und Kollegen Frau Carolin Knebel, Herrn Wolfgang Schermuly, Herrn Frank Kraft und Herrn Jan Meyer und dem Fotografen Michael Agel, aber auch Herrn Professor Sebastian Heilmann von der Universität Trier, Herrn Jochen Bruns von der NEXUS21 GmbH und Herrn Peter Hermann von Firma Sell GmbH. Die interkulturellen Experten Frau Dr. Kim Nam Hui und Herr Shuzo Matsushita haben besonders in den Asien betreffenden Abschnitten zur Optimierung und Komplettierung des Buches beigetragen.

Und nicht zu vergessen Studium-Plus, eine Initiative der Technischen Hochschule Mittelhessen, durch die Marco Rücker die Gelegenheit hatte, im Rahmen seines Studiums des Wirtschaftsingenieurwesens verschiedene Einkaufsthemen sowohl wissenschaftlich als auch praktisch zu bearbeiten und weiter zu entwickeln.

Last, but not least gilt der Dank ihren Frauen Maria Troussas und Tanja Weigel und ihren Freunden, die ihnen in den letzten 15 Monaten mit Rat und Tat zur Seite standen und sie u. a. mit viel Verständnis und Geduld unterstützt haben.

Eschenburg, Braunfels im Februar 2013
Ulrich Weigel
und Marco Rücker

Inhaltsverzeichnis

1	**Grundlagen des modernen Einkaufs**		1
	1.1	Einführung	1
	1.2	Aufgabe und Zielsetzung des Einkaufs	2
		1.2.1 Operativer Einkauf	3
		1.2.2 Strategischer Einkauf	3
		1.2.3 Projekteinkauf	4
	1.3	Wachsende Bedeutung des Einkaufs im Unternehmen	5
	1.4	Herausforderungen für den Einkauf von morgen	7
2	**Die Strategie des Einkaufs**		11
	2.1	Strategische Grundlagen	11
	2.2	Prinzipien der Einkaufsstrategie	13
	2.3	Prozess der Strategieentwicklung	13
		2.3.1 Strategische Analyse	14
		2.3.2 Zielsetzung	18
		2.3.3 Strategieentwicklung	19
		2.3.4 Taktische Umsetzung	26
		2.3.5 Controlling	26
3	**Die Einkaufsorganisation**		31
	3.1	Einführung in die Organisation	31
	3.2	Aufbauorganisation	32
		3.2.1 Der zentrale Einkauf	33
		3.2.2 Dezentraler Einkauf	35
		3.2.3 Das Lead-Buyer-Konzept	36
		3.2.4 Auslagerung von Einkaufstätigkeiten	37
	3.3	Ablauforganisation	38
		3.3.1 Der Einkaufsprozess	39
		3.3.2 Rollen im Entscheidungsprozess	43
		3.3.3 Prozessoptimierung	44
		3.3.4 Projekteinkauf	48

4 Lieferantenmanagement 51
4.1 Einführung in das Lieferantenmanagement 51
4.2 Lieferantenstrategie 52
4.3 Lieferantenauswahl 54
   4.3.1 Lieferantenidentifikation 55
   4.3.2 Lieferantenanalyse 55
   4.3.3 Lieferantenauswahl 56
4.4 Lieferantenbewertung 58
4.5 Lieferantenentwicklung 62
4.6 Lieferantencontrolling 64

5 Global Sourcing 67
5.1 Grundlagen des globalen Einkaufs 67
   5.1.1 Ziele von Global Sourcing 68
   5.1.2 Strategien und Erscheinungsformen 70
   5.1.3 Neue Risiken auf internationaler Ebene 71
5.2 Global Sourcing am Beispiel China 74
   5.2.1 Anreize und Probleme von China Sourcing 74
   5.2.2 Entwicklungsphasen von China Sourcing 77
   5.2.3 Umsetzung 79
   5.2.4 Interne Widerstände 84
5.3 Compliance 85
5.4 Know-how-Schutz 86
5.5 Kulturelle Besonderheiten 87
5.6 Ausblick 90

6 Risikomanagement im Einkauf 93
6.1 Grundlagen des Risikomanagements 93
   6.1.1 Abgrenzung des Risikobegriffs 94
   6.1.2 Gesetzliche und finanztechnische Rahmenbedingungen ... 95
   6.1.3 Wirtschaftliche Bedeutung von Risiken 96
   6.1.4 Risikomanagement im Einkauf 97
6.2 Risikomanagement-Prozess 97
   6.2.1 Identifikation von Beschaffungsrisiken 98
   6.2.2 Bewertung der Einkaufsrisiken 100
   6.2.3 Steuerung der Beschaffungsrisiken 101
   6.2.4 Risikokontrolle 103
6.3 Spezielle Absicherung von Lieferantenrisiken 104
   6.3.1 Analyse des Lieferantenportfolios 105
   6.3.2 Reaktives Risikomanagement 106
   6.3.3 Aktives Risikomanagement 107
   6.3.4 Präventives Risikomanagement 110

	6.3.5	Langfristige Maßnahmen	114
7	**Methoden und Werkzeuge für die tägliche Einkaufspraxis**		**115**
7.1	Beschaffungsmarktforschung		115
	7.1.1	Arten der Beschaffungsmarktforschung	115
	7.1.2	Vorgehensweise	116
	7.1.3	Informationsquellen	117
	7.1.4	Anwendungsbereiche	118
7.2	Wertanalyse		119
7.3	Die ABC-Analyse		126
7.4	Portfolio-Technik		129
	7.4.1	Warengruppen-Portfolio	130
	7.4.2	Lieferanten-Portfolio	130
7.5	Preisstrukturanalyse		132
8	**Einkaufsverhandlung**		**135**
8.1	Grundlagen der Einkaufsverhandlung		135
	8.1.1	Anlässe für Einkaufsverhandlungen	136
	8.1.2	Verhandlungsstrategien	139
8.2	Die Vorbereitung		140
	8.2.1	Die organisatorische Vorbereitung	140
	8.2.2	Das Lieferantenverhandlungsblatt	142
	8.2.3	Verhandlungsziele	144
8.3	Kommunikation und Körpersprache		148
	8.3.1	Das Kommunikationsquadrat	148
	8.3.2	Nonverbale Kommunikation	150
8.4	Verhandlungsphasen		151
8.5	Verhandlungsmethoden		156
	8.5.1	Kompetitives Verhandeln	157
	8.5.2	Das Havard-Konzept	162
8.6	Besonderheiten bei globalen Verhandlungen		164
	8.6.1	Ritual Visitenkartentausch	164
	8.6.2	Der Gesprächsbeginn	166
	8.6.3	Lachen, ein asiatisches Mittel Konflikte zu managen	166
	8.6.4	Gesicht verlieren	167
	8.6.5	Weitere Besonderheiten	167
	8.6.6	Fazit	168
8.7	Verhandlungserfolg messen		169
9	**Personalentwicklung im Einkauf**		**173**
9.1	Grundlagen der Personalentwicklung		173
9.2	Anforderungen an den modernen Einkäufer		175

	9.2.1 Potenziale erkennen mit der Transaktionsanalyse	179
9.3	Einkaufen als Führungsaufgabe	179
9.4	Berufseinstieg im Einkauf	182

Die Autoren 185

Literatur 187

Grundlagen des modernen Einkaufs 1

Zusammenfassung

Das folgende Kapitel dient zur allgemeinen Einführung in die Funktionsweisen, Strategien und Schwerpunktthemen des strategischen Einkaufs. Der Leser erhält einen Überblick über die Funktionen und Tätigkeitsbereiche von modernen Einkäufern und lernt erste Begriffe aus dem Einkaufswesen kennen. Des Weiteren wird er in die Lage versetzt, die Bedeutung der Einkaufsfunktion im unternehmerischen Kontext zu erkennen und einzuordnen. Darüber hinaus soll ein Einblick in Zielsetzungen und aktuelle Herausforderungen der Unternehmensfunktion Einkauf geschaffen werden.

1.1 Einführung

Kaum eine andere Unternehmensfunktion hat in den vergangenen Jahren mehr an Bedeutung hinzugewonnen als der Einkauf. Ein Trend, der unter anderem auch durch die Veröffentlichung dieses Buchs belegt wird, praktisch aber eigentlich keinerlei Belege bedarf. Denn in Wissenschaft und Praxis wurde der Einkauf lange Jahre so stiefmütterlich behandelt wie kein anderer Bereich der Betriebswirtschaftslehre. In der Lehre waren die Themen Einkauf, Materialwirtschaft und Beschaffung irgendwo in den Bereichen Produktion und Logistik untergeordnet. Ähnlich sah die Organisationsstruktur in den Unternehmen aus. Zentrale Einkaufsabteilungen gab es – wenn überhaupt – in großen Konzernen. In den meisten Unternehmen gab es lediglich in den Fachabteilungen einzelne Verantwortliche, die für die Materialversorgung der Abteilung zuständig waren. Zwar wurden dort auch Preise verhandelt, Liefertermine überwacht und mangelhafte Qualität reklamiert, doch unternehmensübergreifende Ansätze, die in Bereichen wie Vertrieb, Produktion oder Marketing bereits lange vorhanden waren, entwickelten sich erst vor wenigen Jahren.

Das Umdenken in den Unternehmen hat nicht zufällig stattgefunden. Vielmehr rückten veränderte Rahmenbedingungen den Einkauf in den Fokus unternehmerischen Handelns. Ein sich verschärfender globaler Wettbewerb, kürzer werdende Produktlebenszyklen und ein stetig wachsender Preisdruck sind nur einige dieser Entwicklungen. Unternehmen, die erfolgreich am Markt agieren wollen, sind gezwungen, über den Tellerrand hinauszublicken und neben den internen auch ihre externen Wertschöpfungsketten so effizient und wirtschaftlich wie möglich zu gestalten. In diesem Zusammenhang erfährt der Einkauf ein völlig neues Aufgabenspektrum. Das bloße Ausführen und Überwachen von Bestellvorgängen wird durch das langfristige Managen von komplexen Wertschöpfungsketten abgelöst: Ein Wandel, der noch längst nicht in allen, aber bereits in vielen Unternehmen stattgefunden hat und der neue und innovative Managementansätze benötigt.

1.2 Aufgabe und Zielsetzung des Einkaufs

Eine einheitliche und exakte Begriffsbestimmung der Unternehmensfunktion Einkauf ist in der betriebswirtschaftlichen Literatur aktuell nicht zu finden. Zu unterschiedlich sind die derzeit herrschenden Auffassungen und Begrifflichkeiten. Traditionelle Begriffe wie Beschaffung und Materialwirtschaft verschwinden zunehmend, während Schlagworte wie strategischer Einkauf, Global Procurement und Purchasing Management Einzug in die Literatur halten. Dies zeigt den Wandel, der in den letzten Jahren im Einkauf vollzogen wurde und in den nächsten Jahren vermutlich weiter fortgesetzt wird. Im Wesentlichen hat sich an der Kernaufgabe des Einkaufs allerdings nichts geändert. Der Einkauf übernimmt die Versorgungsfunktion im Unternehmen. Er ist für die Sicherstellung der Verfügbarkeit von Beschaffungsobjekten wie Erzeugnissen, Anlagen, Betriebsmitteln und Dienstleistungen verantwortlich. Die klassische Zielsetzung des Einkaufs, die richtigen Güter, in der richtigen Menge, in der richtigen Qualität, zum richtigen Zeitpunkt, am richtigen Ort, unter Berücksichtigung wirtschaftlicher Gesichtspunkte sicherzustellen hat nach wie vor Bestand. Allerdings haben sich mit der zunehmenden Bedeutung der einkäuferischen Tätigkeit zu dieser Zielsetzung vermehrt strategische Ansätze entwickelt. Einkaufsaktivitäten benötigen ganzheitliche und langfristige Planung, Lieferanten müssen zu strategischen Partnern entwickelt und Beschaffungsmärkte global erschlossen werden. Aus diesen Überlegungen hat sich ein erweitertes Tätigkeitsfeld gebildet: Der strategische Einkauf. Diese Entwicklung geht mittlerweile dahin, dass häufig eine personelle Differenzierung der Einkaufsfunktion nach den Tätigkeitsbereichen operativ und strategisch stattfindet. Der operative Einkauf übernimmt in diesem Zusammenhang die routinierte Abwicklung des Bestellprozesses, der Stratege schafft hingegen die langfristigen Rahmenbedingungen in Abhängigkeit von der Unternehmensstrategie.

Doch damit ist der Tätigkeitsbereich des Einkäufers noch nicht komplett. Eine zusätzliche Funktionserweiterung bildet das Begleiten von Projekten im Rahmen von Produktentstehungsprozessen. Neben reinen Kosten- und Terminaspekten aus Sicht des Projektleiters werden im Rahmen von Technologiekooperation Lieferanten immer häufiger frühzeitig in Entwicklungsprojekte einbezogen, wodurch auch der Einkauf einen neuen Stellenwert in der Projektarbeit erhält. Zu seinen Aufgaben zählt hierbei zu unterstützen, zu koordinieren, zu vermitteln und aktiv zu gestalten.

1.2 Aufgabe und Zielsetzung des Einkaufs

Aus dieser Betrachtung ergeben sich die drei Grundfunktionen des Einkaufs:

- Operativer Einkauf: Sicherstellung der Versorgung
- Strategischer Einkauf: Langfristige Planung
- Projekteinkauf: Unterstützen des Produktentstehungsprozesses und anderer Unternehmensbereiche

Es wird deutlich, dass das Aufgabenfeld des Einkäufers je nach Funktionsumfang unterschiedlich ausgelegt werden kann. Je nach Branche und Stellenwert lassen sich sicher noch weitere Aufgabenfelder erschließen. Im Kern bleibt die Zielsetzung des Einkaufs jedoch gleich. Die Sicherstellung der Versorgung des eigenen Unternehmens mit den benötigten Produktionsfaktoren.

1.2.1 Operativer Einkauf

Der operative Einkauf übernimmt im Kern die klassischen Funktionen des Einkaufs im Rahmen des Tagesgeschäfts. Dabei greift er in der Regel auf die durch den Strategen gestalteten Konditionen zurück. Zu den Aufgaben des operativen Einkaufs zählen beispielsweise die Abwicklung von routinierten Bestellvorgängen, die Terminverfolgung, die operative Planung der Einkaufsaktivitäten in Form von Bedarfsplanung und Terminierung sowie Retouren- und Mängelrügenabwicklung. Das Hauptziel des operativen Einkaufs ist es, jederzeit die Materialverfügbarkeit sicherzustellen und gleichzeitig die eigenen Lagerbestände optimal zu gestalten. Da dieses Tätigkeitsfeld eng mit der Unternehmensfunktion Materialdisposition verbunden ist, werden operative Einkaufstätigkeiten oft dort angesiedelt. Dadurch ergibt sich in der klassischen Einkaufsabteilung der nötige Freiraum für strategische Aufgaben, ohne zusätzlichen Personalaufwand zu verursachen.

1.2.2 Strategischer Einkauf

Im Rahmen von strategischen Überlegungen haben dem eigentlichen Bestellvorgang vorgelagerte Tätigkeiten zunehmend an Bedeutung gewonnen. Diese Funktion übernimmt der strategische Einkauf. Der Stratege trifft Entscheidungen, die über das Tagesgeschäft hinausgehen und schafft somit die Rahmenbedingungen für den operativen Einkauf. Dies beginnt mit der Festlegung der strategischen Grundrichtung der Beschaffungsaktivitäten in Form von Lieferanten-, Warengruppen- und Risikostrategien zur Unterstützung der Unternehmensstrategie. Des Weiteren durchforscht der Stratege potenzielle Beschaffungsmärkte, verhandelt Rahmenverträge und managt das Lieferantenportfolio. Nicht zuletzt ist der strategische Einkauf auch für Prozessverbesserungen in der Wertschöpfungskette verantwortlich, was somit auch das Hinterfragen der eigenen Funktion zur Folge hat. Idealerweise führt dies zur kontinuierlichen Optimierung des gesamten Beschaffungsprozesses inklusive seiner Schnittstellen.

1.2.3 Projekteinkauf

Der Projekteinkauf bildet eine Schnittstelle zwischen operativem und strategischem Einkauf in Projekten. Zu seinen Hauptaufgaben gehört es, alle Einkaufsaktivitäten im Rahmen des Projekts zu koordinieren. Er ist somit das Sprachrohr des Einkaufs im Projektteam. Neben der Überwachung des Projektbudgets begleitet der Projekteinkäufer die involvierten Lieferanten und stellt die Teileverfügbarkeit bis zum Serienstart sicher. Dabei greift er auf Ressourcen des strategischen Einkaufs zurück und übergibt die gestalteten Rahmenbedingungen nach Projektabschluss an den operativen Einkauf.

Des Weiteren wird der Projekteinkäufer bei komplexen, indirekten Beschaffungsobjekten mit langen Vorlaufzeiten eingebunden. Dies können beispielsweise Investitionsobjekte wie neue Anlagen, Maschinen oder Werkshallen sein.

> **Praxistipp**
>
> Wie in Abb. 1.1 dargestellt, ist eine klare Trennung von Aufgaben und Zuständigkeiten des strategischen Einkaufs, operativen Einkaufs, und des Projekteinkaufs nicht immer gegeben. Entscheidend ist hier, in welchem Produktlebenszyklus sich die zu beschaffende Ware befindet. Zu Beginn ist vor allem der Projekteinkauf gefragt, der je nach Projekt auch vom strategischen Einkauf in Personalunion ausgeführt werden kann. Denn die Projekteinkäufer begleiten den gesamten Produktentstehungsprozess von Beginn an und gestalten die externe Wertschöpfung. Sind Serienreife und -freigabe erreicht, erfolgt die Übergabe an den operativen Einkauf, der die Materialversorgung unter Berücksichtigung von Kosten, Qualität und Zeit abwickelt. Dies gilt jedoch nur so lange, wie der Lieferant konform zu den vorher vereinbarten Rahmenbedingungen liefert. Bei Abweichungen ist der Stratege sofort wieder am Zug und gibt erst dann wieder ab, wenn das Defizit beseitigt ist. Im Alltag bedeutet dies für den strategischen Einkäufer, dass er zwar nach wie vor seine Warengruppe strategisch und unternehmensweit führt, je nach Branche aber seine Aufgabe als Projekteinkäufer mit wachsendem technischen Anspruch sein Tätigkeitsfeld dominiert. Front Loading heißt hier das Schlagwort, denn je früher der strategische Einkauf mit ausgewählten Lieferanten involviert ist, desto wirtschaftlicher wird es für das Unternehmen. Idealerweise geschieht dies bereits in der frühen Innovationsphase. Dies hat zur Folge, dass nicht nur vom Lieferanten oft kostenlos beigesteuerte Innovationen und bessere Time-to-Market-Werte erreicht werden, sondern Kosten und Lieferanten sind von Anfang an unter professioneller Kontrolle.

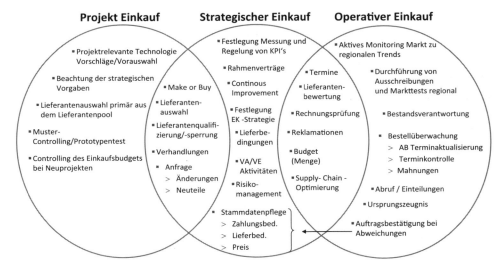

Abb. 1.1 Aufgabenfelder und Schnittstellen des Einkaufs

1.3 Wachsende Bedeutung des Einkaufs im Unternehmen

Versucht man die Hintergründe für die zunehmende Bedeutung des Einkaufs zu betrachten, landet man unweigerlich bei den Kosten. Nicht umsonst haben sich Weisheiten wie „Im Einkauf liegt der Gewinn" oder „Purchsing is a profit making job" etabliert. Keine andere Unternehmensfunktion kann die Kosten und somit das Unternehmensergebnis dermaßen beeinflussen wie der Einkauf. Dies liegt vor allem an der Tendenz in vielen Unternehmen, die eigene Fertigungstiefe zu reduzieren. Im Rahmen einer sich ausweitenden Arbeitsteilung findet eine zunehmende Konzentration auf die eigenen Kernkompetenzen und damit eine Erhöhung der externen Wertschöpfung statt. Dementsprechend hat sich der Materialkostenanteil deutscher Fertigungsunternehmen gemessen am Umsatz in den letzten zwanzig Jahren verdoppelt. Bei Materialquoten von häufig 50 % und mehr verantwortet der Einkauf somit den Löwenanteil der Betriebsausgaben.

Dies macht zum einen die enorme Verantwortung des Einkaufs deutlich. Zum anderen zeigt diese Tatsache aber auch den direkten Einfluss des Einkaufs auf das Betriebsergebnis und die Unternehmensrentabilität. Letzteres kann beispielsweise mit Hilfe einer ROI-Betrachtung verdeutlicht werden.

In Abb. 1.2 wird davon ausgegangen, dass 50 % der Selbstkosten durch Zukaufteile verursacht werden. Gelingt es, diesen Kostenblock durch den Einsatz verschiedener Methoden, die im weiteren Verlauf näher erläutert werden, um 4 % zu senken, steigt der Gewinn von 10 auf 12,6 Mio. Euro. Die Umsatzrentabilität erhöht sich auf 9 %, was eine Steigerung des ROI auf 36 % zur Folge hat. Das bedeutet, dass eine Steigerung der Rentabilität um 26 % durch eine Materialkostensenkung von lediglich 4 % erreicht wird.

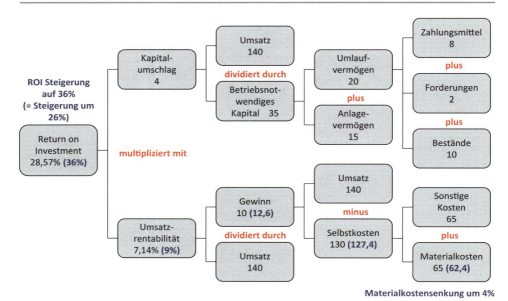

Abb. 1.2 Einfluss des Einkaufs auf den Return on Investment (Angaben in Mio. Euro)

Auch bei der Betrachtung der Lagerbestände zeigt sich der Einfluss des Einkaufs auf den ROI. Durch Bestandssenkungen, beispielsweise durch das Einführen von Konsignationslagern, wird das betriebsnotwendige Kapital gesenkt, was sich positiv auf den Kapitalumschlag und somit auch auf den ROI auswirkt.

In einer weiteren Beispielrechnung kann ein Vergleich verschiedener Maßnahmen zur Gewinnsteigerung angestellt werden.

In Abb. 1.3 werden daher vereinfacht die Auswirkungen einer Umsatzsteigerung mit den Auswirkungen einer Personalkostensenkung sowie einer Materialkostensenkung verglichen. Unterstellt man, dass sich die Kosten proportional zur Umsatzentwicklung verhalten, ergibt sich bei einer Umsatzsteigerung von 5 % auch eine Gewinnsteigerung von 5 %. Reduziert man die Personalkosten um 5 % ergibt sich, bei gleich bleibenden Rahmenbedingungen, eine Gewinnsteigerung von 25 %. Der größte Effekt wird allerdings durch eine Materialkostensenkung von 5 % erzielt. Hier verbessert sich das Ergebnis um 50 %. Dieser Hebeleffekt verdeutlicht den unmittelbaren Einfluss des Einkaufs auf das Unternehmensergebnis.

Aber nicht nur der Beitrag auf das Unternehmensergebnis allein ist ausschlaggebend für die zunehmende Bedeutung. Vielmehr sind es gestiegene interne wie externe Anforderungen, die das Aufgabenfeld des Einkaufs erweitert haben. Steigende Kosten im F&E-Bereich, kürzer werdende Produktlebenszyklen oder eine weiter zunehmende Globalisierung stellen neue Anforderungen an die Unternehmen. In diesem Zusammenhang liefern funktionierende, flexible und leistungsfähige Wertschöpfungsketten und Technologiekooperatio-

	Basis in Euro	Umsatz +5%	Personalkosten -5%	Materialkosten -5%
Umsatz	100.000	105.000	100.000	100.000
Materialkosten	50.000	52.500	50.000	47.500
Personalkosten	25.000	26.250	23.750	25.000
Sonstige Kosten	20.000	21.000	20.000	20.000
Gewinn	5.000	5.250	6.250	7.500
Gewinnänderung		+5%	+25%	+50%

Abb. 1.3 Umsatzsteigerung vs. Personalkostensenkung vs. Materialkostensenkung

nen einen enormen Beitrag zur Leistungsdifferenzierung des eigenen Unternehmens, etwa durch kurze Lieferzeiten, hohes Qualitätsniveau oder Kostenführerschaft. Somit ist es ein bereichsübergreifendes Management der internen und externen Wertschöpfung, das den Unterschied zum Wettbewerb ausmachen kann.

Diese Faktoren machen es zwingend erforderlich, die Versorgung des Unternehmens ganzheitlich und bereichsübergreifend zu steuern, wodurch die Notwendigkeit eines stark positionierten Einkaufs deutlich wird.

1.4 Herausforderungen für den Einkauf von morgen

Das Aufgabenfeld des Einkaufs wird zukünftig überproportional zunehmen. Es umfasst heute bereits eine Vielzahl von Unternehmensfunktionen wie strategische Planung, Controlling, Risikomanagement und Projektmanagement. Daraus wird deutlich, warum der Einkauf in vielen Unternehmen bereits eine starke Position eingenommen hat. Die größte Herausforderung wird es aber sein, die strategische Position des Einkaufs im Unternehmen weiter auszubauen. Denn trotz seiner zunehmenden Bedeutung gehören Einkaufsaktivitäten durch andere Bereiche in den meisten Unternehmen immer noch zur Tagesordnung. Diese sogenannte Maverick-Buying-Quote (unkoordinierte Einkäufe) erreicht in vielen Unternehmen nicht selten 20–30 % des gesamten Einkaufsvolumens. Hier gilt es, Aufklärungsarbeit zu leisten und im positiven Sinne Taten sprechen zu lassen. Fachabteilungen können nicht über das Wissen und die Marktkenntnis eines Einkäufers verfügen und sind somit oft überrascht, wenn ihnen ungenutzte Potenziale aufzeigt werden.

Um dazu in der Lage zu sein, müssen Einkäufer über das nötige Know-how verfügen. Dies beinhaltet neben umfangreichen kaufmännischen Kenntnissen vor allem technisches Grundwissen über die zu beschaffenden Güter und deren Fertigungsverfahren. Nur dadurch kann es dem Einkäufer gelingen, die Vielzahl der zur Verfügung stehenden Einkaufsmethoden gezielt einzusetzen und im Rahmen von Diskussionen mit technischen Bereichen ernst genommen zu werden. Somit versetzt er sich in die Lage, die internen

Abb. 1.4 Anforderungen an die Einkaufsorganisation

Bedürfnisse mit den Fähigkeiten seiner Lieferanten optimal zu verbinden und zur Zielerreichung des Unternehmens beizutragen.

Besonders vor dem Hintergrund kürzer werdender Produktlebenszyklen und der Verringerung der eigenen Fertigungstiefe wird es immer wichtiger, Technologiekooperation mit Lieferanten einzugehen und diese früh in den Entwicklungsprozess einzubeziehen. Daher wird es immer wichtiger, langfristige Partnerschaften mit Lieferanten aufzubauen und zu entwickeln.

Im Hinblick auf potenzielle Beschaffungsmärkte liegt die Herausforderung des Einkaufs darin, neue interessante Regionen zu erschließen und für das eigene Unternehmen zu nutzen, ohne dabei den Risikoaspekt aus den Augen zu verlieren. Denn durch die Zunahme der externen Wertschöpfung erhöht sich die Abhängigkeit von der externen Wertschöpfung. Betrachtet man globale und stark verzweigte Lieferketten, verstecken sich hier enorme Gefahren und Risiken. So werden beispielsweise durch globale Einkaufsaktivitäten Auswirkungen von Naturkatastrophen am anderen Ende der Welt für die eigene Produktionslinie relevant. Bereits der Ausfall einer einzigen Komponente kann zum Stillstand einer kompletten Wertschöpfungskette führen. Hier liegt es am Einkauf, proaktive Risikostrategien zu entwickeln und mögliche Szenarien mit geeigneten Maßnahmen zu hinterlegen.

Eine weitere Herausforderung bilden die persönlichen Anforderungen des Einkäufers, um sein erweitertes Aufgabengebiet auszufüllen. Dies erfordert neben interkulturellen Kompetenzen, technischem und kaufmännischem Know-how sowie Verhandlungsgeschick vor allem Softskills und Führungsqualitäten. Auch wenn nur wenige Einkäufer im direkten Sinne Führungsverantwortung tragen, erfordert das Bewältigen interner Konfliktsituationen und das Managen von Lieferantenpartnerschaften ein hohes Maß an Führungskompetenz. Denn Lieferanten müssen genauso geführt, motiviert, gefördert und ermahnt werden wie ein Mitarbeiter. Daher gehören Kommunikation, Durchsetzungsvermögen und soziale Intelligenz zu den wesentlichen Anforderungen des modernen Einkäufers.

Um die in Abb. 1.4 aufgezeigten Herausforderungen zu meistern, werden im weiteren Verlauf verschiedene, in der Praxis erprobte Lösungsansätze und Managementmethoden vorgestellt. Somit erhält der moderne Einkäufer die Möglichkeit, sein Aufgabengebiet proaktiv zu gestalten und seiner neuen, starken Position im Unternehmen gerecht zu werden.

Die Strategie des Einkaufs

2

Zusammenfassung

Im folgenden Kapitel erhält der Leser einen Einblick in strategische Fragestellungen des Einkaufs. Anhand eines allgemeinen Strategieentwicklungsprozesses soll er in die Lage versetzt werden, eigene strategische Überlegungen systematisch anzustellen und umzusetzen. Des Weiteren erhält der Leser einen Überblick über verschiedene strategische Ausrichtungen des Einkaufs und versteht diese einzuordnen.

2.1 Strategische Grundlagen

Die Bedeutung des Einkaufs auf den Unternehmenserfolg wurde in Kap. 1 dargestellt. Diese Erkenntnis hat sich in vielen Unternehmen bereits fest in den Köpfen verankert. Doch die Erkenntnis alleine reicht nicht, um die Versorgung des Unternehmens strategisch und ganzheitlich zu steuern. Im nächsten Schritt muss ein Ansatz entwickelt werden, der eine solche ganzheitliche Betrachtung ermöglicht und somit konkrete Handlungsoptionen eröffnet: Der Einkauf braucht eine Strategie.

Im Kern umfasst der Begriff Strategie einen Handlungsrahmen, der auf die Erreichung langfristiger Ziele ausgerichtet ist. Die Strategie bildet die oberste Ebene im Planungsprozess und beantwortet die Frage: „Was will das Unternehmen erreichen?" Häufig wird die Strategie von einer Unternehmensvision abgeleitet, einem formulierten Zukunftsbild des Unternehmens. So hat beispielsweise der Autobauer Volkswagen seine Vision so formuliert, bis 2018 zum größten Autobauer der Welt wachsen zu wollen. Die Vision hat somit normativen Charakter und wird gerne mit dem Polarstern verglichen, der die Richtung vorgibt.

Daraus abgeleitet ergibt sich die Unternehmensstrategie, die allerdings von vielen Faktoren abhängt. Bei der Definition der Strategie sind folgende Fragestellungen zu beachten:

Abb. 2.1 Jährlicher Strategiekreislauf auf Unternehmensebene

- Was sind meine Kernkompetenzen?
- Welches Leistungsangebot biete ich an?
- Wie differenziere ich mich von Wettbewerbern?
- Was sind die Bedürfnisse meiner Stakeholder?
- Wo liegt der Fokus der Wertschöpfung?
- Welche Chancen, Potenziale und Gefahren bieten sich?

Die Hauptaufgabe der Strategie ist es, Voraussetzungen für den zukünftigen Erfolg des Unternehmens zu schaffen und wirtschaftliche Krisensituationen zu verhindern[1]. Wenn ein Unternehmen ums nackte Überleben kämpft, ist es für eine Strategie meist zu spät.

Abgeleitet von der Unternehmensstrategie werden im nächsten Schritt Bereichsstrategien wie die Marketingstrategie, Entwicklungsstrategie oder Vertriebsstrategie entwickelt. In dieser Phase tritt auch der Einkauf in den Strategieprozess ein, indem er seine Einkaufsstrategie mit der verbundenen Zielsetzung formuliert, daraus Handlungsoptionen ableitet und diese umsetzt. Dabei ist für den Einkauf entscheidend, welchen Beitrag er zur Erreichung der strategischen Unternehmensziele leisten kann.

Der Zeitraum, auf den sich eine Strategie bezieht, liegt zwischen drei und fünf Jahren. Das bedeutet jedoch nicht, dass die Strategie über diesen Zeitraum in Stein gemeißelt ist. Vielmehr stellt sie einen Verhaltensrahmen dar, der regelmäßige überprüft werden muss. Zum einen, um den Umsetzungsgrad zu messen, zum anderen, um die strategische Grundausrichtung mit sich ändernden Rahmenbedingungen abzugleichen.

Wie in Abb. 2.1 dargestellt ergibt sich daraus ein Prozess, mit wiederkehrenden Reviews, wodurch die Strategie stets mit sich ändernden Rahmenbedingungen abgeglichen wird.

---
[1] Vgl. Heß (2008, S. 27).

2.2 Prinzipien der Einkaufsstrategie

Bei der Planung einer Strategie sind grundlegende Prinzipien zu beachten, damit die strategischen Überlegungen nicht nur auf dem Papier Bestand haben, sondern erfolgreich umgesetzt werden können. So sind Strategien stets langfristig auszulegen, auf einen Zeitraum von drei bis fünf Jahren, was nicht bedeutet, dass eine Strategie über diesen Zeitraum unverrückbare Gültigkeit besitzen muss. Strategien haben oft einen hohen Unsicherheitsgrad, da sie stets prognostizierenden Charakter haben. Märkte und Rahmenbedingungen können sich schneller in eine andere Richtung entwickeln als im Rahmen des Strategieentwicklungsprozesses angenommen. Daher ist es entscheidend, die Einkaufsstrategie flexibel zu gestalten und in regelmäßigen Abständen auf sich verändernde Marktbedingungen zu überprüfen und dementsprechend auszurichten.

Strategien und deren Änderungen sind stets zu dokumentieren. Nur dadurch erhält die strategische Grundrichtung die nötige Verbindlichkeit und sprunghafte Richtungswechsel können vermieden werden. Somit können strategische Überlegungen nachhaltig im operativen Tagesgeschäft implementiert werden. Dabei nimmt auch das regelmäßige Überprüfen der abgeleiteten Maßnahmen einen hohen Stellenwert ein, um den Umsetzungsgrad der strategischen Überlegungen zu verfolgen.

Ein weiterer Grundsatz von strategischen Überlegungen ist, die Ausführlichkeit der Strategie an die Komplexität und Priorität der zu beschaffenden Waren anzupassen. Je wichtiger eine bestimmte Warengruppe für das eigene Unternehmen ist, desto breiter sollte der strategische Rahmen aufgestellt sein. Dabei kann eine Strategie auch umfangreiche, einmalige Beschaffungen wie Maschinen oder neue Anlagen umfassen. Ebenso kann es Teil der Strategie sein, für eine weniger relevante Warengruppe keine Strategie zu formulieren.

Prinzipiell sollte das Entwickeln einer Einkaufsstrategie nicht auf Vermutungen oder Bauchgefühl beruhen. Die Definition von Zielen ist stets mit harten Zahlen zu belegen. Daher ist es wichtig, im Vorfeld umfangreiche Erkenntnisse aus internen und externen Daten zu bündeln und in die strategischen Überlegungen einfließen zu lassen. Dabei spielen interne Daten, Ressourcen und Strukturen ebenso eine Rolle wie externe Markttrends und Wettbewerbssituationen. Diese gilt es systematisch zu betrachten, um daraus die internen Anforderungen mit den externen Gegebenheiten optimal zu verbinden. Wie genau die systematische Entwicklung einer Einkaufsstrategie ablaufen kann, wird im Folgenden näher beschrieben.

2.3 Prozess der Strategieentwicklung

Die Systematik der Strategieentwicklung folgt einem logischen Denkprozess und lässt sich in verschiedene Phasen unterteilen, die in Abb. 2.2 verdeutlicht werden. Im ersten Schritt erfolgt eine Betrachtung der Ausgangssituation. Interne und externe Informationen werden zusammengetragen und analysiert.

Abb. 2.2 Prozess der Strategieentwicklung

Durch das Einsetzen verschiedener Managementmethoden, wie beispielsweise der SWOT-Analyse, die in Abschn. 2.3.1.3 näher erläutert wird, lassen sich daraus Kernelemente herausfiltern, auf die die weiteren strategischen Überlegungen aufbauen. Aus diesen Überlegungen werden anschließend strategische Ziele formuliert, die den Rahmen um die angestrebte Unternehmensentwicklung spannen. Durch das Entwickeln und Bewerten strategischer Handlungsoptionen wird im nächsten Schritt festgelegt, mit welchen Mitteln die Ziele erreicht werden sollen und wodurch konkrete Maßnahmen und Handlungsrichtlinien erarbeitet werden. Diese gilt es im Rahmen des Strategieprozesses hinsichtlich ihres Wirkungs- und Umsetzungsgrades zu überprüfen und zu messen. Durch das Einleiten von Maßnahmen, die zur Korrektur oder Weiterentwicklung der Strategie dienen, schließt sich somit der Kreislauf des Strategieprozesses.

2.3.1 Strategische Analyse

Die Analyse des einkaufsrelevanten Umfelds dient zum einen dazu, die Relevanz des Einkaufs für die Zielerreichung des Unternehmens festzustellen. Welche Stellung nimmt der Einkauf in der Unternehmensstrategie ein und welche Bedarfe hat er zu decken? Zum anderen wird festgestellt, welchen internen Anforderungen der Einkauf gerecht werden muss, beispielsweise in Form von Stückzahlen, Technologien oder Prozessen, auf die sich die Einkaufsstrategie ausrichten muss.

Die Betrachtung von externen Faktoren zeigt hingegen auf, welchen Einfluss das Unternehmensumfeld auf die Erreichung der Unternehmensziele hat und wie sich dieses optimal mit den internen Anforderungen verbinden lässt. Neben Wettbewerbssituation und Markttrends umfasst dies beispielsweise den Reifegrad des eigenen Lieferantenportfolios, die Branchenstruktur oder das Potenzial neuer Beschaffungsmärkte.

2.3.1.1 Analyse der internen Anforderungen

Bei der Analyse des internen Umfelds werden zunächst die Bedürfnisse des eigenen Unternehmens ermittelt. Dabei ist ein bereichsübergreifender Informationsaustausch zwingend erforderlich, um die ermittelten Bedürfnisse in konkrete Anforderungen zu übertragen. Im Wesentlichen werden dabei die folgenden Aspekte betrachtet:

Unternehmensstrategie Die Unternehmensstrategie bestimmt die Ausrichtung der Einkaufsstrategie fundamental. Welche Position will das Unternehmen zukünftig am Markt einnehmen und welche Rolle spielt dabei der Einkauf? Differenziert sich das Unternehmen beispielsweise durch produktbezogene Merkmale wie Innovation, Design und Qualität, muss der Einkauf seine Strategie dementsprechend ausrichten. Hier liegt der Fokus nicht auf Kostensenkung, sondern auf der Steigerung der Qualitäts- und Lieferperformance, Beschaffungsmarktforschung und Lieferantenentwicklung. Dies gilt umso mehr im Falle einer Wachstumsstrategie.

Definiert sich das Unternehmen durch Kostenführerschaft, stehen hingegen Preisreduzierungen und Best-Cost-Country-Sourcing im Vordergrund. Daher muss im Rahmen der strategischen Analyse die Frage gestellt werden, welchen Beitrag der Einkauf zur Erreichung der Unternehmensziele leisten kann und welchen Mehrwert er zur Marktdifferenzierung des Unternehmens beiträgt.

Wertsteigerung Die Erwartungshaltung von Kapitalgebern geht in der Regel von einer nachhaltigen Steigerung des Unternehmenswertes aus. Um dies zu gewährleisten kann zum einen ein kostenorientierter Ansatz verfolgt werden, der absolute Kostenkontrolle und die Reduzierung von Materialpreisen zur Folge hat. Zum anderen kann ein wachstumsorientierter Ansatz zur Wertsteigerung des Unternehmens dienen. Dabei wird eine Steigerung der Umsatzerlöse verfolgt, was mit wachsendem Bedarf und höheren Volumina von Beschaffungsobjekten einhergeht. Um Versorgungsengpässe zu vermeiden, muss der Einkauf hier frühzeitig die bestehenden Kapazitäten prüfen und ggf. neue Bezugsquellen erschließen. Egal ob kostenorientiert, wachstumsorientiert oder beides zusammen, der Einkauf ist in jedem Fall direkt betroffen und muss seine strategischen Überlegungen dahingehend anpassen.

Produkt-Roadmap Die Produkt-Roadmap gibt einen Überblick über das aktuelle und zukünftige Produktportfolio des Unternehmens. Somit kann aus der Roadmap entnommen werden, welche Produkte das Unternehmen wann und in welcher Menge plant am Markt einzuführen oder bereits eingeführt hat. Daraus gehen für die Einkaufsfunktion wichtige Informationen wie Produktlebenszyklen, Marktsegmente, Wettbewerbssituation, geplante Absatzmengen und benötigte Technologien hervor.

Technologieplanung Eng verbunden mit der Produkt-Roadmap ist die Technologieplanung. Welche Technologien werden zukünftig benötigt, wie hoch ist die Anzahl an Neuentwicklungen und wie groß der eigene Innovationsanteil? Besonders vor dem Hintergrund steigender Anforderungen an den zeitlichen Rahmen von Entwicklungsprojekten gibt es einen klaren Trend zu sich öffnenden Innovationsprozessen, die eine frühe Einbindung von Entwicklungspartnern erfordert. Hier muss der Einkauf in Form von Beschaffungsmarktforschung oder Lieferantenentwicklung proaktiv agieren, um frühzeitig die bestmöglichen Partner zu identifizieren.

Produktionsplanung Abgeleitet von der Produkt-Roadmap muss entschieden werden, wie groß das Verhältnis zwischen interner und externer Wertschöpfung zukünftig sein soll. Wie groß ist die eigene Wertschöpfungstiefe und welche Vorleistungen sind zukünftig von Lieferanten zu erbringen? Werden Einzelteile zugekauft oder wird eine Entwicklung zum Zukauf von kompletten Baugruppen angestrebt. Des Weiteren ist in diesem Zusammenhang ein allgemeingültiger Make-or-Buy-Ansatz zu entwickeln, wodurch standardisiert entschieden werden kann, wann eine Wertschöpfung intern und wann sie extern stattfinden soll.

Produktkomplexität und -qualität Welche Anforderungen hat das Unternehmen an die Qualität der Produkte und somit auch an die Wertschöpfung der Lieferanten? Werden hier hohe Anforderungen gestellt, so ist dies zukünftig der dominierende Faktor bei der Lieferantenauswahl. Darüber hinaus muss eine qualitätssteigernde Lieferantenentwicklung und ein gezielter Lieferantenaufbau eingeleitet werden, um die Anforderungen zu erfüllen.

Flexibilität Je nach Branche und Marktposition müssen Unternehmen schnell und flexibel auf Marktveränderungen reagieren. Wettbewerbsdruck, Kundenanforderungen oder kurze Produktlebenszyklen geben vor, wie flexibel der Einkauf seine Aktivitäten gestalten muss, um die geforderte Produktverfügbarkeit zu gewährleisten. Wird beispielsweise ein hoher Lieferbereitschaftsgrad gefordert, kann dies durch die Erhöhung von Beständen bei Lieferanten (Supplier Controlled Inventory) oder durch das Einrichten flexibler Logistikkonzepte erreicht werden.

2.3.1.2 Analyse des externen Umfelds

Ebenso bedeutsam wie die internen Anforderungen an den Einkauf, sind die externen Marktbedingungen, die es mit den Bedürfnissen des Unternehmens zu verbinden gilt. Dabei ist aufgrund der Vielfalt und Unterschiedlichkeit der für das Unternehmen relevanten Beschaffungsmärkte eine pauschale Betrachtungsweise nicht zielführend[2]. Daher bildet der Einkauf aus den verschiedenen Beschaffungsobjekten Gruppen, um die relevanten Beschaffungsmärkte je nach Warengruppe separat zu betrachten. Diese Einteilung kann nach verschiedenen Kriterien erfolgen, beispielsweise nach Materialart (Kunststoff, Metall), Fertigungsverfahren (Zerspanung, Druckguss), Funktion (Mechanik, Elektronik) oder nach Bezugsregion (Europa, Asien). Nicht immer ist eine durchgängige Klassifizierung nach lediglich einem Verfahren möglich, wodurch sich in der Praxis oft ein Mix aus mehreren

---
[2] Vgl. Stollenwerk (2012, S. 56).

2.3 Prozess der Strategieentwicklung

Klassifizierungsmethoden ergibt. Dadurch wird eine spezifische Betrachtungsweise des externen Umfelds möglich, die sich auf die folgenden Ebenen erstreckt:

Branchenstruktur Für den Einkauf ist es von enormer Bedeutung, ob er sich auf einem Käufer- oder Verkäufermarkt bewegt. Dies kann je nach wirtschaftlicher Situation und Branche variieren. Bewegt man sich zum Beispiel in einem oligopolistischen Markt, ist die Verhandlungsstärke des Einkaufs dementsprechend gering. Des Weiteren ist die zukünftige Entwicklung von Angebot und Nachfrage einer Branche von Bedeutung. Wie verändern sich Beschaffungsmärkte, besteht die Gefahr von Materialengpässen oder bilden sich Überkapazitäten? Dies sind alles Faktoren, die die derzeitigen Einkaufsmethoden beeinflussen können.

Lieferantenstruktur Neben der Kenntnis über aktuelle Markgeschehnisse, ist es für den Einkauf unverzichtbar, die eigene Lieferantenstruktur genau zu kennen. In welcher Beziehung steht das Unternehmen zu seinen derzeitigen Lieferanten und passen deren Kernkompetenzen zu den internen Anforderungen? Bestehen Potenziale, die entwickelt werden sollten? Stehen Lieferanten im Wettbewerb zueinander und wo genießt das Unternehmen einen Vorzugskundenstatus? In welchen Regionen produzieren die Lieferanten, wie stellt sich die Kostenstruktur dar und wie hoch ist die Entwicklungskompetenz? All dies sind Faktoren, die bei der Gestaltung einer optimalen Lieferantenstruktur zu berücksichtigen sind.

Wirtschaftliches Umfeld Die Betrachtung des wirtschaftlichen Umfelds konzentriert sich nicht auf einzelne Branchen, sondern auf gesamtwirtschaftliche Entwicklungen. Dies umfasst beispielsweise Konjunkturindikatoren, Währungsschwankungen, Ein- und Ausfuhrbestimmungen oder politische Regelungen.

Weitere Betrachtungsebenen Weitere Faktoren, die der Einkauf zu berücksichtigen hat, können regionale Besonderheiten sein. Gibt es beispielsweise typische Regionen für bestimmte Produkte und Technologien, welchen Einfluss können Naturkatastrophen auf die derzeitige Einkaufsstrategie haben und wie hoch sind die Gefahren durch drohende Insolvenzen oder Korruption?

Einen weiteren Aspekt bilden direkte Wettbewerber. Setzen diese die gleichen Materialien ein, nutzen sie evtl. die gleichen Bezugsquellen und wie werden die eigenen Einkaufsaktivitäten davon beeinflusst?

2.3.1.3 Die SWOT-Analyse

Die gesammelten Informationen können anschließend mit Hilfe einer SWOT-Analyse systematisch betrachtet werden, um die nötigen Parameter für die Strategieentwicklung zu gewinnen. Bei der SWOT-Analyse erfolgt eine Kombination von internen Stärken und Schwächen mit externen Chancen und Risiken. Dabei werden die ermittelten Informationen in eine Vier-Felder-Matrix eingetragen, wobei sich die einzelnen Felder wie folgt charakterisieren:

Strength Welche Stärken weisen die vorhandenen Strukturen in Bezug auf die zu beschaffenden Objekte auf? Liegen hohe Volumina vor, die die eigene Verhandlungsmacht stärken, besteht ein hohes Maß an technischem Know-how über die zu beschaffenden Güter oder sind vorhandene Plattformlösungen einsetzbar? Des Weiteren können ein gut aufgestelltes Lieferantennetzwerk oder die Teilnahmen an Einkaufskooperationen zu den Stärken des Einkaufs zählen. Nicht zu unterschätzen sind hierbei ein gutes Unternehmensimage und ein hoher Markenbekanntheitsgrad, besonders im Hinblick auf globale Einkaufsaktivitäten.

Weaknesses Bestehen derzeit Schwächen im Hinblick auf die zu beschaffenden Artikel? Diese können sich beispielsweise in Form von begrenzten Mitteln, schlechten Lieferantenbeziehungen oder einer mangelnden Erfahrung mit den zu beschaffenden Gütern kennzeichnen.

Opportunities Welche externen Gegebenheiten können sich in Bezug auf die Beschaffungsobjekte ergeben? Gibt es Überkapazitäten, sind besondere Kernkompetenzen bei Lieferanten vorhanden oder zeichnet sich eine günstige Marktsituation ab?

Threats Welche externen Bedrohungen und Risiken können abgeschätzt werden? Sind monopolistische Beschaffungsmärkte von Relevanz, besteht ein hoher Single-Source-Anteil, drohen Materialengpässe oder können Lieferanten abspringen?

Der strategische Einkauf legt bei dieser Betrachtung die Hauptfaktoren in den einzelnen Quadranten fest und entwickelt daraus Ansatzpunkte für seine strategische Ausrichtung. Dabei ist zu beachten, dass sich die Hauptfaktoren mit den vorgegebenen Unternehmenszielen stets decken sollten.

2.3.2 Zielsetzung

Mit Hilfe dieser gesammelten Hauptfaktoren und dem sich ergebenden Gesamtbild werden im nächsten Schritt Einkaufsziele formuliert. Einkaufsziele lassen sich im Wesentlichen nach zwei Merkmalen unterschieden, Effizienz und Effektivität.

Effizienzziele beinhalten wie in Abb. 2.3 dargestellt die operative Zielsetzung des Einkaufs. Aus operativer Sicht steht die termingerechte Versorgung des Unternehmens in der geforderten Qualität zu wettbewerbsfähigen Preisen im Fokus. Das bedeutet in der Praxis: Kosten senken, Qualität sicherstellen und Zeit einhalten. Bei dieser Zielsetzung ist darauf zu achten, ein ausgewogenes Optimum zu erreichen, sodass keines der drei Ziele vollkommen vernachlässigt wird. Dabei können durchaus Zielkonflikte entstehen, wenn beispielsweise eine schnellst mögliche Lieferung zu Lasten der Qualität angestrebt wird oder aber qualitativ hochwertige Produkte zugekauft werden, ohne dabei auf den Kostenfaktor zu achten.

2.3 Prozess der Strategieentwicklung

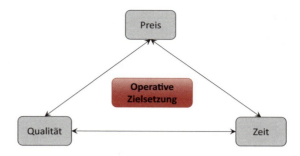

Abb. 2.3 Operative Zielsetzung

Effektivitätsziele hingegen beinhalten die strategische Zielsetzung, die neben den operativen Zielen Kosten, Qualität und Zeit auf Sicherheit, Wachstum und Optimierung abzielt. Auf Kostenebene betrachtet kann dies beispielsweise das Bündeln von Bedarfen beinhalten, auf Qualitätsebene das Entwickeln von Lieferanten und auf Zeitebene das Verschlanken von Lieferketten. Erweitert man das Blickfeld auf Sicherheit, wird das Thema Risikomanagement relevant, bei Wachstum das Erschließen neuer Bezugsquellen und bei Optimierung die eigene Prozessgestaltung oder das Schulen der eigenen Einkaufsmitarbeiter.

Bei der Festlegung von Zielen wird oft der Fehler gemacht, dass die Formulierung unklar und nicht konkret gewählt ist. In anschließenden Reflexionsprozessen treten somit oft Scheinerfolge auf, obwohl das eigentliche Ziel weit verfehlt wurde. Daher sollte bei der Zieldefinition stets die SMART-Regel Anwendung finden, sodass daraus abgeleitete Maßnahmen qualifiziert beurteilt werden können. Die SMART-Regel besagt, dass Ziele möglichst:

- Spezifisch
- Messbar
- Akzeptiert
- Realistisch
- Terminierbar

formuliert werden. Ziele müssen demnach eindeutig und präzise definiert sein, der Erreichungsgrad muss messbar ermittelt werden können, von den Einkäufern akzeptiert sein, unter den gegebenen Rahmenbedingungen realistisch sein und auf einen fixierten Zeitraum ausgelegt sein.

2.3.3 Strategieentwicklung

Im nächsten Schritt wird aus den definierten Zielen die Einkaufsstrategie erarbeitet. Dabei können zunächst allgemeine Verhaltensgrundsätze formuliert werden, die die grundsätzliche Gestaltung der Einkaufsaktivitäten wiedergeben. Oft sind diese Verhaltensregeln an

Abb. 2.4 4 Warengruppen erfordern unterschiedliche Ansätze

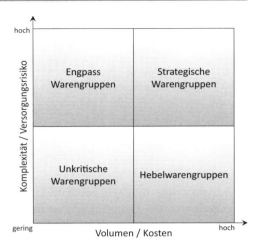

sogenannte Führungsleitsätze angelehnt, in denen sich Unternehmen beispielsweise zur Einhaltung international anerkannter Richtlinien und Sozialstandards verpflichten. Inhalte solcher Leitlinien können beispielsweise sein:

- ein fairer und partnerschaftlicher Umgang mit Lieferanten,
- Einhaltung von ökologischen, sozialen und ethischen Standards,
- Bekämpfung von Korruption.

Anschließend erfolgt die Formulierung einer Warengruppen- und einer Lieferantenstrategie. Diese beiden Ansätze lassen sich nicht voneinander trennen. Während die Warengruppenstrategie die Frage beantwortet, was beschafft wird, richtet sich die Lieferantenstrategie nach dem wie und wo.

2.3.3.1 Warengruppenstrategie

Nach der Zusammenführung der internen Unternehmensanforderungen und der externen Marktbedingungen, prüft der Einkauf die strategische Bedeutung der einzelnen Warengruppen. Dabei lassen sich die Warengruppen wie in Abb. 2.4 aufgezeigt nach vier Merkmalen gliedern[3]:

Unkritische Warengruppen Unkritisch klassifizierte Warengruppen zeichnen sich durch geringes Volumen, hohe Verfügbarkeit und niedrige Komplexität aus. Dies umfasst klassischerweise C-Artikel, die im Rahmen einer ABC-Analyse ermittelt werden, wie Schrauben und Normteile oder indirekte Materialien, wie Hilfs- und Betriebsstoffe und Büroartikel. Die Vorgehensweise der ABC-Analyse wird in Abschn. 7.3 im Detail erläutert. Bei diesen Warengruppen muss das Ziel sein, zum bestmöglichen Preis einzukaufen und den Betreuungsaufwand gleichzeitig auf ein Minimum zu reduzieren. Dies kann im Extremfall durch

---
[3] Vgl. Büsch (2011, S. 125 ff.).

2.3 Prozess der Strategieentwicklung

das Outsourcen an Einkaufsdienstleister erreicht werden oder durch automatisierte Bestellprozesse im Rahmen einer E-Procurement-Lösung.

Engpasswarengruppen Bei Engpassmaterialien kann ebenfalls ein geringes Volumen vorliegen, allerdings erschweren hier eine mangelnde Verfügbarkeit und/oder eine hohe Komplexität den Einkauf. Das Einkaufsvolumen reicht in der Regel weder aus, um bei Lieferanten Interesse zu wecken, noch um interne Maßnahmen anzustoßen, die zu einer Vereinfachung oder dem Ersatz der Artikel führen. Hier kann oft lediglich eine Risikominimierung mit hohen Sicherheitsbeständen umgesetzt werden.

Hebelwarengruppen Hebelmaterialien sind das Brot-und-Butter-Geschäft des Einkäufers. Sie zeichnen sich durch ein hohes Volumen, gepaart mit hoher Verfügbarkeit und geringer Komplexität aus. Aufgrund der hohen Einkaufsvolumen und des breiten Anbieterwettbewerbs lassen sich hier am leichtesten Kostenreduzierungen erzielen.

Strategische Warengruppen Bei strategischen Warengruppen liegt stets ein hohes Volumen vor, allerdings mit geringer Verfügbarkeit, hohem Beschaffungsrisiko und hoher Komplexität. Diese Warengruppen benötigen die umfangreichste Steuerung, beispielsweise durch den Aufbau strategischer Lieferanten, einem umfangreichen Risikomanagement und einer permanenten Beschaffungsmarktforschung.

> **Praxistipp**
>
> Am Beispiel der Warengruppe Elektronikkomponenten wird nachfolgend eine selbst mehrfach erfolgreich praktizierte Methode zur Entwicklung einer Warengruppenstrategie beschrieben.
>
> Am Anfang steht natürlich die Ist-Aufnahme für die einzelnen Untergruppen, wie aktive und passive Bauteile, Systeme und Baugruppen, Bestückungsdienstleistungen und Leiterplatten.
>
> Wie viele Lieferanten bedienen diese Gruppen, in welcher Komplexität und mit welchem Volumen? Was sind die Preistreiber, herrscht Dual, Single oder Multiple Source vor, wie ist unsere Marktmacht bei diesen Lieferanten, bzw. Komponenten, wie wurden diese Lieferanten aktuell bewertet und, vor allem, wie lauten die Prognosen für die entsprechenden Märkte, Rohstoffe und Preise?
>
> Die benötigten Informationen werden durch die Strategen gesammelt, analysiert und in einer Grunddatei, wie in Abb. 2.5 dargestellt, zusammengefasst. Hierbei erfolgt eine subjektive Bewertung der Kriterien „Marktmacht" und „Qualität". Die Marktmacht ist dabei eine Bündelung der externen Rahmenbedingungen, die Qualität repräsentiert hingegen die internen Unternehmensanforderungen. Die Bewertung findet im Rahmen einer Skala von 1 bis 10 statt, wobei 1 eine besonders niedrige, 10 eine besonders hohe Ausprägung beschreibt.
>
> Anschließend findet eine Aggregation der Lieferantendaten auf Warengruppenebene statt, auf deren Basis das in Abb. 2.6 dargestellte Blasendiagramm je Warengruppe erstellt wird.

Warengruppe	Lieferant 2012	Lieferant 2015	Umsatz (IST/PLAN)		Subjektive Einschätzung /Prognose			
			Volumen 2012	Volumen 2015	Marktmacht Lieferant 2012	Marktmacht Lieferant 2015	Qualität 2012	Qualität 2015
Elektronische Bauteile			4,37	5,17	5,75	4,75	8,25	9
	Lieferant A	Lieferant A	1,05	1,35	9	8	9	9
	Lieferant B	Lieferant B	0,25	0,32	5	4	7	9
	Lieferant C	Lieferant C	0,75	1	3	3	8	9
	Lieferant D	Lieferant D	2,32	2,5	6	4	9	9

Abb. 2.5 Datenbasis der Warengruppe „Elektronische Baugruppen"

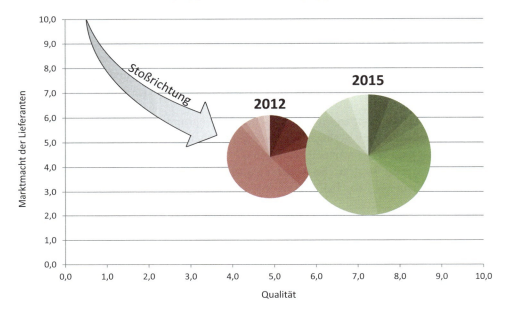

Abb. 2.6 Blasendiagramm der Warengruppe „Elektronische Baugruppen"

Die Position der Warengruppe gibt Auskunft über die aktuelle und die angestrebte Marktmacht und das Qualitätsniveau. Die Kuchenstücke entsprechen jeweils den Lieferantenportfolios, die Größe den jeweiligen Lieferanteilen in der Warengruppe. Als Unternehmer im Unternehmen ist nun der Stratege als Warengruppenmanager gefordert, sich intensiv mit der Ist- und Sollsituation auseinanderzusetzen und entwickelt selbständig den strategischen Weg. Er setzt dabei die aus der Unternehmensstrategie resultierende Beschaffungsprogrammpolitik, die Kontrakt- und die Lieferantenpolitik in einen Plan um. Dabei entsteht übrigens noch ein positiver Nebeneffekt, denn in der Regel folgt diesem Vertrauensvorschuss in die verantwortlichen Strategen (eine von mir oft praktizierte Methode, gerade auch jungen Mitarbeitern viel zuzutrauen) ein großer Motivationsschub für den strategischen Einkäufer und die zukünftige Entwicklung seiner Warengruppe wird zu seinem „Baby".

In halbjährlichen Strategieworkshops werden die einzelnen Pläne vom Strategen vorgestellt, dann gemeinsam im Team optimiert und später wird regelmäßig über ihren Fortschritt berichtet.

2.3.3.2 Lieferantenstrategie

Die Lieferantenstrategie ist eng mit der Warengruppenstrategie verzahnt und zielt darauf ab, welche Bezugsquellen für die benötigten Beschaffungsobjekte herangezogen werden. Grundsätzlich setzt sich die Lieferantenstrategie aus einem Mix der folgenden Sichtweisen zusammen:

Die prozessorientierte Sicht beinhaltet die Frage, wie Lieferanten optimal in interne Prozesse integriert werden können. Dies kann beispielsweise auf das gemeinsame Erarbeiten eines Logistikkonzepts wie Kanban oder produktionssynchroner Anlieferung abzielen. Kanban beschreibt dabei im Allgemeinen eine Methode zur Produktionsablaufsteuerung, die sich ausschließlich am tatsächlichen Verbrauch von Materialien am Bereitstell- und Verbrauchsort orientiert. Des Weiteren kann die Anbindung an Informationssysteme oder die frühe Integration in Entwicklungsprojekte forciert werden. Besonders im Zuge kürzer werdender Produktlebenszyklen und damit verbundenen Time-to-Market-Anforderungen nehmen Entwicklungspartnerschaften tendenziell weiter zu, wodurch Lieferanten immer öfter in die Frühphasen von Entwicklungsprojekten eingebunden werden.

Die lieferantenorientierte Sicht betrachtet die Anzahl der zur Verfügung stehenden Bezugsquellen für die jeweiligen Warengruppen. Dabei gibt es verschiedene Ausprägungen, die in der Praxis in einer Mischform auftreten.

Von Single-Sourcing spricht man, wenn für bestimmte Güter und Dienstleistungen jeweils nur eine Bezugsquelle vorhanden ist. Dieser Sourcing-Ansatz erfordert einen leistungsstarken Lieferanten und wird mit einer langfristigen Partnerschaft untermauert. Häufig wird Single Sourcing bei hochkomplexen Beschaffungsobjekten eingesetzt, die aufgrund ihrer technologischen Beschaffenheit oder aufgrund hoher Investitionen keinen zweiten Anbieter zulassen. Durch die partnerschaftliche Forschung und Entwicklung können dabei sowohl Kostensenkungspotenziale als auch Differenzierungspotenziale gegenüber Wettbewerbern genutzt werden. Andererseits besteht durch die enge Kooperation mit den jeweiligen Lieferanten eine hohe Abhängigkeit. Durch Lieferverzug oder Ausfall des Lieferanten kann somit der gesamte Leistungserstellungsprozess gefährdet werden.

Um die Abhängigkeit zu verringern und trotzdem von einigen Vorzügen des Single-Sourcings zu profitieren, empfiehlt sich besonders für Engpassteile die Umstellung auf eine Dual-Sourcing-Strategie. Dabei wird der beschaffungsspezifische Bedarf auf zwei konkurrierende Anbieter verteilt. Der Aufbau einer zweiten Bezugsquelle kann in Form einer strategischen Lieferantensuche und einer damit verbundenen Qualifizierung neuer Lieferanten einhergehen oder durch das gezielte Entwickeln bestehender Lieferanten geschehen, sodass diese ihr Leistungsangebot erweitern können.

Durch das Einsetzen einer Multiple-Sourcing-Strategie kann das Beschaffungsrisiko weiter minimiert werden. Allerdings ist diese Lieferanten-Abnehmer-Beziehung lediglich auf den Bedarfsfall ausgerichtet und kann das Einbüßen von Bündelungseffekten zur Folge haben.

Die materialorientierte Sicht verfolgt im Wesentlichen zwei Ansätze. Zum einen werden Materialien anhand verschiedener Kriterien klassifiziert, woraus sich konkrete Anforderungen und Handlungsempfehlungen für die Lieferantenstrategie ergeben. So können Komplexität und Materialverfügbarkeit beispielsweise Auswirkungen auf die Anzahl der Bezugsquellen haben.

Des Weiteren können sogenannte Systemlieferanten etabliert werden. Dabei findet eine Abkehr von der Einzelteilbeschaffung statt. Mehrere Einzelteillieferanten werden unter einem Systemlieferanten gebündelt, der die Montage und Bereitstellung einer kompletten Baugruppe übernimmt. Ziel ist es, lohnintensive Tätigkeiten auf Lieferanten zu verlagern und den eigenen Koordinationsaufwand zu verringern.

Die regionenorientierte Sicht richtet sich nach der geografischen Lage der Bezugsquellen. Dies kann sich beispielsweise in einer Local-Sourcing-Strategie widerspiegeln, wenn die lokale Nähe der Lieferanten von großer Bedeutung ist. Vorteile sind hier vor allem bessere Abstimmungsmöglichkeiten und eine höhere Flexibilität aufgrund der räumlichen Nähe. Dabei ist stets zu beachten, dass das Preisniveau deutlich höher sein kann als auf internationalen Beschaffungsmärkten.

Ein Ansatz, der sich nicht auf lokale und nationale Beschaffungsmärkte beschränkt, ist das Global Sourcing. Mit einem Global-Sourcing-Ansatz wird das Ziel verfolgt, weltweit die bestmöglichen Bezugsquellen zu nutzen. Dies kann einerseits auf das Realisieren von Preisvorteilen aufgrund niedrigerer Lohn- und Materialkosten abzielen oder auf die Nutzung von regionenspezifischem Know-how der Lieferanten.

Die risikoorientierte Sicht ergibt sich aus der zunehmenden Bedeutung des Risikoaspekts im Einkauf. Da der Einkauf für einen Großteil der betrieblichen Ausgaben verantwortlich ist, bestehen hier erhebliche Risiken. Ein risikoorientierter Ansatz im Rahmen der Lieferantenstrategie zielt darauf ab, Risiken zu erkennen und bei strategischen Überlegungen zu berücksichtigen. Risikosteuernde Maßnahmen können beispielsweise darauf abzielen, die Abhängigkeit von Lieferanten zu reduzieren, die wirtschaftliche und strukturelle Stabilität des Lieferantenportfolios zu überwachen oder Beschaffungsmärkte aufgrund von Risikofaktoren wie Korruption und politischer Instabilität zu bewerten.

Praxistipp

Der Markt bestimmt und so ist die logische Folge, dass sich die Einkaufsstrategie der Unternehmensstrategie unterordnen und dynamisch anpassen muss. Bewährt hat sich diesbezüglich ein mittlerweile halbjährlicher Strategieworkshop. Der Teilnehmerkreis sollte nicht auf den strategischen Einkauf beschränkt werden. Wichtige Stakeholder

2.3 Prozess der Strategieentwicklung

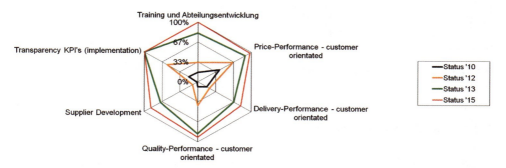

Abb. 2.7 Umsetzungsgrad der Einkaufsstrategie

(insbesondere aus dem Produktmanagement, Vertrieb oder Controlling) sollten zumindest temporär mit von der Partie sein. Der optimale Zeitpunkt liegt erfahrungsgemäß direkt im Anschluss an die halbjährliche Überarbeitung der Produkt-Roadmap des Unternehmens. Auf dieser Basis, gepaart mit strategischen Zielwerten des Unternehmens, entsteht die Einkaufsstrategie und kommt dann halbjährlich auf den Prüfstand. Wie in Abb. 2.7 dargestellt, wird neben eventuellen Kurskorrekturen dabei regelmäßig auch der Umsetzungsgrad der einzelnen strategischen Maßnahmen ermittelt. Die farbigen Linien zeigen die Ausgangssituation, die jeweiligen Meilensteinmessungen und die Zielwerte.

Am Beispiel von „Training und Abteilungsentwicklung" (Abb. 2.8) wird deutlich, welcher prozentuale Umsetzungsgrad pro strategischer Maßnahme (zu jeder Maßnahme gibt es eine detaillierte Beschreibung mit einem Verantwortlichen und einen Endtermin) erreicht wurde bzw. werden soll. Diese Werte müssen bei jedem Strategiemeeting im Team aktualisiert werden und bilden somit die Datenbasis für einen neuen farbigen Faden der Balance-Score-Card (Abb. 2.7), der damit den aktuellen Status markiert.

Die Dokumentation der Strategie und der dazugehörigen Ziele und Maßnahme sollte stets schriftlich erfolgen und vom Vorstand freigegeben werden. Somit sichert sich der Einkauf die benötigte Rückendeckung durch das Management und erteilt der Einkaufsstrategie gleichzeitig Verbindlichkeit.

Da dies einer der wichtigsten Prozesse im strategischen Einkauf ist, sollte man ihn regelmäßig und frühzeitig planen und sich genügend Zeit dafür nehmen. Ein anschließender Abteilungsevent hat, neben der Teamstärkung, regelmäßig zum Gelingen und der Effizienz dieser Veranstaltungen beigetragen.

„Wer nur Holz hackt, der wird im Wettbewerb ins Hintertreffen geraten, wer aber sein Beil vorsorglich und regelmäßig schärft, der wird bestehen."

	Status '10	Status '12	Status '13	Status '15
Training und Abteilungsentwicklung	16%	33%	82%	100%
Z Teilebeschaffungsprozess 2. Phase definieren	50%	50%	100%	100%
Z Schulung / Verstärkung: OEM-Beschaffung	10%	30%	80%	100%
Z Schulung / Verstärkung: Produktionsbeschaffungsprozess	10%	30%	80%	100%
U Beschaffung nicht hardwarebasierter Leistungen	10%	20%	50%	100%
O Schulung: E-Commerce / Einkaufswebsite	0%	50%	80%	100%
M Auf- und Ausbau eines Technischen Einkaufs		15%	100%	100%

Abb. 2.8 Umsetzungsgrad der Einkaufsstrategie am Beispiel von Training und Abteilungsentwicklung

2.3.4 Taktische Umsetzung

Um die tatsächliche Umsetzung der Einkaufsstrategie im betrieblichen Umfeld zu gewährleisten, werden von den strategischen Elementen taktische Entscheidungen und Maßnahmen abgeleitet. Dadurch beantwortet sich die Frage, wie die festgelegte Marschroute zu erreichen ist. Dabei ist eine bereichsübergreifende Abstimmung, Ressourcenbereitstellung und die Unterstützung der Führung zwingend erforderlich, um den erarbeiteten Aktionsplänen die nötige Effizienz zu verleihen.

Die taktischen Schritte umfassen zum einen das Erstellen eines Aktionsplans. Dieser enthält neben den einzelnen Maßnahmen auch geeignete Instrumente und Methoden, die zur Zielerreichung führen. Dies kann beispielsweise eine intensive Beschaffungsmarktforschung in einer bestimmten Region, das Erarbeiten konkreter Prozesse oder das Bündeln einzelner Bedarfe beinhalten. Zum anderen sind die derzeitigen Lieferantenbeziehungen auf den Prüfstand zu stellen. Hierbei ist entscheidend, ob und in welchem Umfang das derzeitige Lieferantenportfolio zur Erreichung der strategischen Ziele beitragen kann. Aus dieser Betrachtung leiten sich konkrete Maßnahmen für das Lieferantenmanagement ab, die das Suchen und Aufbauen neuer Lieferanten, das Entwickeln bestehender Lieferanten oder das Bereinigen des Lieferantenportfolios durch Ausphasen von Bestandslieferanten beinhalten können.

Um hierbei kurzfristige Erfolgskriterien zu ermitteln, kann das Setzen von Teilzielen sinnvoll sein. So wird es möglich, den Erreichungsgrad von langfristigen Zielen im Trendverlauf zu verfolgt und im Falle eines negativen Trends rechtzeitig gegensteuernde Maßnahmen einzuleiten.

2.3.5 Controlling

In dem Grad wie strategische Ziele SMART (Abschn. 2.3.2) formuliert sind, lässt sich ihr Erreichungsgrad qualifiziert beurteilen und durch das Management steuern, wodurch der Kreislauf des strategischen Gesamtprozesses geschlossen wird. Die Aufgabe, diesen Zielerreichungsgrad zu messen und auszuwerten, bildet den inhaltlichen Schwerpunkt des Einkaufscontrollings. Dabei beschäftigt sich das Controlling mit der Konzeption und dem

2.3 Prozess der Strategieentwicklung

Einsatz von Steuerungsinstrumenten sowie mit der Ausrichtung von Steuerungsgrößen auf die strategischen Zielgrößen[4]. Dadurch wird es möglich, geeignete Messinstrumente zu definieren, mit deren Hilfe sich bestimmen lässt, ob und in welchem Grad die durchgeführten Maßnahmen zur Zielerreichung beigetragen haben. Dies geschieht in der Praxis oft mit Kennzahlen, die den Zielerreichungsgrad quantitativ aufzeigen. Die Entwicklung von geeigneten Kennzahlen bildet dabei eine der Hauptaufgaben des Einkaufscontrollings. Mit Hilfe von Kennzahlen ist es möglich, den Erfolgsbeitrag der durchgeführten Maßnahmen anhand von Werten darzustellen. In der Regel können dabei vorhandene Zahlenwerte aus dem Unternehmen in geeignete Einkaufskennzahlen transferiert werden, wodurch sich bestimmte Entwicklungen oft plausibilisieren lassen. Gebräuchliche Kennzahlen im Einkaufscontrolling sind:

- **Savings**: Summe der realisierten GuV-wirksamen Preisreduzierungen und -erhöhungen gegenüber der Vorperiode.
- **Cost Avoidence**: Durch Einkaufstätigkeiten entstandene Kostenvermeidung, die nicht im Rahmen von Savings erhoben werden. Beispielsweise der Verhandlungserfolg bei Erstbezug von Materialien und Investitionsgütern oder das Verbessern von Zahlungskonditionen.
- **Lieferantenanzahl**: Anzahl der Kreditoren, die für das Unternehmen eine Leistung erbringen.
- **Einkaufsvolumen**: Summe aller betrieblichen Ausgaben, für die eine Leistung erbracht wurde, einschließlich aller Nicht-Produktions-Materialien und Dienstleistungen.
- **Aktive Artikel**: Anzahl der Produktionsmaterialien, die durch den Einkauf zugekauft werden.
- **Liefertreue**: Zuverlässigkeit der Lieferanten in Bezug auf vereinbarte Liefertermine.
- **Lieferqualität**: Summe, der in einer Periode aufgetretenen Reklamationen bei Lieferanten.
- **Strategische Ziele**: Umsetzungsgrad strategischer Vorgaben, oft Bestandteil von Zielvereinbarungen.

Daneben gibt es eine Vielzahl von weiteren Kennzahlen, die sich je nach Anforderung in einem Kennzahlensystem abbilden lassen und durch ein regelmäßiges Reporting automatisiert erheben lassen. Dabei sollte in der Praxis jedoch stets ein Grundsatz herrschen: Keine Kennzahl ohne Aktion. Denn die erhobenen Kennzahlen erfüllen nur ihren Zweck, wenn daraus auch geeignete Maßnahmen abgeleitet werden, die dazu dienen, das Messergebnis zu verbessern oder zu erhalten.

In Bezug auf den Strategieprozess schließt sich hier der Kreis, indem die ermittelten Kennzahlen Aufschluss über den Umsetzungsgrad der strategischen Maßnahmen liefern. Die Erkenntnisse, die sich aus der Betrachtung der Kennzahlen ergeben, führen unweiger-

---

[4] Vgl. Stollenwerk (2012, S. 62).

lich zu einer Veränderung des strategischen Gesamtkonzepts, wodurch der Strategieprozess von Neuem startet.

> **Praxistipp: Tracking kritischer Teile**
>
> Wie so oft wurde auch diese einfache, hemdsärmelige, aber doch sehr effektive Methode aus der Not heraus geboren und spezifisch auf die Belange eines bestimmten Unternehmens hin entwickelt. Ein Automobilist kann diese Problematik vielleicht nur schwer nachvollziehen, aber Unternehmen mit Kleinserien oder Manufakturen wissen, wovon hier berichtet wird. Als ich vor etwa vier Jahren die Verantwortung bei meinem heutigen Arbeitgeber für die strategische Beschaffung übernahm, fehlten im Wochenmittel etwa 10 Beschaffungsartikel von ca. 6500 lebenden Teilen für die Produktionen in beiden Produktionsstätten. Da diese Situation besonders in der Anlaufphase des Hauptumsatzträgers stattfand, führte das zu extremen Störungen im SOP (Start of Production), verbunden mit Umsatzausfällen sowie der Gefährdung des Unternehmensergebnisses. Daher machte mir der Vorstand bei meinem Amtsantritt unmissverständlich klar: So durfte es nicht weitergehen. Also machte sich mein Team mit mir ans Werk und es entstand, mit Unterstützung des operativen Einkaufs beider Produktionsstätten, ein zentral geführter und wöchentlich aktualisierter Datenpool, in dem alle kritischen Teile gesammelt wurden.
>
> Die kritischen Teile ergaben sich dabei aus Rückmeldungen von Disponenten und der Produktion, aus dem Mahnlauf des Warenwirtschaftssystems oder aus abweichenden Auftragsbestätigungen und Mitteilungen der Lieferanten. Die gesammelten kritischen Teile wurden in der zentralen Datei gesammelt und mit einem Ampelsystem nach vier Gruppen geclustert:
>
> - **Linienstillstand**: Die Produktion steht aufgrund von fehlenden Teilen (Statusanzeige „Rot").
> - **Drohender Lieferausfall**: Material, das aufgrund von Lieferengpässen in den darauf folgenden drei Wochen fehlen wird, aber aktuell noch vorhanden ist (Statusanzeige „Rot").
> - **Knappe Teile**: Material, das zwar geliefert wird, jedoch nicht in ausreichender Menge (Statusanzeige „Orange").
> - **Unter Beobachtung**: Lieferant oder Teil sind risikobehaftet und deshalb weiterhin unter Beobachtung (Statusanzeige „Gelb").
>
> Sobald ein Teil in diese Liste aufgenommen wird, ist der strategische Einkäufer dafür verantwortlich, dass alle benötigten Daten, wie beispielsweise der letzte Wareneingang oder die derzeitige Reichweite, vollständig und aktuell zu Verfügung stehen. Abgeleitet von Methoden zur Qualitätssicherung ist nun eine primäre Aufgabe des strategischen Einkäufers, sich intensiv mit diesen Artikeln, Lieferanten und Prozessen auseinanderzusetzen und Lösungen zu suchen, um den akuten Engpass so schnell wie möglich zu beseitigen. Entscheidend sind dabei neben kurzfristigen Sofortmaßnahmen auch

2.3 Prozess der Strategieentwicklung

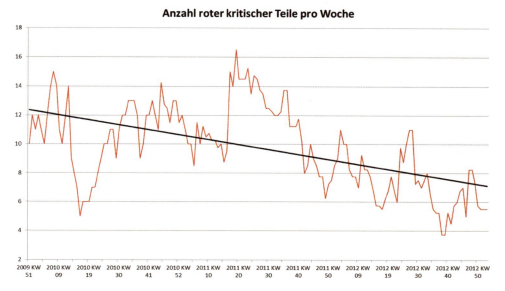

Abb. 2.9 Trendverlauf der Fehlteile mit Status „Rot"

mittel- und langfristige Lösungen, um Probleme dauerhaft zu beseitigen. Im Zuge der wöchentlichen Teamsitzung (inkl. Telefonkonferenz mit beiden Werken) wird bis heute jede Woche Teil für Teil durchgesprochen und Handlungsoptionen definiert. Diese Datenbasis ermöglicht es, mit wenig Aufwand auffällige Teile, Lieferanten, Low Performer und Prozesse zu identifizieren und Trends abzuleiten. Ganz nebenbei sind diese Informationen auch bei Lieferantengesprächen zu nutzen, was unter Umständen auch zur Ausphasung von langjährigen Partnern führen kann. Die Effizienz dieser Methode lässt sich, wie in Abb. 2.9 dargestellt, durch die Halbierung von Fehlteilen bei gleichzeitiger Verdopplung des direkten EK-Volumens belegen.

Aus meiner Sicht gehört die Anwendung eines solchen Werkzeugs in das Aufgabenfeld jedes Einkäufers. Der operative Charakter der reinen Terminsicherung wird durch strategische Denk- und Lösungsansätze erweitert, wodurch diese Methode entscheidend dazu beiträgt, die Einkaufsperformance im Unternehmen langfristig zu steigern. Denn nicht nur in der Automobilindustrie gilt die Zielsetzung von null Fehlteilen über den gesamten Produktlebenszyklus.

FAZIT: Der strategische Einkauf ist in hohem Maße von der Akzeptanz und Rückendeckung der Unternehmensleitung abhängig, denn nur so kann er seine Strategie und den daraus hervorgehenden Handlungsrahmen langfristig planen, umsetzen und kontrollieren. Den Rahmen für die strategischen Überlegungen geben dabei die Unternehmensstrategie, die internen Anforderungen und die externen Möglichkeiten des Unternehmensumfelds vor.

Diese Faktoren gilt es, optimal miteinander zu verbinden, die Kernelemente herauszufiltern und in der Einkaufsstrategie zu verankern. Die daraus abgeleiteten strategischen Ziele werden mit taktischen Aktionsplänen hinterlegt und in regelmäßigen Abständen überprüft. Somit kann zum einen der Zielerreichungs- und Wirkungsgrad der Maßnahmen ermittelt werden, zum anderen lassen sich Zielsetzungen und strategische Elemente hinsichtlich ihrer Gültigkeit auf sich ändernde Rahmenbedingungen überprüfen. Dadurch wird ein langfristiges und zielgerichtetes Gestalten der Einkaufstätigkeiten ermöglicht, wodurch der Einkauf direkt zur erfolgreichen Zielerreichung des Unternehmens beiträgt.

Die Einkaufsorganisation

3

Zusammenfassung

Das folgende Kapitel veranschaulicht verschiedene Ansätze, die zur Organisation der Einkaufsfunktion in der Praxis angewendet werden können. Neben verschiedenen Varianten der Aufbauorganisation erhält der Leser einen Überblick über Prozessgestaltung und -optimierung, sodass er in die Lage versetzt wird, diese auf sein Aufgabenspektrum zu übertragen und anzuwenden.

3.1 Einführung in die Organisation

Der Stellenwert des Einkaufs in der Unternehmensstruktur wird, wie in Kap. 2 verdeutlicht, maßgeblich von der Unternehmensstrategie beeinflusst. In vielen Unternehmen ist der Einkauf bereits in der ersten, mindestens aber in der zweiten Führungsebene eingegliedert. Mit zunehmender Tendenz bildet der Chief Procurement Officer (CPO) sogar ein eigenes Vorstandsressort. Diese Einordnung in der Unternehmensstruktur bildet die Voraussetzung dafür, die strategischen Ansätze effizient und unternehmensübergreifend umzusetzen, um somit einen entscheidenden Beitrag zum Unternehmenserfolg zu leisten. Ist der Einkauf den anderen Unternehmensfunktionen nicht mindestens gleichgestellt, wird er kaum die nötige Akzeptanz finden, um seine Ziele zu erreichen oder den negativen Einfluss anderer Unternehmensfunktionen verhindern zu können. Besonders zum Tragen kommt letzteres in frühen Produktentwicklungsphasen, wo bereits ein Großteil der Kosten konstruiert wird. Hat der Einkauf hier keine starke Position, kann er seine Kostenverantwortung nicht wahrnehmen und am Ende lediglich noch die Zahlungskonditionen verhandeln.

Der Einkauf muss sich also strategisch in der Unternehmensorganisation positionieren. So legt er fest, in welchem Maße er zur Erreichung der Unternehmensziele beiträgt. Nachdem der strategische Einkauf im Rahmen des Strategieprozesses die Fragen beantwortet hat, was er mit welchen Mitteln erreichen will, stellt sich nun die Frage, wie er seine Ziele erreichen kann. Dabei landet der Stratege unweigerlich bei der Betrachtung der Einkaufsorganisation.

Hinter dem Begriff Organisation verbergen sich betriebswirtschaftlich gesehen zwei Bedeutungen. Zum einen wird darunter allgemein ein Zusammenschluss verschiedener Elemente zu einem System mit formaler Struktur verstanden. Das Verhalten der Organisationsmitglieder ist dabei auf ein gemeinsames Ziel ausgerichtet. Somit kann eine Einkaufsabteilung selbst als Organisation verstanden werden. Das zentrale Verständnis von Organisation beinhaltet allerdings ein Strukturieren von Organisationsmitgliedern, wodurch das Erreichen verschiedenartiger Ziele forciert wird. Somit beschreibt die Organisation, wie Arbeitsaufgaben, Mitarbeiter, Ressourcen und Informationen aufgeteilt und strukturiert werden, um die angestrebten Ziele möglichst effizient zu erreichen.

Bei dieser Form der Organisation lassen sich zwei Ausprägungen festhalten. Zum einen die Aufbauorganisation, in der eine hierarchische Zuordnung und Koordination der vier oben genannten Elemente durch das Festlegen von Strukturen und Regeln erreicht wird. Zum anderen die Ablauforganisation, in der die Elemente in räumlicher, zeitlicher und mengenmäßiger Abfolge in Arbeitsabläufe und Prozesse eingeordnet werden. Diese beiden Ausprägungen bedingen sich gegenseitig und sind eigentlich nicht getrennt voneinander zu betrachten. Um die Komplexität der Organisation zu verringern, ist eine schrittweise Betrachtung allerdings ratsam. Daher sollen im Abschn. 3.2 verschiedene aufbauorganisatorische Ansätze der Einkaufsorganisation aufgezeigt werden. Im Abschn. 3.3 wird darauf eingegangen, wie Abläufe im Einkauf gestaltet werden können und welche Möglichkeiten es gibt, um Prozesse im Einkauf effizienter zu gestalten.

3.2 Aufbauorganisation

Die Aufbauorganisation bildet, wie beispielhaft in Abb. 3.1 angedeutet, im Wesentlichen das hierarchische Gerüst einer Organisation und regelt Strukturen und Verantwortlichkeiten. Dabei werden Stellen als kleinste organisatorische Einheit gebildet und so in Beziehung zueinander gesetzt, dass Kompetenzen und Kommunikationswege zwischen den Aufgabenträgern effizient und innovativ gestaltet werden. Die Frage nach der Aufbauorganisation des Einkaufs ist unweigerlich mit der strategischen Ausrichtung, aber auch mit der vorhandenen Unternehmensstruktur verbunden. In kleineren Unternehmen mit ledig-

Abb. 3.1 Der Einkauf in der Unternehmensorganisation

lich einer Produktionsstätte wird oft der Ansatz des zentral organisierten Einkaufs verfolgt. Liegen allerdings Konzernstrukturen mit global verteilten Fertigungsstätten vor, kann eine Dezentralisation des Einkaufs ratsam sein. Den Extremfall bildet hier das komplette Auslagern einzelner Einkaufsaktivitäten an spezialisierte externe Dienstleister. Einen modernen Ansatz, der die Varianten zentraler und dezentraler Einkauf vereint, bildet das Lead-Buyer-Konzept, dem auch der Begriff Warengruppenmanagement zugeordnet werden kann. Die Vor- und Nachteile der vier genannten Ansätze sollen im Folgenden aufgezeigt werden.

3.2.1 Der zentrale Einkauf

Ein zentral organisierter Einkauf bündelt den gesamten Beschaffungsprozess für alle im Unternehmen benötigten Bedarfe. Das bedeutet, dass lediglich ein Zentralbereich im Unternehmensverbund befugt ist, Einkaufsaktivitäten durchzuführen. Das eigenständige Beschaffen in einzelnen Unternehmensteilen oder Fachabteilungen wird gänzlich ausgeschlossen. In der Regel ist der Zentraleinkauf in der Firmenzentrale angesiedelt oder aber in der Betriebsstätte mit den größten Bedarfen. Die Vorteile des Zentraleinkaufs sind:

Volumenbündelung Durch den Bündelungseffekt der unternehmensweiten Bedarfe ist es dem Einkauf möglich, bessere Einkaufskonditionen mit Lieferanten zu verhandeln. Als Faustregel kann man davon ausgehen, dass eine Verdoppelung des Volumens zu einer 10%igen Kostenreduktion führt. Des Weiteren wird die Machtposition des Einkaufs durch Volumenbündelungen gestärkt, wodurch weitere Preiszugeständnisse der Lieferanten erreicht werden können oder der Status eines Vorzugskunden erreicht werden kann, wodurch bessere Konditionen, besserer Service und bessere logistische Zusammenarbeit angestrebt werden kann.

Steigerung der Professionalität Durch die Organisation eines zentralen Einkaufs wird es möglich, Einkaufsaktivitäten ausschließlich von professionellen Fachleuten durchführen zu lassen. Somit steigt die Professionalität im gesamten Beschaffungsprozess. Dies betrifft besonders das Durchführen verschiedener Einkaufsmethoden, wie Preis- und Wertanalyse, Beschaffungsmarktforschung, Verhandlungsführung und Vertragsrecht.

Homogene Lieferantenstruktur Eine zentrale Durchführung der Einkaufsaktivitäten, ermöglicht den Aufbau einer homogenen Lieferantenstruktur. So kann beispielsweise verhindert werden, dass gleichartige Artikel in den einzelnen Betriebsbereichen von unterschiedlichen Lieferanten bezogen werden oder dass zu unterschiedlichen Konditionen bei gleichen Lieferanten eingekauft wird.

Klare Verantwortlichkeiten Beim Zentraleinkauf herrschen klare, unternehmensweite Verantwortlichkeiten, wodurch die Einhaltung von Prozessen und Richtlinien besser gesteuert werden und eine bessere und schnellere Kommunikation stattfinden kann.

Effiziente Beschaffungsprozesse Durch die zentrale Abwicklung, können oft wiederkehrende Bedarfe standardisiert abgewickelt werden, wodurch sich Möglichkeiten zu automatisierten Beschaffungsprozessen ergeben.

Einheitliche Kontrolle Im Zentraleinkauf ist es möglich, einheitliche Kennzahlen für die Einkaufsaktivitäten über alle Unternehmensbereiche zu generieren, um somit Einkaufserfolge unternehmensweit darzustellen.

Der Zentraleinkauf kann somit eine Reihe von Vorteilen aufweisen. Ab einer gewissen Unternehmensgröße können sich beispielsweise auch folgende Nachteile ergeben, die im Wesentlichen auf einer großen Entfernung zwischen Einkauf und Bedarfsträger beruhen:

Bürokratie Je nach Unternehmensgröße kann ein zentraler Einkauf schnell in einem hohen bürokratischen Aufwand enden, da Bedarfe unter Umständen erst über viele Stellen vom Bedarfsträger an den Zentraleinkauf gelangen. Hier besteht die Gefahr, dass die Abwicklungskosten überproportional steigen und die gesamten Beschaffungsprozesse ineffizient werden.

Räumliche Distanz Durch eine zu große Entfernung vom Bedarfsträger kann sich eine gewisse Betriebsferne im Zentraleinkauf ergeben, sodass dieser über sämtliche Verbrauchsänderungen, technischen Änderungen und Probleme erst unterrichtet werden muss. Somit stellen sich Nachteile in Bezug auf den Informationsfluss und die Flexibilität ein.

Zielkonflikte Es können Zielkonflikte zwischen einem zentralen Einkauf und den ergebnisverantwortlichen Organisationseinheiten entstehen, wenn die Zurechenbarkeit von Einkaufserfolgen und -misserfolgen nicht klar geregelt ist.

Mangelnde Akzeptanz Der Zentraleinkauf wird in den dezentralen Organisationen oft als Fremdkörper wahrgenommen. Denn nicht nur die räumliche Distanz, sondern auch das in den dezentralen Organisationen vorherrschende Empfinden kein Mitspracherecht zu haben und Entscheidungen diktiert zu bekommen, führen nicht selten zur Torpedierung der Umsetzung von strategischen Zielen. Hier ist das Geschick des Zentraleinkäufers gefragt, Entscheidungen transparent und verständlich zu machen und letztendlich psychologisch als gemeinsame Entscheidung zu etablieren.

Kulturelle Besonderheiten Unterschiede in Kultur, Mentalität und Sprache können schnell zu Missverständnissen führen und stellen ein Risikopotenzial dar.

In der Praxis wird der Zentraleinkauf im Rahmen der Arbeitsteilung in der Regel nach dem Objektprinzip gestaltet. Das bedeutet, dass eine Strukturierung nach Beschaffungsobjekten, wie beispielsweise Rohstoffe, Mechanik, Optik oder Investitionsgüter, stattfindet. Der einzelne Einkaufsmitarbeiter ist dabei für die gesamten Beschaffungsaktivitäten einer Objektgruppe verantwortlich.

3.2 Aufbauorganisation

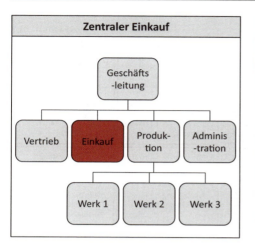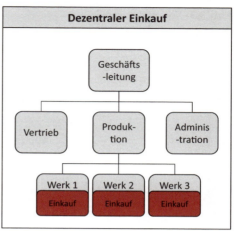

Abb. 3.2 Vergleich des dezentralen und zentralen Einkaufs

Eine traditionelle Variante des Zentraleinkaufs bildet das Funktionsprinzip. Dabei werden die Einkaufsaktivitäten nach gleichartigen Prozessschritten zerlegt und einzelnen Einkaufsmitarbeitern zugeordnet. Im Zuge einer zunehmenden Prozessorientierung verliert dieser Ansatz jedoch immer mehr an Bedeutung.

3.2.2 Dezentraler Einkauf

Eine dezentrale Einkaufsorganisation bildet, wie in Abb. 3.2 verdeutlicht, den Gegenpool zum Zentraleinkauf. In seiner extremsten Form werden sämtliche Einkaufsaktivitäten in den bedarfserzeugenden Fachabteilungen eigenständig durchgeführt. Diese Form der Einkaufsorganisation, die ohne einen professionellen Einkäufer auskommt, ist in der Praxis eher selten zu finden. Vielmehr werden Einkaufsabteilungen in ergebnisverantwortlichen Organisationseinheiten bewusst installiert, um die dort anfallenden Bedarfe zu managen. Dies können bei Konzernstrukturen einzelne Niederlassungen und Produktionsstätten sein oder im Rahmen des Projekteinkaufs das Betreuen von Produktentwicklungsteams durch einen produktspezifischen Einkäufer, der die im Projekt anfallenden Bedarfe bearbeitet.

Der wesentliche Vorteil des dezentralen Einkaufs ist seine größtmögliche Nähe zu den Bedarfsträgern. So sind hier nicht nur kurze Prozesszeiten sowie schnelle Kommunikations- und Entscheidungswege gegeben, sondern der Einkäufer kann sich auch spezifisches Know-how aneignen, das auf die Bedarfsträger ausgerichtet ist. Somit erreicht der Einkauf in dieser Organisationsform eine hohe Orientierung an den internen Kunden.

Zum Nachteil wird dem dezentralen Einkauf allerdings, dass es viele Redundanzen geben kann, da gleichartige Bedarfe in verschiedenen Organisationseinheiten auftauchen.

Abb. 3.3 Vor- und Nachteile des zentralen und dezentralen Einkaufs

	Vorteile	Nachteile
Zentraler Einkauf	• Volumenbündelung • Verhandlungsmacht • Professionalität • Homogene Lieferantenstruktur • Klare Verantwortlichkeit • Effiziente und standardisierte Prozesse • Einheitliche Kontrolle	• Hoher Verwaltungsaufwand und Bürokratie • Lange Entscheidungswege • Zielkonflikte • Räumliche Distanz • Mangelnde Akzeptanz • Kulturelle Unterschiede
Dezentraler Einkauf	• Nähe zum Bedarfsträger • Kurze Entscheidungswege • Hohe Problemfokussierung • Hohe Flexibilität	• Geringe Marktmacht • Viele Redundanzen • Kaum Standardisierung • Unterschiedliche Verantwortlichkeiten • Unterschiedliche Strategien

Durch diese Stückelung der Bedarfe muss der dezentrale Einkauf mit einer geringeren Markmacht, weniger Standardisierung und evtl. mit unterschiedlichen Warengruppenstrategien leben.

3.2.3 Das Lead-Buyer-Konzept

Das Lead-Buyer-Konzept beschreibt den Ansatz, die in Abb. 3.3 zusammengefassten Vorteile von dezentraler und zentraler Organisation zu kombinieren und die Nachteile beider Ansätze auszugleichen. Dabei baut das Lead-Buyer-Konzept auf einem zentral organisierten Einkauf auf, der in der Regel in der Organisationseinheit mit dem größten Bedarf oder der größten warengruppenspezifischen Kompetenz platziert wird. Hierbei werden gleichartige Bedarfe unternehmensweit in einheitlichen Materialgruppen gebündelt. Für die einzelnen Materialgruppen ist jeweils ein strategischer Materialgruppenmanager zuständig, der die Bedarfe aller Organisationseinheiten strategisch verantwortet. Dies umfasst das gesamte Lieferanten- und Warengruppenmanagement, das Entwickeln von Methoden oder das Bereitstellen von Marktwissen und mündet in dem Verhandeln und Abschließen von Rahmenverträgen und Lieferkonditionen. Die operative Abwicklung erfolgt anschließend dezentral in den jeweiligen Organisationseinheiten, wodurch die Bestellabwicklung flexibel und bedarfsgerecht gestaltet werden kann. Somit ergibt sich eine Kombination aus zentralem, strategischem und dezentralem, operativem Einkauf, die in der Organisation allerdings klar voneinander abgegrenzt sind. Zu den wesentlichen Vorteilen des Lead-Buyer-Konzepts zählen:

Einheitliche Strategie Durch die zentrale Führung der Warengruppenstrategie hat diese organisationsübergreifend Gültigkeit und kann somit einfacher und effizienter umgesetzt werden.

Bedarfsbündelung Bedarfe werden zentral in Warengruppen gebündelt und gemanagt. Somit ergeben sich die Größenvorteile des Zentraleinkaufs, die Einzelbedarfe können allerdings weiterhin im Rahmen von vereinbarten Kontrakten flexibel und bedarfsgerecht in den Organisationseinheiten abgerufen werden.

Lieferantenmanagement Die zentrale strategische Betreuung der Materialgruppen erlaubt ein effizientes Lieferantenmanagement. So kann das Lieferantenportfolio gezielt auf die unternehmensübergreifenden Bedarfe aufgebaut und entwickelt werden.

3.2.4 Auslagerung von Einkaufstätigkeiten

Der Trend zur Konzentration auf die Kernkompetenzen macht auch vor dem Einkauf nicht halt. So ist es heutzutage keine Seltenheit mehr, dass einzelne Einkaufstätigkeiten outgesourced werden. So werden beispielsweise mit sogenannten Shared-Procurement-Organisationen eigenständige Gesellschaften gegründet, die die gesamten Einkaufstätigkeiten für den Unternehmensverbund oder aber auch für fremde Unternehmen übernehmen. Bei diesen hochspezialisierten Einkaufsgesellschaften kommen ähnliche Vor- und Nachteile wie beim Zentraleinkauf zum Tragen. Durch die Ausrichtung als Profit-Center wird allerdings eine marktregulierende Leistungsverrechnung angestrebt.

Eine zweite Form der Auslagerung von Einkaufstätigkeiten kann das Verlagern von besonders lohnintensiven Prozessschritten, wie Rechnungsprüfung oder die reine Bestellabwicklung, zur Folge haben. Dabei bleibt die strategische Kompetenz weiterhin im eigenen Unternehmen, einzelne operative Tätigkeiten werden allerdings extern durchgeführt.

Einen dritten Ansatz bildet das Ausgliedern einzelner Beschaffungskategorien. Dieser Ansatz wird besonders im Bereich von Dienstleistungen wie Travel-Management oder Facility-Management genutzt, um hierbei durch die Nutzung von Mengeneffekten bessere Konditionen zu erzielen.

> **Praxistipp**
>
> Es ist schon eine große Herausforderung, die Einkaufsorganisation in einem Unternehmen mit Standorten in verschiedenen Kulturkreisen strategisch und operativ optimal auszurichten und zu führen. „Fernsteuern funktioniert jedenfalls nicht", dies ist die teilweise schmerzlich erfahrene Lehre, die ich aus meinen langen globalen Führungs- und Beschaffungsaufgaben im Hinblick auf Einkaufsorganisation und Global Sourcing gezogen habe.
>
> Bewährt haben sich in den meisten Fällen die klare Trennung von operativem und strategischem Einkauf, das strategisch zentral geführte Warengruppenmanagement und die operative dezentrale Steuerung. Ergänzt und optimiert wurde die globale Organisation bei mir mit einem kleinen Stamm an sehr gut ausgebildeten Native Speakern in einem mir direkt unterstellten Beschaffungsbüro in Asien, welches sowohl strategische

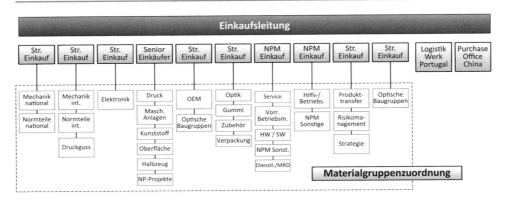

Abb. 3.4 Einkaufsorganisation nach Warengruppen aus der Praxis

wie auch operative Aufgaben bis hin zu Qualitätssicherungsmaßnahmen übernahm. Beispielhaft wird diese Einkaufsorganisation in Abb. 3.4 dargestellt.

Regelmäßige gegenseitige Besuche an allen Standorten, die Einbindung in die Einkaufsjahresplanung und die Strategieentwicklung, regelmäßige interkulturelle Trainings, Entwicklungsperspektiven und Führung mit Zielvereinbarungen bewährten sich dabei hervorragend.

Was die zentrale strategische und die globale Ausrichtung der Organisation angeht, heißt es jedoch wachsam zu sein, denn die größten Widerstände lauern intern. Und da ist der Verkäufer im Einkäufer gefragt, dem es durch geschicktes Einkaufsmarketing gelingt, diese aufzulösen.

3.3 Ablauforganisation

Als Ergebnis der Aufbauorganisation geht ein struktureller Rahmen hervor, in dem die einzelnen Mitarbeiter die ihnen übertragenen Teilaufgaben erfüllen. Um diese Teilaufgaben räumlich, zeitlich und mengenmäßig effizient zu koordinieren, ist eine Ablauforganisation notwendig. Diese regelt durch die Installation von Prozessen den personenunabhängigen Informations- und Ressourcenaustausch der einzelnen Stellen, wodurch die einzelnen Arbeitsvorgänge miteinander verbunden werden. Die Ablauforganisation ist im Allgemeinen so zu gestalten, dass anfallende Arbeiten bereichsübergreifend schnell, sicher und kostengünstig durchgeführt werden können.

Im Einkauf liegt der Fokus ablauforganisatorischer Überlegungen zunächst auf einer Trennung von operativen und strategischen Einkaufsaktivitäten. Strategische Einkaufsaktivitäten umfassen dabei die langfristige Planung, Ausgestaltung und Optimierung der Lieferanten-Abnehmer-Beziehung sowie das Begleiten von Produktentstehungsprozessen im Rahmen des Projekteinkaufs. Operative Einkaufsaktivitäten zielen hingegen darauf ab,

3.3 Ablauforganisation

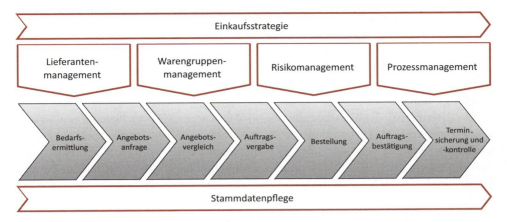

Abb. 3.5 Ablauf des allgemeinen Einkaufsprozesses

die rechtliche und physische Versorgung benötigter Waren und Dienstleistungen zu realisieren.

In den Kernprozess des Einkaufs, der Materialversorgung, fließen somit sowohl operative als auch strategische Aktivitäten ein. Daher soll im Folgenden eine Betrachtung des klassischen Einkaufsprozesses unter Berücksichtigung strategischer Aspekte näher beleuchtet werden.

3.3.1 Der Einkaufsprozess

Der traditionelle Einkaufsprozess umfasst eine Reihe von Entscheidungen, die in enger Wechselbeziehung zueinander stehen. Denn neben der rein ablauforientierten Abwicklung einer Bestellung erfordert der Einkaufsprozess die Beachtung einer Vielzahl von Faktoren. Im Zentrum steht dabei stets das Erreichen des materialwirtschaftlichen Optimums, die richtigen Güter, in der richtigen Zeit, in der richtigen Menge, am richtigen Ort unter Berücksichtigung wirtschaftlicher Aspekte.

Im Allgemeinen lässt sich der Einkaufsprozess, wie in Abb. 3.5 dargestellt, in einzelne Unterprozesse gliedern, die einem zeitlich logischen Ablauf folgen und durch strategische Elemente gelenkt und unterstützt werden. Gestartet wird der Prozess zunächst durch einen konkreten Bedarf, der in der Serienphase durch die Materialdisposition, im Falle von Einzelbedarfen durch unterschiedliche Bedarfsträger, ausgelöst wird. Nach der Prüfung und Bündelung dieser Bedarfe erfolgt die Suche nach potenziellen Bezugsquellen, die in der Lage sind, diese zu decken. Auf Basis eines objektiven Vergleichs von Vor- und Nachteilen der identifizierten Optionen erfolgt die Auftragsvergabe, die in einer rechtsverbindlichen Bestellung mündet. Nachgelagert erfolgt die Überwachung und Sicherstellung der termingerechten physischen Verfügbarkeit der bestellten Waren und Dienstleistungen.

3.3.1.1 Bedarfsermittlung

Der Bedarf beschreibt die für die Produktion und Herstellung benötigten Einsatzfaktoren und startet den Einkaufsprozess. Im Falle des Serieneinkaufs erfolgt dies in der Regel durch die Materialdisposition, die die benötigten Bedarfe anhand einer Planung generiert. Um einen konkreten Bedarf zu berechnen, können dort verschiedene Methoden zur Anwendung kommen.

Die deterministische Bedarfsermittlung wird vorwiegend bei der Planung von Serienprodukten eingesetzt. Hier sind in der Regel Absatz- und Produktionspläne vorhanden, aus denen zukünftig benötigte Mengen entnommen werden können. Basis bildet hierbei ein Primärbedarf, der auf den geplanten Verkaufszahlen eines Endprodukts beruht. Daraus leitet sich der Sekundärbedarf ab, der sich durch die Auflösung der zugrunde liegenden Stückliste ergibt und die für die Herstellung des Endprodukts benötigten Einzelteile umfasst. Für den Einkauf relevant sind hierbei lediglich Zukaufteile. Aus Sekundär- und evtl. bestehenden Zusatzbedarfen errechnet sich der Bruttobedarf. Dieser wird durch Abgleich mit Lagerbeständen, Sicherheitsbeständen und bereits getätigten Bestellungen in einen konkreten Nettobedarf umgewandelt, den es im weiteren Verlauf des Einkaufsprozesses zu decken gilt.

Die stochastische Bedarfsplanung wird hingegen für Materialien verwendet, die nicht anhand eines Sekundärbedarfs geplant werden können. Diese Materialien werden nicht in Stücklisten geführt, da sie nicht unmittelbar in das Produkt eingehen, wie beispielsweise Hilfs- und Betriebsstoffe. Um den zukünftigen Bedarf möglichst exakt zu ermitteln, bedient man sich hierbei statistischer Prognoseverfahren.

Weitaus schwieriger gestaltet sich die Planung von Einzelbedarfen, wie beispielsweise Investitionen oder Dienstleistungen. Hier ist es wichtig, dass der Einkäufer rechtzeitig und vollständig über den aufkommenden Bedarf informiert ist und technisch brauchbare Informationen bereitgestellt werden. Ist letzteres nicht möglich, können Innovationsanfragen bei Lieferanten getätigt werden, um den Bedarf genauer zu spezifizieren.

3.3.1.2 Angebotsanfrage

Im nächsten Teilprozess ist es die Aufgabe des Einkäufers, verbindliche Angebote für den definierten Bedarf von Lieferanten einzuholen. Diesem Teilprozess geht in der Regel eine intensive Beschaffungsmarktforschung voraus, in der potenzielle Lieferanten für eine Angebotsanfrage identifiziert werden. Dabei ist darauf zu achten, dass die Anfrage präzise formuliert und spezifiziert ist. Je präziser die Anfrage, desto weniger Rückfragen sind zu erwarten und desto genauer kann der Lieferant kalkulieren. Daher sollte die Angebotsanfrage die folgenden Punkte beinhalten:

- Präzise und spezifizierte Beschreibung des Bedarfs
- Genaue Mengen, ggf. verschiedene Staffelmengen
- Angestrebte Liefertermine
- Termin für die Angebotsabgabe
- Allgemeine Einkaufsbedingungen

Im Serieneinkauf wird die Phase der Angebotsanfrage oft vereinfacht oder komplett übersprungen, um direkt zum eigentlichen Bestellvorgang voranzuschreiten, da Rahmen- und Lieferbedingungen bereits durch den strategischen Einkauf fixiert sind. Daher bietet der Serieneinkauf die Möglichkeit, einen verkürzten, operativ standardisierten Einkaufsprozess zu gestalten.

3.3.1.3 Angebotsvergleich

Dem eigentlichen Angebotsvergleich geht zunächst eine formale Angebotsprüfung voraus, in der die Übereinstimmung von Angebot und Anfrage sichergestellt wird. Schwerpunkte sind dabei Qualität, Menge, Lieferzeit und Lieferbedingungen. Sind diese Übereinstimmungen gegeben, kann das Angebot in den Teilprozess des Angebotsvergleichs eingehen. Ergeben sich hingegen Abweichungen, die auch nach Rücksprache mit den Anbietern nicht beseitigt werden können, sind diese kenntlich zu machen und im Rahmen einer Total-Cost-Betrachtung zu berücksichtigen.

Der sich anschließende Angebotsvergleich dient dazu, eine objektive, nachvollziehbare und vor allem revisionssichere Auftragsvergabe herbeizuführen. Dabei erfolgt eine Gegenüberstellung der einzelnen Angebote anhand definierter Kriterien, wodurch Unterschiede transparent gemacht werden und das günstigste Angebot ausgewählt werden kann. Das bedeutet allerdings nicht, dass die Vergabeentscheidung lediglich auf dem Preisaspekt beruht. Je nach Komplexität und Relevanz können und müssen weitere Aspekte in der Entscheidungsfindung beachtet werden. Einen gängigen Ansatz bietet dazu die Nutzwertanalyse. Hier werden die Anforderungen anhand von Kriterien definiert und nach ihrer Relevanz unterschiedlich gewichtet. Die Kriterien werden anschließend nach ihrem Erfüllungsgrad bewertet und aufsummiert, wodurch sich für jedes Angebot eine Bewertungskennzahl ergibt, auf deren Basis eine Entscheidung getroffen werden kann. Ein praktisches Anwendungsbeispiel findet sich dazu im Abschn. 4.3.3 Faktoren, die in dieser Betrachtung berücksichtigt werden sind beispielsweise:

- Einstandspreis
- Lieferzeit
- Qualitätsniveau
- Kapazität
- Service
- Standort
- Zuverlässigkeit
- Versorgungsrisiko

3.3.1.4 Auftragsvergabe

Der Teilprozess der Auftragsvergabe richtet sich in seinem Umfang nach der Relevanz und der Tragweite des zu beschaffenden Bedarfs. Handelt es sich um Kleinbedarfe, erfolgt die Auftragsvergabe in der Regel direkt im Anschluss an den Angebotsvergleich an den Lieferanten mit dem günstigsten Angebot, sofern das Angebot die Anforderungen erfüllt.

Handelt es sich jedoch um größere Bedarfe schließt sich dem Angebotsvergleich eine Vergabeverhandlung an, die zum Ziel hat, die einzelnen Vergleichsfaktoren wie Preis, Lieferzeit oder Qualität zu optimieren. Eine ausführliche Betrachtung der Einkaufsverhandlung erfolgt unter Kap. 8.

3.3.1.5 Bestellung

Die Bestellung bildet den Abschluss der Auftragsvergabe und entspricht einer rechtsverbindlichen Willenserklärung, eine bestimmte Ware oder Dienstleistung zu vereinbarten Rahmenbedingungen anzunehmen und zu bezahlen. In der Regel erfolgt die Bestellung in schriftlicher Form und wird über ein Warenwirtschaftssystem erfasst und an den Lieferanten übermittelt. Zwar ist die Bestellung an keine formalen Anforderungen gebunden, sollte aber, um eine ordnungsgemäße Abwicklung zu gewährleisten, die folgenden Angaben beinhalten:

- Unternehmensinterne Bestellnummer, auf die sich der Lieferant bei Anlieferung beziehen kann,
- Zweifelsfreie Bezeichnung der Leistung, beispielsweise in Form einer Materialnummer,
- Menge der bestellten Leistung,
- Preis je Mengeneinheit und Gesamtpreis,
- Liefertermin oder Lieferzeitraum,
- Verweis auf zugesicherte Eigenschaften und Qualitätsanforderungen, wie beispielsweise Zeichnungen und Prüf- und Abnahmebedingungen,
- Vereinbarte Zahlungs- und Lieferkonditionen inklusive Erfüllungsort,
- Hinweis auf Sondervereinbarungen, wie allgemeine Einkaufsbedingungen oder Qualitätssicherungsvereinbarungen.

3.3.1.6 Auftragsbestätigung

Nachdem der Lieferant die Bestellung geprüft hat, versendet er in der Regel eine Auftragsbestätigung, wodurch er der Bestellung zustimmt und diese annimmt. Lediglich wenn der Bestellung ein gleichlautendes Angebot vorausgegangen ist, kann aus rechtlicher Sicht auf eine Bestätigung verzichtet werden, da die Bestellung in diesem Fall die Annahme darstellt.

In der Praxis wird der Eingang von Auftragsbestätigungen in der Regel überwacht und bei Überfälligkeit angemahnt, denn aus Sicht der Materialversorgung ist die Auftragsbestätigung aus zwei Gründen bedeutsam. Zum einen bestätigt der Lieferant, dass die Bestellung bei ihm angekommen ist und ausgeführt wird. Zum anderen werden Differenzen in den auftragsspezifischen Bedingungen vor Warenauslieferung ersichtlich und können bereinigt werden. Daher ist beim Prüfen der Auftragsbestätigung genau darauf zu achten, dass diese mit der Bestellung bzw. dem Angebot übereinstimmt. Werden Abweichungen festgestellt, so ist durch die Auftragsbestätigung noch kein Kaufvertrag zustande gekommen, sondern lediglich ein neuer Antrag gestellt worden. Können diese Abweichungen nicht akzeptiert werden, wie beispielsweise ein späterer Liefertermin, muss der Auftragsbestätigung sofort schriftlich widersprochen werden. Die von den Beteiligten zuletzt abgegebene Erklärung gilt dabei als rechtsverbindlich.

3.3.1.7 Terminsicherung und -kontrolle

Um die Versorgungssicherheit des Unternehmens zu gewährleisten, erfolgt im nächsten Prozessschritt die Terminsicherung und -kontrolle. Denn aufgrund einer Vielzahl außer- und innerbetrieblicher Störfaktoren reicht es oft nicht aus, auf eine termingerechte Anlieferung zu vertrauen und abzuwarten. Die Terminsicherung zielt hierbei darauf ab, Terminüberschreitungen bereits im Vorfeld zu vermeiden. Dies geschieht häufig durch Erinnerungen, die vor Fälligkeit der Lieferung an den Lieferanten versendet werden. Dadurch wird zum einen auf eine termingerechte Anlieferung hingewiesen, zum anderen können Lieferverzögerungen früher erkannt werden, wodurch sich der Aktionsrahmen für gegensteuernde Maßnahmen vergrößert.

Des Weiteren findet die Terminsicherung bereits im Rahmen des Lieferantenmanagements Anwendung, beispielsweise durch die Auswahl termintreuer Lieferanten oder durch erzieherische Maßnahmen im Zuge der Lieferantenentwicklung.

Die Terminkontrolle setzt dort ein, wo ausstehende Lieferungen den vereinbarten Termin überschritten haben oder drohen in Verzug zu geraten. Sind Lieferungen überfällig, setzt das Mahnwesen ein, wodurch der Lieferant eine angemessene Nachfrist gesetzt bekommt. Hält er diese Nachfrist nicht ein, kann er in Verzug gesetzt werden, wobei ab diesem Zeitpunkt vertraglich vereinbarte Strafen zur Anwendung kommen können.

Allerdings sind die Ursachen für verspätete Liefertermine in der Praxis nicht immer beim Lieferanten zu suchen. Oft sind es kurzfristige Anforderungen der internen Bedarfsträger oder technische Änderungen an Beschaffungsobjekten, wodurch Termindruck entsteht. Daher zielen viele Maßnahmen der Terminkontrolle darauf ab, den Verzugszeitraum so weit wie möglich zu verkürzen und dadurch den Schaden für das eigene Unternehmen möglichst gering zu halten.

3.3.2 Rollen im Entscheidungsprozess

Um Einkaufsprozesse zu gestalten und zu optimieren, ist es erforderlich zu wissen, welche Personen aus den unterschiedlichen Unternehmensbereichen an der Entscheidungsfindung beteiligt sind und welche Rollen diese einnehmen. Denn oft ist es nicht der Einkauf alleine, der entscheidet welcher Lieferant oder welches Produkt zugekauft wird. Je nach Firmenstruktur und Bedarfsumfang befinden sich die wahren Entscheider auf höheren Hierarchiestufen, wodurch das Aufgabenumfeld des Einkäufers massiv beeinflusst wird. So können auf diese Weise beispielsweise Lieferanten aufgrund von politischen Entscheidungen ausgewählt werden, obwohl eine rationale Betrachtung zu einem anderen Ergebnis geführt hätte.

Des Weiteren bilden sich im Rahmen von Entwicklungs- oder Investitionsprojekten oft sogenannte Einkaufsgremien. Darunter wird eine Gruppe von Personen verstanden, die den Entscheidungsprozess gemeinsam durchläuft und eine Kaufentscheidung herbeiführt. Ziel ist hierbei, durch das Nutzen von bereichsübergreifendem Know-how die Entscheidungsfindung zu optimieren.

Aus marketingorientierter Sicht hat sich hierbei ein Rollenmodell etabliert, welches unter anderem die folgenden idealtypischen Rollen differenziert.[1]

Der Benutzer setzt das zu beschaffende Produkt oder System ein und verfügt oft über eine langjährige Erfahrung und umfangreiches Fachwissen. Je komplexer der Bedarf, desto notwendiger wird es, diese Personengruppe in den Entscheidungsprozess einzubeziehen.

Der Einkäufer ist für den Einkaufsprozess zuständig. Er holt Angebote ein, ist Ansprechpartner für kaufmännische Themen und trägt die formale Verantwortung und Autorität.

Der Beeinflusser hat zwar keine formale Funktion im Entscheidungsprozess, nimmt aber maßgeblichen Einfluss. In der Regel wird diese Rolle von Personen eingenommen, die über umfangreiche Erfahrung auf einem bestimmten Gebiet verfügen und den Entscheidungsprozess beratend begleiten.

Der Entscheider ist der letztlich verantwortliche Entscheidungsträger. Je nach Tragweite der Entscheidung wird die Rolle des Entscheiders von der Geschäftsleitung, dem Management oder dem Einkäufer eingenommen.

Aus Verkäufersicht werden diese vier Gruppen nach Unterstützern und Gegner differenziert. Die Unterstützer sind in der Regel von dem Lieferanten und dessen Produkt überzeugt und helfen diesem, das Geschäft abzuschließen. Die Gegner sind hingegen eher skeptisch und bevorzugen einen anderen Lieferanten oder eine andere Lösung. Besonders bei Haus- und Hoflieferanten kommen die Merkmale von Unterstützern und Gegnern besonders ausgeprägt zum Tragen. Aufgrund von langjährigen Erfahrungen und persönlichen Präferenzen versuchen andere Unternehmensbereiche den Einkaufsprozess massiv zu beeinflussen. Verkäufer wissen das und versuchen dahingehend diese Personengruppen gezielt anzusprechen oder zu umgehen.

3.3.3 Prozessoptimierung

Die Prozessoptimierung befasst sich mit der Betrachtung und Verbesserung von betrieblichen Abläufen mit dem Ziel, Prozesskosten zu senken, Abläufe schlanker und effizienter zu gestalten sowie die Qualität von Prozessen zu verbessern. Im Einkauf werden dabei neben operativen Versorgungsprozessen auch strategische Planungs- und Steuerungsprozesse aufgenommen und bewertet. Dadurch bietet sich die Möglichkeit, Schwachstellen in den

---

[1] Vgl. Fritz und von der Oelsnitz (2006, S. 83).

bestehenden Abläufen zu identifizieren und notwendige Veränderungen herbeizuführen. Dies hat zur Folge, dass sich Prozesse nicht nur effizienter gestalten lassen, sondern auch die tägliche Arbeitsbelastung der Einkäufer reduziert werden kann. Denn klassischerweise sucht der Einkäufer ständig und mit viel Aufwand nach der Stärkung seiner Verhandlungsposition, um seine jährlichen Preisreduzierungsziele zu erreichen. Dabei eilt er Jahr für Jahr von Preisverhandlung zu Preisverhandlung und vergeudet so wertvolle Zeit und Kapazität, die er langfristig für wichtigere strategische Aufgaben benötigt. Eine Möglichkeit sich den dafür notwendigen Freiraum zu verschaffen, bietet die Standardisierung und Automatisierung von untergeordneten Prozessen im Serieneinkauf. Die Potenziale von Rahmenverträgen, der auf Lernkurveneffekten basierenden Long Term Agreements (LTAs), einer Preisgleitklausel, der automatisierten C-Teile-Beschaffung (siehe ABC-Analyse in Abschn. 7.3) und sogar die Einkaufsbedingungen müssen dafür nur konsequent genutzt werden. Daher werden im Folgenden einige Anregungen aufgezeigt, die die Möglichkeit bieten, den operativen Einkaufsprozess zu vereinfachen und dadurch den nötigen Freiraum für strategische Aufgaben zu gewinnen.

3.3.3.1 Mengenkontrakte

Ein Mengenkontrakt ist eine Vereinbarung über die garantierte Abnahme einer fixierten Menge von Waren oder Dienstleistungen innerhalb eines fixierten Zeitraums. Im Gegensatz zu Einzelbestellungen oder Lieferplänen enthalten Mengenkontrakte keine einzelnen Liefertermine, sondern lediglich eine Festlegung des Gesamtumfangs sowie der kaufmännischen Konditionen. Die exakte Festlegung von Liefermengen und Lieferterminen erfolgt über sogenannte Abrufbestellungen, die auf dem jeweiligen Mengenkontrakt basieren. Üblicherweise werden Mengenkontrakte vereinbart, um die grundsätzliche Zusammenarbeit zwischen Lieferant und Kunde zu regeln. Dadurch entsteht oft eine Win-Win-Situation, denn durch die größeren Mengen verbessert sich auf der Kundenseite zum einen der Preis deutlich, zum anderen können Liefertermine extrem verkürzt werden, da sich der Lieferant das benötigte Rohmaterial auf Lager legen kann. Dadurch steigen Flexibilität und Reaktionsfähigkeit der gesamten SupplyChain enorm. Des Weiteren lassen sich Abrufbestellungen leicht standardisieren und automatisieren und machen somit nur noch einen Bruchteil des ursprünglichen Bestellaufwandes aus. Der Zulieferer hat auf seiner Seite die Absatzsicherheit und kann so sein Produktionslos für sich optimal gestalten. Neben der Gewinner-Gewinner-Situation bietet diese Vertragsform vor allem auch eine wesentliche Entlastung der kaufmännischen Kapazitäten auf beiden Seiten. Durchforsten Sie also Ihr Einkaufsportfolio regelmäßig im Hinblick auf potenzielle mengenkontrakttaugliche Artikel.

3.3.3.2 Konsignationslager

Der Begriff Konsignationslager leitet sich von dem Konsignationsgeschäft ab, bei dem ein Importeuer in Kommission für einen Exporteur den Verkauf von Waren gegen eine Provision abwickelt. Bei Konsignationslagern hingegen werden dem Lieferanten oft kostenlose Lagerflächen in der Nähe oder direkt beim Kunden zur Verfügung gestellt, in denen er

$$P_1 = P_0 * \left(a + b * \frac{M_1}{M_0} + c * \frac{L_1}{L_0}\right)$$

a = nicht gleitender Preisbestandteil $\quad$ M_0 = Materialkosten am Basisstichtag
m = Anteil der Materialkosten am Preis $\quad$ M_1 = Materialkosten am Abrechnungsstichtag
l = Anteil der Lohnkosten am Preis $\quad$ L_0 = Lohnkosten am Basisstichtag
$\quad$ L_1 = Lohnkosten am Abrechnungsstichtag

Abb. 3.6 Berechnungsformel für automatische Preisanpassungen

die bestellten Waren lagert und bis zur Entnahme durch den Kunden Eigentümer bleibt. Die Rechnungsstellung erfolgt erst nach der physischen Entnahme aus dem Lager. Neben der hohen Verfügbarkeit und damit verbundenen Minimierung des Versorgungsrisikos werden die Prozesse Einlagerung, Abrechnung und Fakturierung standardisiert und vereinfacht. Voraussetzung dafür ist jedoch, dass die Warenwirtschaftssysteme von Kunde und Lieferant eine gemeinsame Schnittstelle haben und entsprechend vernetzt sind. Aufgrund der deutlich höheren Kapitalbindung ist dieses Lagermodell nicht sehr beliebt bei Lieferanten. Allerdings bieten sich auch für den Lieferanten einige Vorteile, wodurch sich durch das Konsignationslager eine Win-Win-Situation erreichen lässt. Denn die Fertigung bzw. der Transport in optimalen Losgrößen, die Verringerung der Lagerfläche des Lieferanten, die Senkung des Dispositionsrisikos, aber vor allem die Erhöhung der Kundenbindung, sollten genügend Argumente darstellen, um den Lieferanten von diesem Lagermodell überzeugen zu können.

3.3.3.3 Spezielle Preisvereinbarungen

Eine weitere Optimierung von Einkaufsprozessen kann durch spezielle Preisvereinbarungen erreicht werden. Eine Entlastung der Einkaufstätigkeit bietet beispielsweise der Automatismus einer Preisgleitklausel. Durch diese behalten sich Lieferant und Abnehmer vor, den Preis einer Ware oder Dienstleistung bei sich ändernden Herstellkosten entsprechend anzupassen. Allgemein erfolgt dabei eine Aufschlüsselung der Herstellkosten in einen fixierten, sich nicht verändernden Preisbestandteil, einen variablen Materialkostenanteil und einen variablen Lohnkostenanteil. Ergeben sich Änderungen bei den variablen Kostenblöcken, wird anhand der in Abb. 3.6 dargestellten Formel der Preis neu berechnet.

Diese Klausel wird besonders in Lieferverträgen mit langer Laufzeit und vor allem bei volatilen Preisbestandteilen genutzt, um notwendige Preisverhandlungen während der Vertragsdauer zu minimieren. Basis dafür sind die Kenntnis und die wertmäßige Fixierung der schwankenden Preiskomponenten mit ihrem Anteil am Gesamtpreis zu Vertragsbeginn. Nach der Definition eines Korridors in beide Richtungen (aus Einkaufssicht natürlich nach oben so groß und nach unten so klein wie möglich) werden Verhandlungen über den Preis nur noch notwendig, wenn der Korridor über- oder unterschritten wird. Diese faire

Methode wird auch als Hausse-und-Baisse-Klausel bezeichnet und bringt erfahrungsgemäß Ruhe ins Geschäft.

Ein weiterer Ansatz um Einkaufspreise zu automatisieren basiert auf dem betriebswirtschaftlichen Konzept der Erfahrungskurve. Dieses besagt, dass die inflationsbereinigten Stückkosten eines Produktes konstant sinken, wenn sich die kumulierte Ausbringungsmenge erhöht. Dabei wirken sich besonders Skaleneffekte, die durch zunehmenden Übungsgewinn, Prozesssicherheit, Effizienzsteigerung und Rationalisierung entstehen, positiv auf die Herstellkosten einer Ware oder Dienstleistung aus. Daher empfiehlt es sich, in Verträgen mit größeren Stückzahlen stufenweise fallende Preise zu verhandeln. An Mengen oder Zeiträume geknüpft, fallen somit die Preise und zwingen auf diese Weise den Zulieferer zu kontinuierlichen Verbesserungen. Ganz nebenbei generiert diese Methode in den Folgejahren automatisch perfekt planbare Savings.

3.3.3.4 Allgemeine Einkaufsbedingungen

Das selbst im Einkauf oft unterschätzte Werkzeug der allgemeinen Einkaufsbedingungen bildet den Gegenpool zu den allgemeinen Geschäftsbedingungen (AGBs) von Lieferanten und regelt ein für alle Mal den größten Teil der Voraussetzungen und Gegebenheiten, unter denen ein Kauf erfolgt. Deren Inhalt kann alles sein, was auch Inhalt eines Vertrags sein kann, z. B. Mängelhaftung, Eigentumsvorbehalt und Gerichtsstand. Dadurch können die allgemeingültigen gesetzlichen Regelungen ergänzt oder abgewandelt werden (z. B. Haftungsausschluss).

Die Einführung von allgemeinen Einkaufsbedingungen ist allerdings nicht ganz einfach und deshalb ein ungeliebtes Thema von Einkäufern. Denn ein Verweis im Bestelltext alleine reicht oft nicht aus, da Lieferanten ihre Aufträge in der Regel auf Basis ihrer AGBs bestätigen und somit eine Patt-Situation entsteht. Es empfiehlt sich daher bereits in der Anfragephase für Klarheit zu sorgen und die Auftragsvergabe an das akzeptieren der Einkaufsbedingungen zu knüpfen. Sollte sich der Lieferant mit den Bedingungen schwertun, kann Verhandlungsbereitschaft signalisiert werden und der ein oder andere Punkt in einer abweichenden, lieferantenspezifischen Vereinbarung angepasst werden. Im äußersten Fall können als Kompromiss die gesetzlichen Regelungen aus HGB und BGB vereinbart werden, die wesentlich kundenfreundlicher formuliert sind als die durch den Lieferanten definierten AGBs. Somit kann dieser vereinbarte Standard viel Aufwand für zukünftige Vertragsverhandlungen ersparen.

3.3.3.5 E-Sourcing

Im Zuge einer rasanten Entwicklung von Informations- und Kommunikationswegen haben in den letzten Jahrzehnten vermehrt elektronische Konzepte den traditionellen Austausch von Papier im Einkauf ersetzt. Wesentlicher Treiber ist dabei das Internet, das nahezu weltweit zur Verfügung steht und eine Vielzahl von Einkaufstätigkeiten unterstützt. So wird beispielsweise eine schnelle weltweite Kommunikation durch E-Mail, das Finden von Informationen über Suchmaschinen oder der Austausch von Daten mit FTP-Servern ermöglicht. Elektronische Konzepte machen es außerdem möglich, Abläufe bereichs- und betriebsübergreifend zu vereinfachen, zu beschleunigen und zu automatisieren. Somit ergeben sich enorme Optimierungspotenziale bei bestehenden Einkaufsprozessen, die die tägliche Arbeitsbelastung von Einkäufern deutlich reduzieren.

Einen Ansatz bildet dabei der elektronische Katalogeinkauf, der besonders häufig beim Einkauf von C-Teilen oder Nicht-Produktionsmaterialien zur Anwendung kommt. Dabei werden standardisierte Teile spezifiziert und in einem elektronischen Katalogverzeichnis erfasst. Preise und Konditionen werden durch den Strategen zentral verhandelt und für einen bestimmten Zeitraum fixiert. Durch die Zuteilung von Berechtigungen erhalten die Bedarfsträger die Möglichkeit, auf das Verzeichnis zuzugreifen und die Katalogwaren eigenständig zu bestellen. Die ausgelöste Bestellung durchläuft je nach Unternehmensstruktur einen elektronischen Freigabeprozess und wird anschließend an den Lieferanten übermittelt. Mit gebuchtem Wareneingang wird der Rechnungsbetrag freigegeben und in einem automatisierten Zahllauf beglichen. Dadurch kann der gesamte Bestellprozess für ganze Warengruppen teilautomatisiert abgewickelt werden, wodurch sich der Betreuungsaufwand durch den Einkäufer drastisch reduziert. Des Weiteren ergeben sich durch die Einführung eines Katalogsystems enorme Bündelungseffekte, da den Bedarfsträgern ein fester Rahmen vorgegeben wird, der auf einige wenige Lieferanten verteilt wird.

Ein weiteres elektronisches Konzept kann im Rahmen der Ausschreibungs- und Anfragephase zum Einsatz kommen. Einen Ansatz bieten dabei elektronische Marktplätze oder Plattformen, auf denen Unternehmen spezifizierte Bedarfe einstellen können. Ein vorab definierter Bieterkreis erhält anschließen Zugang auf die bereitgestellten Daten und kann Angebote abgeben. Im Idealfall erfolgt die Angebotsabgabe ebenfalls elektronisch, wodurch ein strukturierter und automatisierter Angebotsvergleich bereichsübergreifend zur Verfügung steht. Das Definieren und Einstellen eines Anfragepakets kann unter Umständen sogar auf vorgelagerte technische Fachbereiche übertragen werden, wenn kaufmännische Rahmenbedingungen und der Bieterkreis vorab durch den Einkauf definiert sind.

3.3.4 Projekteinkauf

In vielen Unternehmen kann die Einkaufsfunktion heute nicht mehr separat betrachtet werden, denn immer häufiger verlangen neuartige, komplexe und umfangreiche Aufgabenstellungen eine bereichsübergreifende Zusammenarbeit in Projekten. Ein Projekt charakterisiert sich dabei durch eine zeitlich befristete, eindeutige Aufgabenstellung, die einzigartig, komplex oder neuartig ist und über begrenzte Ressourcen verfügt. Die Zielgrößen von Projekten bilden in der Regel ein „magisches Dreieck", das sich aus Sachzielen (Umfang, Produkt, Qualität), Terminzielen (Meilensteine, Endtermin) und Kostenzielen (Budget, Ressourcen, Kosten) zusammensetzt. Diese drei Größen stehen in einer konkurrierenden Beziehung zueinander. Verschieben sich beispielsweise Termine, hat dies unweigerlich Auswirkungen auf das zur Verfügung stehende Budget. Entweder in Form von direkten Kosten oder durch personelle Ressourcen.

3.3 Ablauforganisation

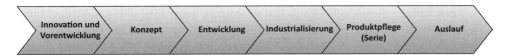

Abb. 3.7 Allgemeiner Produktentwicklungsprozess

Die Notwendigkeit einer prozessorientierten und crossfunktionalen Steuerung der Einkaufstätigkeiten kommt besonders im Produktentwicklungsprozess zum Tragen, dessen Ablauf in Abb. 3.7 allgemein dargestellt ist und dessen Verlauf der strategische Einkäufer als Projektmitglied entscheidend mitgestaltet.

Dies beginnt bereits in der frühen Innovationsphase von Projekten, wenn technische Konzepte erst vage erkennbar sind und die Einbindung von spezialisierten Lieferanten erforderlich ist. Dabei gilt es, einen durch den Einkauf initiierten Findungs- und Einbindungsprozess im unternehmensübergreifenden Innovationsprozess zu implementieren um die bestmöglichen Technologiepartner zu identifizieren.

Befindet sich das Projekt in der Vorentwicklungsphase, greifen gängige Projektinstrumente, wie Wertanalyse, Target-Costing oder Design-to-Cost, die durch den Projekteinkäufer anzuregen sind. Denn ein Großteil der späteren Materialkosten wird bereits in dieser Phase festgelegt.

Des Weiteren verantwortet der Projekteinkäufer die Versorgung der benötigten Bedarfe im gesamten Projektverlauf. Dies beinhaltet beispielsweise das Abschließen von Entwicklungsverträgen oder das Bereitstellen von Funktionsmustern und Prototypen. Im Zuge der Industrialisierung gestaltet der Projekteinkäufer die externe Wertschöpfung und qualifiziert die Lieferanten für die spätere Serienfertigung. Dies kann in enger Abstimmung mit den strategischen Einkäufern oder in Personalunion geschehen.

Mit näher rückendem Serienstart geraten zunehmend Terminsicherung und Risikomanagement in den Fokus des Projekteinkäufers, um einen reibungslosen Anlauf zu gewährleisten. Eine praxiserprobte Methode stellt dabei der Readiness Rollup dar, der in Kap. 6 näher beschrieben wird.

Nach erfolgreichem Anlauf und dem Übergang in die Serienphase übergibt der Projekteinkäufer die Materialversorgung in der Regel an den operativen Einkauf, wodurch er die freiwerdende Kapazität für neue Projekte nutzen kann.

> **Praxistipp**
> Durch meine Tätigkeit in sehr verschiedenen Branchen mit unterschiedlichen Unternehmensstrukturen und -größen sammelte ich weitreichende Erfahrungen in zentralen und dezentralen Beschaffungsorganisationen. Aber auch Mischformen wie z. B. Lead-Buyer-Funktionen habe ich mit ihren Vor- und Nachteilen kennen gelernt. Dabei ist das Warengruppenmanagement aufgrund seiner überwiegenden Vorteile, egal unter welcher Organisationsform, ein Muss. Aus meiner Sicht gibt es jedoch nicht „die beste Organisationsform", vielmehr liegt die Kunst darin, die Aufbau- und Ablauforganisation

der Beschaffung den spezifischen Bedürfnissen des Unternehmens und somit des Marktes dynamisch anzupassen. Und da hat Abteilungsdenken nichts mehr zu suchen, denn der unternehmensweite Prozess muss dominieren. Was jedoch nicht heißt, dass die Bedeutung insbesondere der strategischen Beschaffung abnimmt, nein, im Gegenteil, sie nimmt zunehmend einen höheren Rang in der Unternehmenshierarchie bis hinauf in die Vorstandsetagen ein. Und dieser Trend setzt sich weiter fort.

Lieferantenmanagement 4

> **Zusammenfassung**
>
> In diesem Kapitel soll der Leser die Bedeutung des Lieferantenmanagements mit seinen Einzelbestandteilen kennen und nutzen lernen. Mit der Anwendung der Methoden und Werkzeuge des Lieferantenmanagements gelingt es dem Einkäufer, sich bei vertretbarem Zeitaufwand von der Rolle des reagierenden, operativen Einkäufers hin zum agierenden Strategen zu entwickeln. Es soll dem Einkäufer die Vorgehensweise erklärt, der Nutzen erläutert und somit Lust auf den Einsatz dieser praxiserprobten und effizienten Vorgehensweise gemacht werden.

4.1 Einführung in das Lieferantenmanagement

Das Lieferantenmanagement erhält im Rahmen eines immer härter werdenden, globalen Wettbewerbs eine zunehmende Bedeutung. Kürzer werdende Produktlebenszyklen, Reduzierung der eigenen Fertigungstiefe sowie eine Spezialisierung auf die eigenen Kernkompetenzen haben zur Folge, dass nicht nur die Anzahl der Lieferanten tendenziell steigt, sondern auch das zu beschaffende Volumen sowie die technologische Abhängigkeit von Zulieferern. Klassische Zulieferbeziehungen zwischen Lieferant und Abnehmer haben sich in sehr viel komplexer werdende Formen der Zusammenarbeit gewandelt. Besonders im Hinblick auf eine weiter zunehmende Globalisierung der Lieferketten gewinnen Total-Cost-Betrachtungen und Risikomanagement im Einkauf überdurchschnittlich an Bedeutung. Durch den direkten Einfluss der Lieferantenleistung auf die Wettbewerbsfähigkeit des eigenen Unternehmens wächst das Bedürfnis nach innovativen und langfristigen Partnerschaften.

An dieser Stelle setzt das Lieferantenmanagement mit seinen Werkzeugen zur allgemeinen Ausgestaltung der Lieferanten-Abnehmer-Beziehung an. Es beinhaltet alle proaktiven Maßnahmen zur Gestaltung, Lenkung und Entwicklung von aktuellen und zukünftigen

Abb. 4.1 Kreislauf des Lieferantenmanagements

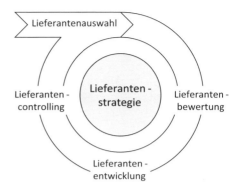

Lieferantenbeziehungen eines Unternehmens über alle Bereiche. Die Kernfragen, die sich in diesem Umfeld stellen sind:

- Wie lässt sich die Lieferantenbasis auf strategischer Ebene steuern und gestalten?
- Wie wählt man die besten Lieferanten aus?
- Wie leistungsfähig sind die vorhandenen Lieferanten?
- Wie stellt man sicher, dass bei den besten Lieferanten gekauft wird?
- Welche Maßnahmen können eingeleitet werden, wenn Schwachstellen identifiziert sind?

Ziel eines ganzheitlichen Lieferantenmanagements ist es, durch bessere Zusammenarbeit mit Lieferanten und deren Vorlieferanten Produkte oder Dienstleistungen besser, schneller und zu niedrigeren Kosten zu entwickeln, zu beschaffen und herzustellen[1]. Die operativen Absichten des Lieferantenmanagements beziehen sich in erster Linie darauf, die Leistung der Lieferanten zu erhöhen und die Beschaffungskosten zu senken. Im Einzelnen zählen dazu die in Abb. 4.1 zusammengeführten Prozessschritte: Auswahl, Beurteilung, Entwicklung und Controlling der Lieferanten. Die strategischen Ziele des Lieferantenmanagements befassen sich mit der mittel- bis langfristigen Optimierung der Lieferantenbasis des Unternehmens. Dies beinhaltet die Gestaltung der Beschaffungs- und Lieferantenstrategie sowie der Analyse und Steigerung des Wertbeitrags von Lieferanten.

4.2 Lieferantenstrategie

Wie lässt sich die Lieferantenbasis auf strategischer Ebene steuern und gestalten? Dieser Frage geht die Lieferantenstrategie nach. Sie ist Bestandteil der Einkaufsstrategie und gibt die Grundausrichtung für langfristige Handlungsprogramme im Rahmen der Lieferantenpolitik vor. Die Lieferantenstrategie beantwortet die Frage, wo und vor allem wie zugekauft

---

[1] Vgl. Büsch (2011, S. 237).

4.2 Lieferantenstrategie

wird. Dabei kann die Lieferantenstrategie, wie in Kap. 2 detailliert beschrieben, grundsätzlich aus fünf Perspektiven betrachtet werden.

- Prozessorientierte Sichtweise: Wie und in welchem Umfang werden Lieferanten in interne Prozesse eingebunden?
- Lieferantenorientierter Sichtweise: Wie hoch ist die Anzahl der benötigten Lieferanten für die jeweiligen Warengruppen?
- Materialorientierte Sichtweise: Wie groß wird der Anteil der externen Wertschöpfung gestaltet?
- Regionenorientierte Sichtweise: Wo und in welchen Regionen wird zugekauft?
- Risikoorientierte Sichtweise: Welche Risiken werden eingegangen und wie können diese minimiert werden?

Für eine effiziente Lieferantenstrategie empfiehlt sich in der Regel eine zielführende Mischung der verschiedenen Ansätze.

> **Praxistipp**
>
> Abbildung 4.2 veranschaulicht eine Problematik, die man besonders in Technik getriebenen Unternehmen, aber auch in den Bereichen Marketing und Logistik oft vorfindet: Der kluge Verkäufer nutzt Gelegenheiten, wie Messen, um primären Kontakt zu Entwicklern aufzubauen. Denn rund 20 % der Verkäufer versuchen gezielt den Einkauf zu umgehen und die Bedarfsträger direkt anzusprechen.
>
> Er verspricht beste Qualität, neueste Technik und pünktliche Lieferung und bietet gerne Teilentwicklungsleistung an. Dem unter Zeitdruck stehenden Entwickler kommt das gerade Recht und so entsteht eine starke Zuneigung (siehe Abszisse in Abb. 4.2). Mit zunehmendem Projektfortschritt wird aus dem Kennenlernen eine feste und treue Liebesbeziehung ohne Rivalen (Wettbewerber), die schnell in die Verlobung und oft in vorzeitige Schwangerschaft mündet. Bald muss dann die Hochzeit folgen, denn der Projektabschluss steht kurz bevor und nicht selten will der Partner (Lieferant) auch noch im Ehevertrag verewigt sein. Beispielsweise als vorgeschriebener Lieferant auf Konstruktionszeichnungen inklusive finanzieller Konsequenzen, falls doch einmal fremdgegangen wird. Jetzt muss das Ganze nur noch abgesegnet werden, also muss noch schnell der Pfarrer (Einkäufer) zur Trauung herbei. Ihm bleiben nur noch mahnende Worte, auf die in diesem Stadium sowieso niemand mehr hört und bestenfalls noch die spärliche Kollekte (die 3 % Skonto als Verhandlungsspielraum und, wenn er Glück hat, noch frei Haus Lieferungen).
>
> So oder so ähnlich habe ich es oft vorgefunden und da heißt es, ein Exempel zu statuieren. Um die Werkzeuge des strategischen Einkaufs effizient nutzen zu können, muss der Stratege von Anfang an mit ins Boot/Liebesnest-Ehebett. Um es mit Schiller zu sagen: „Drum prüfe, wer sich ewig bindet, Ob sich das Herz zum Herzen findet! Der Wahn ist kurz, die Reu ist lang." Gerade im Hinblick auf immer kürzer werdende Produktlebenszyklen heißt die Herausforderung Cost Avoidance. Ist das Kind schon

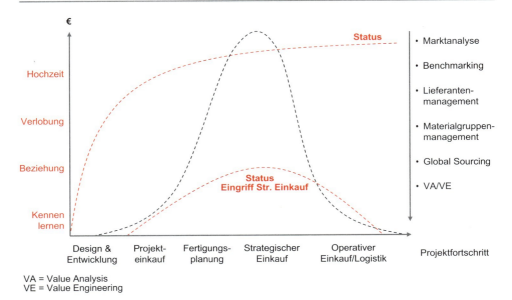

Abb. 4.2 Die Liebesbeziehung mit Lieferanten im Verlauf des Produktlebenszyklus

in den Brunnen gefallen, also im Anmarsch, um bei unserem Beispiel zu bleiben, hilft nur noch nachträglich, den für das Unternehmen entstandenen Schaden zu ermitteln, publik zu machen und mit der Geschäftsführung und mit allen Beteiligten für die Zukunft über eine wirkungsvolle Verhütung zu sprechen. Im Idealfall wird daraus eine abteilungsübergreifende Prozessbeschreibung etabliert, die vorschreibt, dass der strategische Einkauf von Beginn an mit einbezogen wird. Dieses Vorgehen löst zwar ein ordentliches Gewitter aus, doch das hilft. Denn Gewitter reinigen bekanntermaßen die Luft.

4.3 Lieferantenauswahl

Die Lieferantenauswahl stellt den ersten Baustein des Lieferantenmanagements dar. Die Kernfrage, die sich im Rahmen der Lieferantenauswahl stellt, ist, wo und vor allem wie finde ich die richtigen Partner für mein Unternehmen? Der eigentlichen Lieferantenauswahl geht dabei eine gründliche Beschaffungsmarktforschung in Form einer Lieferantenidentifikation und -analyse voraus, um somit die bestmöglichen Lieferanten für die internen Bedürfnisse des Unternehmens zu finden.

4.3 Lieferantenauswahl

4.3.1 Lieferantenidentifikation

Die Auswahl neuer potenzieller Lieferanten beginnt mit der Lieferantenidentifikation, die je nach Beschaffungsobjekt individuell gestaltet werden kann. Dabei gilt es, ausgehend von einem konkreten Bedarf, potenzielle Anbieter zu identifizieren, die die gesuchte Leistung anbieten oder in der Lage sind, sie anzubieten. Dies geschieht zunächst durch die Ermittlung, Eingrenzung und Selektion der in Frage kommenden Beschaffungsmärkte. Dabei wird ein allgemeines Anforderungsprofil definiert, welches bereits während der Lieferantensuche und -vorauswahl berücksichtigt wird. Beispielsweise umfasst dieses Profil allgemeine Anforderungen wie Branche, Größe, Produktportfolio, Abhängigkeit von Wettbewerbern oder technologisches Know-how. An dieser Stelle ist das Lieferantenmanagement eng mit der Beschaffungsmarktforschung verknüpft, da zunächst Informationen über die jeweiligen Beschaffungsmärkte und deren Anbieter eingeholt werden müssen. Dies kann in Form von primärer Beschaffungsmarktforschung, also durch direkten Kontakt mit potenziellen Anbietern, Messebesuche oder Werksbesichtigungen sowie in Form von sekundärer Marktforschung mit Hilfe von Katalogen, Fachzeitschriften oder einer Internetrecherche erfolgen. Eine detaillierte Darstellung der Beschaffungsmarktforschung erfolgt unter Kap. 7. Anhand der vordefinierten Kriterien erfolgt anschließend eine Vorauswahl, wodurch die potenziellen Lieferanten eingegrenzt und einer genaueren Analyse unterzogen werden können.

4.3.2 Lieferantenanalyse

Die Lieferantenanalyse umfasst die Ermittlung, Aufbereitung, Verarbeitung und Darstellung von Informationen über die vorausgewählten Lieferanten. Die gesammelten Informationen werden zusammengetragen und für eine Auswahl aufbereitet. Ziel der Lieferantenanalyse ist es, genaue Kenntnisse über die Leistungsfähigkeit der potenziellen Lieferanten zu erlangen. So soll sichergestellt werden, dass nur die besten Lieferanten zugelassen werden. Zur Ermittlung der benötigten Informationen können verschiedene Instrumente eingesetzt werden:

Lieferantenselbstauskunft Anhand eines definierten Merkmalskatalogs werden verschiedene Informationen direkt beim Lieferanten abgefragt. Diese können die Bereiche Organisation, Produktion, Finanzkraft, Qualitätssicherung, Logistik, Service und Kommunikation beinhalten. Problematisch ist hierbei die Subjektivität der Selbstauskunft, da der Lieferant stets einen Anreiz hat, sich unter Umständen besser darzustellen als er ist. Referenzlisten der Kunden des Lieferanten sind oft ein Indiz für das Leistungsniveau des Lieferanten und können auch leicht überprüft werden.

Unternehmensbericht Unternehmensberichte, die von Auskunfteien oder Kreditversicherern erstellt werden, bieten die Möglichkeit, einen objektiven Einblick in die Struktur des potenziellen Lieferanten zu erhalten. Neben allgemeinen Unternehmensdaten enthalten Unternehmensberichte i. d. R. Informationen zu Funktionsträgern, Kapitalstruktur sowie einer Risikoeinschätzung, wodurch die wirtschaftliche Stabilität des Lieferanten eingeschätzt werden kann. Somit stellt der Unternehmensbericht eine Ergänzung der Lieferantenselbstauskunft dar und dient gleichzeitig der Verifizierung der vom Lieferanten gemachten Angaben.

Zertifizierung Eine Möglichkeit für Lieferanten, die Leistungsfähigkeit der eigenen Prozesse nachzuweisen, bieten Zertifizierungen. Dabei ist als eine der bedeutendsten Normen für den Aufbau eines QM-Systems die branchenunabhängige Reihe DIN EN ISO 9000 zu nennen. Sie beschreibt in der Norm DIN EN ISO 9001 ein über das Unternehmen hinausgehendes Prozessmodell mit den Forderungen: Verantwortung der Leitung, Management von Ressourcen, Produktrealisierung sowie Messung, Analyse und Verbesserung.

K.-o.-Kriterien Mit Hilfe von abteilungsübergreifend festgelegten K.-o.-Kriterien können Lieferanten ausgesondert werden, die gewisse Mindestanforderungen nicht erfüllen. Sie sind unternehmensspezifisch und variieren in Abhängigkeit des jeweiligen Beschaffungsobjekts.

4.3.3 Lieferantenauswahl

Im Rahmen der Angebotsphase können anschließend konkrete Auswahlkriterien wie Qualitätsfähigkeit, Leistungsfähigkeit oder Preis bereichsübergreifend festgelegt und gewichtet werden. Um eine objektive und vor allem nachvollziehbare Auswahl treffen zu können, bieten sich entsprechende Auswahlmethoden wie die ABC-Analyse (siehe Abschn. 7.3) oder eine Nutzwertanalyse.

Die Nutzwertanalyse beschreibt ein quantitatives Entscheidungsinstrument, mit deren Hilfe ein komplexer Sachverhalt anhand eines Punkteverfahrens analysiert und bewertet werden kann. Wie im nachfolgenden Praxisbeispiel dargestellt, werden dabei Kriterien, die das Anforderungsprofil beschreiben, erstellt und nach ihrer unterschiedlichen Relevanz gewichtet. Anschließend werden im Rahmen einer vorher festgelegten Skala Punkte vergeben, durch die der Erfüllungsgrad des Kriteriums beurteilt wird. Durch die Aufsummierung der Punktzahlen unter Berücksichtigung der Gewichtung kann abschließend eine Rangfolge erstellt werden, die als Grundlage für den weiteren Entscheidungsprozess dient.

Vor Abschluss des Lieferantenauswahlverfahrens sollten allgemeine vertraglichen Aspekte wie Einkaufs-, Qualitätssicherungs- und Geheimhaltungsvereinbarungen sichergestellt werden, um die allgemeinen Rahmenbedingungen zu fixieren. Im Idealfall erfolgt dies bereits in der Anfragephase.

Zum Abschluss der Lieferantenauswahl erfolgt ein gemeinsamer Entscheidungsprozess der beteiligten Funktionen, der in der Regel in der Beauftragung von Erstmustern endet.

4.3 Lieferantenauswahl

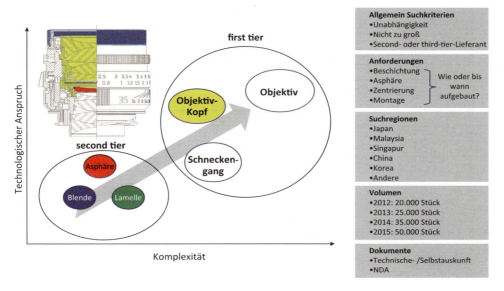

Abb. 4.3 Strategische Lieferantensuche für Objektivkomponenten

Somit tritt der Lieferant in die Liste der freigegebenen Lieferanten ein, wobei anschließend ein separater Teilefreigabeprozess beginnt.

> **Praxistipp:**
> In dem in Abb. 4.3 dargestellten Projekt war die Aufgabe, Lieferanten für optomechanische Baugruppen zu identifizieren, die nicht wie bisher nur das Einzelteil, sondern Komponenten und Baugruppen bei höchstem Anspruch an Qualität, Optik und Haptik liefern können. Diese Unternehmen sollten im asiatischen Low-Cost-Country-Raum (LCC) gesucht werden, wobei Low Cost nicht automatisch Best Cost bedeutet. Aufgrund des zu erwartenden Know-hows in Kombination mit dem niedrigen Lohngefüge entschieden wir uns für dieses Projekt für Asien als potenziell günstigste Bezugsregion. Die Lieferanten sollten dabei nicht zu groß sein, genügend Entwicklungspotenzial als zukünftige Systemlieferanten mitbringen und unabhängig sein. Zunächst suchten wir gemeinsam mit unserem Beschaffungsbüro in Shanghai in den Regionen Japan (sicher kein LCC, aber oft mit Fertigungsstätten in solchen Ländern), Malaysia, China und Korea sieben Lieferanten, die wir anfragen wollten. Dann entwickelten wir zusammen mit unserer Entwicklungsabteilung und unserer Qualitätssicherung über mehrere Wochen einen zwölf Seiten langen und international verständlichen Anfragekatalog. Von jedem der potenziellen Lieferanten waren für alle Bereiche dieser Unternehmen mehr als 50 Fragen detailliert zu beantworten. Für Japan rieten uns jedoch sogenannte Japanexperten als Vertreter der „alten Schule" davon ab. „Das füllt kein japanisches Unternehmen aus, so etwas läuft dort nur über Beziehungen,

Baugruppen	Objektiv	Objektiv-kopf	Bedien-gehäuse	Bajonett	Blende	Variatoren	Elektronik	Motor	Zubehör	Wettbewerbs-situation	Qualitäts-niveau	Preis-niveau	Kennzahl
Gewichtung	1	1	3	1	1	5	3	3	1	10	9	8	
Kompetenz / Lieferant	Mechanik Fertigung / Montage	Mechanik, Elektronik Fertigung / Montage	Mechanik Fertigung / Montage	Mechanik Fertigung / Montage	Mechanik, Elektronik Fertigung / Montage	Mechanik, Optik Fertigung / Montage	Mechanik Fertigung / Montage	Mechanik Fertigung / Montage	Mechanik Fertigung / Montage				
Lieferant A	2	9	8	7	8	8	5	8	2	7	8	3	297
Lieferant B	1	3	8	8	8	6	2	2	2	5	5	10	263
Lieferant C	2	4	7	8	7	6	3	4	3	5	7	3	233
Lieferant D	2	5	8	6	6	6	5	5	3	9	5	10	321
Lieferant E	3	5	5	5	5	6	6	6	2	5	7	2	230
Lieferant F	10	9	7	9	9	8	10	10	8	1	9	3	281
Lieferant G	2	4	5	5	6	5	6	6	2	5	7	3	232

Legende:
- Kompetenz — 10 = Sehr gut
- Wettbewerbssituation — 10 = Risikolos
- Qualitätsniveau — 10 = Sehr hoch
- Preisniveau — 10 = Sehr niedrig

Abb. 4.4 Lieferantenauswahl anhand der Nutzwertanalyse

wie über mich. Ich lade Sie gerne nach Japan ein und zahle die Hotels." (Nachtigall, ick hör' dir trapsen!) Wir blieben unserer Linie treu, denn auch japanische Unternehmen passen sich zunehmend den globalen geschäftlichen Gepflogenheiten an, nicht nur umgekehrt. Und so erhielten wir pünktlich alle Fragebögen vollständig ausgefüllt zurück, auch die der japanischen Lieferanten.

Mit Hilfe einer Nutzwertanalyse filterten wir anschließend vier potenzielle Lieferanten heraus. Diesbezüglich hatten wir, wie in Abb. 4.4 verdeutlicht wird, vorab zwölf Kriterien festgelegt und gewichtet, die wir anhand der zurückgemeldeten Fragebögen und subjektiven Einschätzungen der Teammitglieder bewerteten. Obwohl Lieferant F im Ranking die dritthöchste Punktzahl erreicht hat, entschieden wir uns gegen ihn, da die Wettbewerbssituation letztendlich ein zu hohes Risiko darstellte.

Somit kamen die Lieferanten A, B, C, und D in die nähere Auswahl und nun hieß es: **Gemba** (jap. 現場), japanischer Begriff, der bedeutet: „Gehe an den Ort des Geschehens."

Vor Ort konnten wir uns bei einer Rundreise von der Leistungsfähigkeit der potenziellen Lieferanten überzeugen und gleichzeitig mit dem, in Asien mindestens genau so wichtigen, Aufbau der persönlichen Beziehung mit deren Entscheidungsträgern beginnen. Letztendlich bestätigte sich das Ranking unserer Vorauswahl und übrig blieben zwei Lieferanten, die nach mehreren Monaten intensiver Lieferantenentwicklung Komponenten in Serie lieferten.

4.4 Lieferantenbewertung

Lieferantenbewertung meint die systematische und umfassende Beurteilung der Leistungsfähigkeit von Zulieferern anhand definierter Merkmale. Dabei sind vorab vor allem die

4.4 Lieferantenbewertung

relevanten Bewertungskriterien und die anzuwendenden Verfahren festzulegen. Daraus abgeleitet werden eine Klassifizierung der Lieferanten sowie mögliche Konsequenzen und Maßnahmen, wodurch die Bewertung als Basis für die Lieferantenentwicklung angesehen werden kann. Die Bewertung mündet im Lieferantencontrolling, wodurch eine auf Dauer angelegte Überprüfung und Steuerung der Leistungsfähigkeit in der Geschäftsbeziehung angestrebt wird. Dabei gilt es, Schwachstellen und ungenutzte Potenziale frühzeitig aufzudecken und entsprechende Gegenmaßnahmen einzuleiten. Neben fundierten Argumentationshilfen bei Verhandlungen wird durch die Bewertung eine Stärken-Schwächen-Analyse erstellt. Diese führt zum Feststellen konkreter Verbesserungsmaßnahmen, woraus eine Optimierung der Lieferanten-Abnehmer-Beziehung ermöglicht wird. Die Durchführung einer systematischen Bewertung ist nach DIN EN ISO 9001 vorgeschrieben. Gemäß der Vorschrift heißt es:

> Die Organisation muss Lieferanten aufgrund von deren Fähigkeiten beurteilen und auswählen, Produkte entsprechend den Anforderungen der Organisation zu liefern. Es müssen Kriterien für die Auswahl, Beurteilung und Neubeurteilung aufgestellt werden. Aufzeichnungen über die Ergebnisse von Beurteilungen und über notwendige Maßnahmen müssen geführt werden.[2]

Um das Thema Risiko im Rahmen des Lieferantenmanagements zu berücksichtigen, empfiehlt es sich, neben rein leistungsorientierten Kriterien eine Risikokennzahl in die Bewertung zu integrieren. Dies kann in Form einer Kombination aus subjektiven Risikoratings sowie aus objektiven Einschätzungen des aktuellen Beschaffungsrisikos erfolgen. Somit wird eine ganzheitliche Betrachtung der Leistungsfähigkeit sowie der langfristigen Stabilität der Lieferanten ermöglicht.

Praxistipp

Die Lieferantenbewertung wird halbjährlich durch die Bereiche Einkauf und Qualitätssicherung durchgeführt und ausgewertet. Neben messbaren Daten („hard facts") fließen subjektive Einschätzungen („soft facts") in ein objektives Bewertungsschema ein. Konform zur aktuellen Einkaufsstrategie besteht die Beurteilung, wie in Abb. 4.5 aufgezeigt, aus acht Hauptkriterien, mit jeweils bis zu fünf Unterkriterien. Je nach Relevanz sind die Kriterien unterschiedlich gewichtet. Die Bewertenden können jedes Unterkriterium mit einer Punktzahl von 1 bis 100 Punkten bewerten, wobei 1 Punkt für „besonders schlecht" und 100 Punkte für „besonders gut" stehen. Die Punktevergabe verläuft nach einer vordefinierten Verfahrensanweisung, wodurch die Bewertungsergebnisse untereinander vergleichbar gemacht werden. Durch den Bereich Einkauf werden dabei fünf der acht Hauptkriterien bewertet. Diese umfassen:

- **Delivery Performance:** Leistung der Liefertreue anhand eines Punkteschlüssels in Abhängigkeit von Verzugstagen. Die Datenbasis wird standardmäßig durch das Warenwirtschaftssystem erzeugt.

---
[2] DIN EN ISO 9001 (2008–2012, S. 33).

1	Delivery Performance		30%
Liefertreue		100%	82
Bewertung			82

5	Quality Performance		30%
Lieferlose ohne Reklamation		45%	70
Lieferlose mit bedingter Freigabe		35%	95
Fehlerschwerpunkt Ja/Nein?		20%	100
Bewertung			85

2	Price Performance		20%
Preis im Wettbewerb		80%	75
Preistransparenz (offene Kalkulation)		10%	60
Anerkenntnis Einkaufsbedingungen		10%	1
Bewertung			66

6	Complaints		6%
Wiederholungsfehler		40%	100
Informationsfluss / 8D-Report		30%	100
Reklamationsmaßnahmen		30%	75
Bewertung			93

3	Supplier Developm.		7%
Innovation		25%	75
Kooperation / Know-How Einbringung		25%	100
Strategische Bedeutung		20%	75
Wachstumsbereitschaft		20%	100
Flexibilität		10%	75
Bewertung			86

7	Quality Teamwork		4%
Qualitätssicherungsvereinbarung		20%	50
Einhaltung von Absprachen		40%	100
Flexibilität bei Problemstellungen		40%	50
Bewertung			70

4	Communication		3%
Internationalität		20%	100
Erreichbarkeit		25%	100
Antwortverhalten		25%	75
Datentransfer		30%	100
Bewertung			94

8	Risk Performance		10%
Risiko Score		60%	85
Bezugsquellen		20%	100
Risikoklasse		20%	75
Bewertung			86

Abb. 4.5 Bewertungskriterien mit Gewichtung

- **Price Performance:** Preisniveau, Preistransparenz und Konditionen im Vergleich zum Wettbewerb.
- **Supplier Development:** Abschätzung der Innovationskraft, der Kooperationsbereitschaft und des Entwicklungspotenzials des Lieferanten.
- **Communication:** Bewertung der allgemeinen Kommunikation mit dem Lieferanten.
- **Risk Performance:** Objektives Unternehmensrating eines externen Dienstleisters sowie die subjektive Risikoeinschätzung der Einkaufsmitarbeiter.

Durch den Bereich Qualitätssicherung werden die weiteren Kriterien bewertet. Darunter fallen:

- **Quality Performance:** Reklamationsquote anhand eines Punkteschlüssels. Die Reklamationsquote wird ebenfalls standardmäßig durch das ERP-System erzeugt und anschließend mit einer Punktzahl versehen.
- **Complaints:** Reklamationsverhalten des Lieferanten sowie das Auftreten von Wiederholungsfehlern.
- **Quality Teamwork:** Zusammenarbeit mit dem Lieferanten aus Qualitätssicht sowie die Flexibilität bei Problemstellungen.

4.4 Lieferantenbewertung

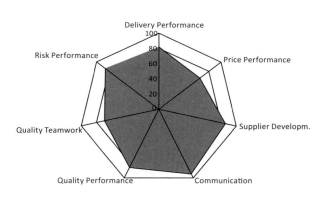

max. zu erreichende Punkte: 100
95 ≤ LBKZ ≤ 100 A - Lieferant
80 ≤ LBKZ < 95 B - Lieferant
50 ≤ LBKZ < 80 C - Lieferant
0 ≥ LBKZ < 50 D - Lieferant

Abb. 4.6 Ergebnis der Lieferantenbewertung

Aus den acht Hauptkriterien gehen am Ende der Bewertung eine Lieferantenbewertungskennzahl sowie ein Spinnennetzdiagramm (Abb. 4.6), welches die Stärken und Schwächen des Lieferanten verdeutlicht, hervor. Daraus abgeleitet wird eine Klassifizierung der Lieferanten, welche als Basis für die nachgelagerte Lieferantenentwicklung dient.

Die Klassifizierung der Lieferanten sowie die daraus resultierenden Maßnahmen gliedern sich nach folgendem Muster:

- **A-Lieferant** = 95–100 Punkte: Werden als Prefered Supplier deklariert und erhalten als Anerkennung für die erbrachte Leistung mit den Bewertungsergebnissen eine Urkunde.
- **B-Lieferant** = 80–94 Punkte: Erhalten mit den Bewertungsergebnissen eine schriftliche Anerkennung ihrer erbrachten Leistung, werden aber auf die identifizierten Verbesserungspotenzial hingewiesen.
- **C-Lieferanten** = 50–79 Punkte: Werden mit Zusendung der Bewertungsergebnisse auf die identifizierten Defizite hingewiesen und erhalten die Aufforderung, innerhalb eines festgelegten zeitlichen Rahmens einen Maßnahmenkatalog vorzustellen, um das Bewertungsergebnis mittelfristig zu steigern.
- **D-Lieferant** = 0–49 Punkte: Erhalten mit Zusendung der Bewertungsergebnisse die Einladung zu einem persönlichen Gespräch. Dort werden die Defizite gemeinsam besprochen und Lösungsansätze erarbeitet. Lassen sich die Schwachstellen kurzfristig nicht abstellen, kann dies eine Lieferantenausphasung zur Folge haben.

Da eine systematische Bewertung aller Lieferanten mit zu viel Aufwand verbunden und nicht zielführend ist, wird das Lieferantenportfolio in der Regel vorab priorisiert.

Die regelmäßige Bewertung beschränkt sich dabei auf umsatzstarke, Single-Source- sowie Engpass- und Risikolieferanten.

4.5 Lieferantenentwicklung

Die Lieferantenentwicklung setzt sich im Wesentlichen aus zwei Elementen zusammen, der Lieferantensteuerung und der Lieferantenintegration. Die Lieferantensteuerung verfolgt dabei das Ziel, die Leistungsstruktur des Lieferantenstamms zu optimieren und an sich ändernde Rahmenbedingungen anzupassen. Die Lieferantenintegration umfasst die Verbesserung der Zusammenarbeit und die Einbeziehung der Lieferanten in das eigene Unternehmen. Gemeinsames Ziel ist eine bessere, schnellere und kostengünstigere Beschaffung und Produktion von Produkten und Dienstleistungen durch möglichst frühzeitige und gezielte Zusammenarbeit mit Lieferanten und Vorlieferanten. Kernfragen sind dabei:

- Wie können Wettbewerbsvorteile erreicht werden?
- Wo liegen die Kernkompetenzen des Lieferanten?
- Welche Potenziale sind noch ungenutzt?

Zur Beeinflussung der Lieferanten-Abnehmer-Beziehung können verschiedene Instrumentarien eingesetzt werden[3]:

Lieferantenpflege Anhand der Lieferantenpflege verfolgt der strategische Einkauf das Ziel, ein vertrauensvolles und partnerschaftliches Verhältnis zu seinen Lieferanten aufzubauen. Dadurch soll die Zusammenarbeit gefördert, es sollen Leistungspotenziale gesteigert und Versorgungsrisiken minimiert werden. Denn die Wahrnehmung und der Stellenwert, den ein Unternehmen gegenüber seinen Geschäftspartnern erfährt, werden maßgeblich von der Art und Weise der Zusammenarbeit beeinflusst. Je besser das Verhältnis beider Parteien zueinander ist, desto leichter lassen sich schwierige Versorgungssituationen bewältigen. Konkrete Verhaltensweisen der Lieferantenpflege umfassen beispielsweise wechselseitige Fairness, Offenheit, Vertrauen, Diskretion und Verlässlichkeit.

Lieferantenerziehung Die Lieferantenerziehung zielt darauf ab, die Leistung des Lieferanten den Anforderungen entsprechend zu sichern und zu steigern. Im Falle einer unzureichenden Leistung kann dies in Form von Sanktionen geschehen, sodass der Lieferant einen Anreiz verspürt, die eigenen Mängel und Schwächen in der Leistungserstellung zu identifizieren und abzustellen. Des Weiteren dient die Lieferantenerziehung dazu, die vorhandene Performance von Lieferanten weiter zu steigern und zu überdurchschnittlichen Leistungen zu motivieren. Dies kann in Form von besonderen Anerkennungen erfolgen, wie beispielsweise dem Verleihen eines Lieferantenpreises.

---

[3] Vgl. Janker (2008, S. 50 ff.).

Lieferantenförderung Die Förderung von Lieferanten dient dazu, das Leistungsniveau des Lieferanten zu steigern und bisher ungenutzte Potenziale zu erschließen. Beispielsweise geschieht dies durch das Vermitteln von Know-how, das Bereitstellen von Fertigungseinrichtungen, die Beschaffung von Vormaterialien, das Entsenden von Mitarbeitern oder die Analyse von Schwachstellen im Leistungsvermögen des Lieferanten. Für die Lieferantenförderung sind besonders Lieferanten mit einer außergewöhnlich guten partiellen Leistungsfähigkeit, wie beispielsweise sehr guter Qualität, geeignet, bei denen es sich lohnt, Defizite in anderen Bereichen zu beheben.

Lieferantensubstitution Trotz aller Bemühungen muss ab einem gewissen Punkt die Einsicht einkehren, dass eine weitere Zusammenarbeit für beide Seiten keinen weiteren Nutzen bringt. Nämlich dann, wenn das geforderte Leistungsniveau über einen längeren Zeitraum nicht erreicht werden kann und auch zukünftig keine Leistungssteigerung zu erwarten ist. Daher werden pro Jahr durchschnittlich 7,5 % der Lieferanten ausgetauscht. Das Austauschen von Lieferanten kann als ein indirekter Teilbereich der Lieferantenentwicklung angesehen werden. Dabei ist eine systematische Planung notwendig, um die weitere Versorgungssicherheit zu gewährleisten. Denn je nach Lieferumfang und Komplexität kann sich das Suchen oder Entwickeln von alternativen Bezugsquellen über einen längeren Zeitraum ziehen.

> **Praxistipp**
>
> Wie entwickle ich einen Monopolisten zu einem strategischen Partner? Mit dieser Fragestellung musste ich mich in der folgenden Situation beschäftigen. In einer Hochkonjunkturphase und durch Kapazitätsengpässe gekennzeichneten extreme Wachstumsphase (Umsatzverdopplung in 16 Monaten) ist der wichtigste Lieferant einer Warengruppe (ausgerechnet die, mit dem größten Wachstum) nicht nur Monopolist (technologisch), er gehört auch zur gleichen Unternehmensgruppe, der wir angeschlossen sind. Aus der Historie heraus herrscht großes Misstrauen gegenüber unseren Wachstumsprognosen, da man in der Vergangenheit damit schon einmal kräftig auf die Nase gefallen war. Für unsere aktuellen und zukünftigen Bedarfe unbedingt notwendige Investitionen wurden, trotz mehrerer Zusagen, nicht getätigt. Darüber hinaus gab und gibt es viele Verflechtungen ehemaliger Kollegen untereinander, da dieses Unternehmen einmal aus unserem Unternehmen hervorgegangen war, was das Leben des Einkäufers übrigens nicht gerade leicht macht. So wurde zum Beispiel der Aufbau von Wettbewerbern aus vielen Bereichen unseres Unternehmens torpediert und der Lieferant war jederzeit bestens über die Pläne des strategischen Einkaufs informiert. Also was tun?
>
> „Kannst du deinen Feind (mächtiger Lieferant) nicht besiegen, verbünde dich mit ihm" So lautet eine alte Kriegsweisheit und die führte zum Erfolg, der schließlich in einer Strategievereinbarung mündete. Die wichtigsten Inhalte dieser Vereinbarung zwischen unserem Unternehmen und diesem Lieferanten lauten:

Monopolist GmbH
Schlossallee
9999 Ohnemarkt

nachstehend Monopolist genannt.

Abnahmezusage eines Umsatzvolumens von mindestens durchschnittlich 420.000,00 EUR pro Monat, d. h. ca. 2,5 Mio. EUR je 6-Monats-Zeitraum mit Vertragsstrafe bei Nichteinhaltung.

Lieferzusage von Monopolist für die Lieferung eines bestellkonformen Umsatzvolumens von mindestens 480.000,00 EUR pro Monat (Durchschnitt 6-Monats-Zeitraum) mit Vertragsstrafe bei Nichteinhaltung.

Den Umsatzgarantien liegen die zwischen den Parteien vereinbarten und jeweils gültigen Preise zugrunde. Preisveränderungen basieren auf einer Hausse-Baisse-Klausel. (Basis variabler „Lohn" ($\varnothing$ 56 %) und „Material" ($\varnothing$ 29,4 %).

Sollten sich die vorgenannten Variablen gegenüber der Basis vom 31. März 2012 um mehr als 5 % bei „Lohn" und/oder 6 % bei „Material" verändern, erfolgt eine Preisanpassung entsprechend dem Anteil der Variablen in der Kalkulation.

„**Monopolist**" unterschreibt die Einkaufsbedingungen und Qualitätssicherungsvereinbarung des Kunden.

Die Parteien vereinbaren ab sofort die Bildung eines gemeinsamen Einkaufspools mit dem vorrangigen Ziel der Mengenbündelung und Preisoptimierung. Dem Einkaufspool gehört neben den Parteien auch das Kunden-Werk in Timbuktu an. Die aus den Volumenbündelungen resultierenden Einsparungen werden nach dem Win-Win-Prinzip geteilt.

Es erfolgen halbjährliche Strategie-Meetings, in denen unter anderem folgende Inhalte besprochen werden:

- Neue Definition der beiderseitigen Umsatzzusagen
- Aktueller Stand der vereinbarten Lieferantenentwicklung
- „Heiße" Teile, d. h. Teile, die preislich, qualitativ und/oder mengenmäßig kritisch sind.

Mit in Kraft treten dieser Vereinbarung nahm das Misstrauen auf beiden Seiten merklich ab. Beide Seiten erfüllten ihre Zusagen und schon beim ersten Meeting „Einkaufspool" wurde ein Potenzial für den Kunden von 25.000 EUR bei seiner Rohmaterialbeschaffung ermittelt, welches nach GuV-Wirksamkeit brüderlich geteilt wurde.

4.6 Lieferantencontrolling

Neben der Lieferantenauswahl dienen die Ergebnisse der Lieferantenbewertung auch der Überwachung und Steuerung der Lieferanten im Zeitablauf. Dabei spielen die Bewertungskennzahlen eine wichtige Rolle, um eine zügige und übersichtliche Leistungserfassung in

4.6 Lieferantencontrolling

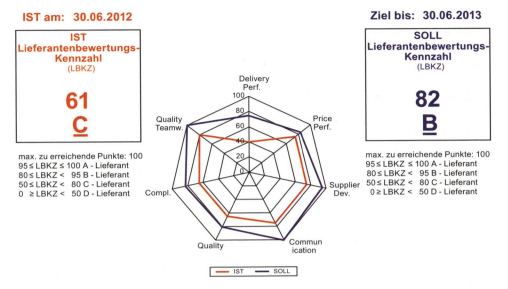

Abb. 4.7 Vereinbarung zur Lieferantenentwicklung

regelmäßigen Abständen zu ermöglichen. Häufig werden dabei Zuverlässigkeits- und Qualitätskennziffern angewendet, wie beispielsweise:

- Termintreue
- Mengentreue
- Anteil unvollständiger Lieferungen
- Reklamationsquote
- Nacharbeitsaufwand
- Anteil fehlerhafter Produkte
- Häufigkeit von Fehllieferungen
- Häufigkeit von Falschlieferungen

Durch die regelmäßige Erhebung dieser Kennzahlen bietet sich die Möglichkeit, Defizite von Zulieferern bereits im Trendverlauf aufzudecken und entsprechende Gegenmaßnahmen einzuleiten.

Des Weiteren können die Bewertungskennzahlen auf einfache Weise als Ist-Werte in der Lieferantenentwicklung Anwendung finden. Wie in Abb. 4.7 angedeutet, werden dabei gemeinsam mit dem Lieferanten Zielwerte formuliert, zu deren Erreichen sich der Lieferant innerhalb eines fixierten Zeitraums verpflichtet. Für einen erfolgreichen Einsatz ist dabei entscheidend, Konsequenzen, aber auch Anreize aufzuzeigen, die je nach Zielabweichung oder -erreichung greifen.

Somit nimmt das Lieferantencontrolling auch eine steuernde Funktion ein, indem es die Entscheidungsgrundlage für den Einsatz von Anreiz- oder Sanktionsmechanismen bildet.

Das Lieferantencontrolling dient darüber hinaus der Sammlung und Bereitstellung von Informationen, um damit künftige Auswahlentscheidungen zu unterstützen und ein Lieferanteninformationssystem aufzubauen. Dadurch stehen für jede weitere Lieferantenanalyse und -bewertung umfangreiche Informationen zur Verfügung.

> **FAZIT**
>
> Schon bei der Auswahl der Lieferanten heißt mein Rat, primär auf Passung (willig und strategiekonform) und sekundär auf Eignung zu achten. Diese heißt es später zu entwickeln und da helfen die regelmäßigen Bewertungen und eine Entwicklungsvereinbarung. Investieren Sie den größten Aufwand in die Phase der Lieferantensuche. Bewerten Sie unbedingt regelmäßig (halbjährlich) und zunächst streng. So werden nicht nur Schwachstellen beim Lieferanten offenbart, sondern auch die im eigenen Haus (oft die größere Baustelle). Denn man sollte nicht unterschätzen, wie ernst gerade die Unternehmensspitzen der Lieferanten die Bewertungen nehmen und dabei den Abweichungen auf den Grund gehen. Da müssen Sie und die anderen Bewerter natürlich standfest und unbeirrbar bleiben. Übrigens, als Belohnung und quasi als Abfallprodukt bietet fast jede Bewertung gute Argumente in Verhandlungen, um damit beispielsweise Komplexität zu erzeugen.
>
> Ich verstehe den strategischen Einkäufer intern als Anwalt des Lieferanten und nach außen als seinen Erziehungsberechtigten. Denn wie in der Elternrolle fordert das Lieferantenmanagement auch pädagogische Fähigkeiten. Man hat es auch hier nicht nur mit „guten", sondern auch mit „schwer erziehbaren" zu tun. Das Spektrum kann von pflegeleichten Kindern (selbst entwickelte Lieferanten mit guter Performance) über Waisenkinder (Maverick Buying am Einkauf vorbei) bis hin zu Kuckuckskindern (vom Vorstand oder Kunden vorgeschriebene Lieferanten) reichen.
>
> Hier heißt es, individuell auf die unterschiedlichen Typen einzugehen (siehe Praxistipp in Abschn. 4.5), zu messen und zu beobachten, um das Risiko für das eigene Unternehmen zu minimieren und einen größtmöglichen und nachhaltigen Gewinnbeitrag zu liefern.

Global Sourcing

5

> **Zusammenfassung**
>
> Das folgende Kapitel dient dazu, die zunehmende Bedeutung von international ausgerichteten Einkaufsaktivitäten im Rahmen des globalen Wandels aufzuzeigen und einzuordnen. Neben allgemeinen Zielen und Strategien von Global Sourcing erfährt der Leser am (Extrem-)Beispiel China welche Besonderheiten, Gefahren aber auch Chancen ein globales Lieferantennetzwerk mit sich bringen kann.

5.1 Grundlagen des globalen Einkaufs

Das Identifizieren und Erschließen neuer Beschaffungsmärkte gehört zu den Kernaufgaben des strategischen Einkäufers. In diesem Zusammenhang ist Global Sourcing eines der zentralen Schlagworte dieser Zeit. Hierunter versteht man im Allgemeinen die internationale Ausrichtung der Einkaufsstrategie und daraus hervorgehend eine globale Optimierung der Versorgung mit Waren und Dienstleistungen. Vor dem Hintergrund einer zunehmenden weltwirtschaftlichen Vernetzung einhergehend mit einem sich verschärfenden Wettbewerb haben Unternehmen oftmals keine andere Wahl als global die bestmöglichen Partner für die Deckung der eigenen Bedarfe zu gewinnen. Denn nicht immer sind die besten Lieferanten vor der eigenen Haustüre zu finden. Besonders bei lohnintensiven und standardisierten Produkten sind die heimischen Märkte aufgrund des höheren Lohnniveaus oftmals nicht mehr wettbewerbsfähig. Aber auch hoch qualitative Hightech-Produkte lassen sich mittlerweile kostengünstig in ausländischen Märkten beschaffen. Aufgrund des erheblichen Materialkostenanteils in den Unternehmen liegt somit ein wesentlicher Hebel die Kostenstruktur zu optimieren in der globalen Ausgestaltung der Einkaufsaktivitäten.

Aber nicht nur aus kostenorientierten Überlegungen, sondern auch aus technologischer Sicht können sich Unternehmen nicht mehr ausschließlich auf die heimischen Märkte konzentrieren. Denn in einigen Branchen haben sich im Laufe der Zeit regionale Kernkompetenzen gebildet. So verfügen beispielsweise asiatische Beschaffungsmärkte in der Elektronik- und Computerindustrie über einen enormen Wissensvorsprung gegenüber dem deutschen Markt. Um innovative Produkte aus diesem Bereich zuzukaufen oder sogar Entwicklungspartnerschaften einzugehen, führt somit kein Weg an einer Erschließung ausländischer Beschaffungsmärkte vorbei.

Ein systematisches und globales Ausgestalten der Einkaufsfunktion kann daher als ein erheblicher Wettbewerbsvorteil für das eigenen Unternehmen angesehen werden.

Es ist müßig über die Frage zu philosophieren, ob Global Sourcing weiterhin einen wichtigen Stellenwert in der Beschaffung einnehmen sollte. Die Frage lautet doch eher, wie und wo beschaffe ich global, da die Chancen nach wie vor überwiegen. Denn aus eigener Erfahrung sind unter TCO-Betrachtung auch heute noch Einsparungen beispielweise im Toolingsektor von über 60 % keine Seltenheit, ganz abgesehen von den für Europäer zunächst unverständlichen kurzen Lieferzeiten. Da kann es sich schon mal lohnen, Serienwerkzeuge global für Prototypen zu beschaffen und auch der Aufbau einer Second Source fällt leichter. Direkte Savings, selbst bei Komponenten mit sehr hohem Qualitätsanspruch, sind an der Tagesordnung. Aber auch Währungsvorteile und die Chance durch die Kombination von lokaler Wertschöpfung mit seltenen oder aber börsennotierten Rohstoffen generieren teilweise enorme Wettbewerbsvorteile. Ein weiteres Motiv kann schließlich im Zugang zu Technologien liegen, die lokal noch nicht oder nicht mehr (übrigens auch ein Resultat von Global Sourcing) zu beschaffen sind. Die Basis für die optimale Ausschöpfung dieser Potenziale bilden die strategischen Grundlagen.

5.1.1 Ziele von Global Sourcing

An der grundsätzlichen Zielsetzung des Einkaufs, der Sicherstellung der Versorgung mit benötigten Waren und Dienstleistungen zu geringen Gesamtkosten, ändert sich durch eine internationale Ausrichtung der Einkaufsaktivitäten erst mal nichts. Was sich ändert, sind die Rahmenbedingungen unter denen diese erreicht werden soll, wodurch die folgenden Ziele des globalen Einkaufs über die ursprüngliche Zielsetzung hinausgehen[1].

Globaler Wettbewerb Zum einen verfolgt Global Sourcing das Ziel, durch das Abschöpfen globaler Wettbewerbspotenziale Kostensenkungen zu generieren. Diese können sich aufgrund niedrigerer Faktorkosten wie Löhne, Energie und Steuerung in ausländischen Märkten positiv auf die Einstandspreise auswirken. Des Weiteren wird durch globale Preis-Benchmarks ein höheres Maß an Markttransparenz erreicht, wodurch sich Preisreduzierungen auch bei inländischen Lieferanten durchsetzen lassen. Somit kann Global Sourcing auch indirekt zur Kostenreduzierung beitragen.

---

[1] Vgl. Arnolds et al. (2010, S. 375 ff.).

Leistungsfähige Lieferanten Nicht immer sitzen die besten Partner direkt vor der eigenen Haustür. Die Analyse von ausländischen Beschaffungsmärkten erfasst eine breitere Anzahl von Anbietern. Dadurch können sich neue Lieferanten hervortun, die unter Umständen auf einem höheren Niveau agieren als heimische Lieferanten. Somit wird durch Global Sourcing das Ziel verfolgt, die bestmöglichen Lieferanten weltweit zu identifizieren und zu nutzen.

Innovative Technologien Die Technologiekompetenz und Innovationskraft von Lieferanten kann heute durchaus von der regionalen Lage abhängig sein. So gibt es Regionen, in denen innovative Technologien durchaus besser beherrscht werden als auf dem Heimatmarkt. Manche Technologien findet man schlichtweg auch nicht mehr oder noch nicht auf lokaler Ebene. Somit ist ein weiteres Ziel von Global Sourcing, den Zugang zu benötigten Technologien und Innovationen zu ermöglichen.

Basis für eigene Produktionsstätte Wird im Rahmen einer internationalen Unternehmensstrategie der Aufbau einer Produktionsstätte in einem ausländischen Markt angestrebt, kann eine vorherige Identifizierung und Einbindung von geeigneten Lieferanten vorteilhaft sein. Somit kann vorab ein Lieferantennetzwerk aufgebaut werden, welches die spätere Produktionsstätte beliefert.

Marktforschung Die im Rahmen der Erschließung neuer Beschaffungsmärkte durchgeführte Beschaffungsmarktforschung ist artverwand mit der Absatzmarktforschung, wodurch sich Synergien ergeben. Die erhobenen Informationen über Markt, Lieferanten, Wertvorstellungen und kulturelle Besonderheiten können Ansatzpunkte für das Erschließen neuer Absatzmärkte bieten. Somit lässt sich eine weitere Zielsetzung von Global Sourcing mit der Erkundung neuer Absatzmärkte beschreiben.

Wechselkursrisiko Fremdwährungen sind immer einem Schwankungsrisiko ausgesetzt, das sich positiv aber auch negativ auf das Ergebnis auswirken kann. Operiert ein Unternehmen vertriebsseitig in verschiedenen Währungsräumen, kann ein Unternehmensziel sein, in den gleichen Währungsräumen einzukaufen, um Wechselkursschwankungen aus Vertriebstätigkeiten an Lieferanten durchzureichen.

Nutzung staatlicher Subventionen In ausgewählten Bundesstaaten, wie beispielsweise Mexiko, werden Unternehmen der Luft- und Raumfahrtindustrie beim Aufbau von Kompetenzzentren finanziell unterstützt. Diese potenziellen Lieferanten können somit deutlich unter Marktpreisniveau anbieten. Ein ähnliches Beispiel ist die Subvention von Stahl in der Ukraine. Einen nennenswerten Wertschöpfungsanteil vorausgesetzt, erzielt man hier unschlagbare Preise für Stahlkomponenten.

5.1.2 Strategien und Erscheinungsformen

Die Grundlage für ein systematisches Identifizieren und Erschließen globaler Beschaffungsmärkte bildet die von der Strategie abgeleitete Zielsetzung des Einkaufs. Strategische Schlüsselmotive sind hierbei:

- Eine langfristige Verbesserung der Kostenstruktur
- Steigende Produktinnovation
- Mangelnde Alternativen im eigenen Land oder der eigenen Fertigung

In der Einkaufsstrategie werden durch die Auswahl von geeignete Warengruppen, Beschaffungsmärkten und Lieferanten entscheidende Faktoren festgelegt, die den Grad der internationalen Ausrichtung des Einkaufs definieren. Die Wahl des für Global Sourcing in Frage kommenden Teilespektrums erfolgt dabei im Rahmen der Warengruppenstrategie wie in Abschn. 3.1 beschrieben. Als vielversprechende Kandidaten erweisen sich oftmals besonders lohnintensive sowie weltweit standardisierte Produkte deren Bedarfe gut prognostizierbar sind. Je höher sich allerdings die Produktkomplexität und das Beschaffungsrisiko darstellen, desto kritischer sollte die Auswahl hinterfragt werden. In diesem Zusammenhang ist ebenfalls zu berücksichtigen, welchen Einfluss die ausgewählten Teile auf die Funktion des Endprodukts haben und wie Know-how-kritisch diese sind.

Simultan dazu findet die Bewertung möglicher Beschaffungsländer statt. Handelt es sich um einfache und standardisierte Produkte kann der Fokus auf einer Beschaffung in Niedriglohnländern liegen, um somit Kostenvorteile zu erreichen. Hierbei sind jedoch nicht die reinen Bezugspreise, sondern stets die Gesamtkosten zu betrachten. Bei hochwertigen, komplexen oder innovativen Produkten richtet sich die Wahl des Bezugslandes hingegen nach regionalen technologischen Kompetenzen. So haben sich im Laufe der Jahre bestimmte Regionen technologisch spezialisiert und sich dadurch Wettbewerbsvorteile gegenüber anderen Regionen gesichert. Einhergehend damit ist im Rahmen der Lieferantenstrategie die Art und die Anzahl der Lieferanten zu bestimmen. Da der Eintritt in einen neuen Beschaffungsmarkt oftmals mit hohen Risiken verbunden ist, empfiehlt es sich zunächst im Rahmen einer Dual- oder Multiple-Sourcing-Strategie potenzielle Lieferanten aufzubauen und im Rahmen des Lieferantenmanagements zu einem langfristigen Partner zu entwickeln.

Bei der Umsetzung einer globalen Einkaufsstrategie haben sich je nach Zielsetzung verschiedene Ansätze entwickelt. Das Konzept des Low-Cost-Country-Sourcing verfolgt beispielsweise das Ziel, einen hohen Anteil der externen Wertschöpfung aus Niedriglohnländern zu beziehen, um dadurch eine möglichst hohe Kostenersparnis zu generieren. Unter Niedriglohnländern sind in diesem Zusammenhang Regionen zu verstehen, die im Vergleich zum heimischen Beschaffungsmarkt über ein extrem geringes Preis- und Lohnniveau verfügen.

Das Konzept des Best-Cost-Country-Sourcing geht noch einen Schritt weiter, da hierbei eine Betrachtung der Gesamtkosten erfolgt. Neben Preis- und Lohnniveau werden zudem Material- und Transportkosten sowie Qualitäts- und Risikoaspekte berücksichtigt.

Eine weitere Erscheinungsform des Global Sourcing ist das sogenannte Offshoring. Hierbei erfolgt eine regionale Verlagerung von Unternehmensfunktionen oder Prozessen. Dies kann unternehmensintern oder durch das Verlagern an unabhängige externe Unternehmen im Ausland erfolgen.

> **Praxis: Global ausgerichtete Einkaufsstrategie**
>
> Schon bei der Strategieentwicklung muss der Grundstein für die unternehmensspezifisch optimalen Belange gelegt werden. Dabei helfen aktuelle Ergebnisse und Prognosen aus der Beschaffungsmarktforschung die Warengruppe global richtig zu platzieren. Konkret, welche Bestandteile einer Warengruppe unter Risiko- und TCO-Betrachtung wo strategisch am besten beschafft werden. Danach heißt es, eine Klassifizierung nach dem Volumen und den Teileschwierigkeitsgraden durchzuführen, um so das richtige Teil beim richtigen Lieferant zu platzieren. Flankiert von der Lieferantenentwicklung wächst der Anspruch an den globalen Partner somit kontinuierlich und dieser entwickelt sich im Optimalfall vom Teile- zum Systemlieferanten. Dieser Effekt spielt wiederum der Lieferantenreduzierung in die Karten. Am Ziel angelangt ist man, wenn es gelingt einen solchen globalen Kostenführer zum Prefered Supplier zu entwickeln, der bereits in der Innovationsphase neuer Produkte mit am Tisch sitzt und kostenoptimal mitgestaltet.
>
> Eine nicht weniger große Herausforderung besteht nun darin, die Einkaufsorganisation strategisch und operativ auf die globalen Bedürfnisse auszurichten und, falls man Native Speaker vor Ort beschäftigt, diese auch richtig zu führen. Also muss der strategische Einkauf global managen, ja eventuell sogar führen können und er sollte technischer werden. Dies kann zum einen mit der Schulung von „Nur-Kaufleuten" oder aber der Verstärkung des Beschaffungsteams durch Techniker oder Ingenieure erfolgen. Zum anderen heißt es, das Team interkulturell zu trainieren, was bis zum Erlernen der Sprache des globalen Partnerlandes gehen kann. Denn auch ich habe vor vielen Jahren meine mühsam in Abendschulen erlernten chinesischen und italienischen Sprachkenntnisse mit großem Erfolg als „Türöffner" im Reich der Mitte und in „Bella Italia" einsetzen können und kann das deshalb nur wärmstens empfehlen. All diese Maßnahmen sollten unbedingt Bestandteile einer global ausgerichteten Beschaffungsstrategie sein.

5.1.3 Neue Risiken auf internationaler Ebene

Die internationale Ausrichtung der Einkaufsaktivitäten bietet den Unternehmen enorme Chancen, um die Versorgung mit Waren und Dienstleistungen zu optimieren. Allerdings sind hierbei eine Vielzahl von Risiken zu berücksichtigen, die auf nationaler Ebene bisher kaum oder gar keine Rolle gespielt haben. So beeinflussen sprachliche Barrieren, Einfuhrzölle oder Wechselkursschwankungen die Rahmenbedingungen der Entscheidungsfindung maßgeblich. Die räumliche Distanz, in Verbindung mit einer kulturellen, rechtlichen und politischen Vielfallt in den Beschaffungsmärkten, lässt den Beschaffungsprozess somit deutlich komplexer werden. Durch umfangreiche Beschaffungsmarktforschung lassen sich die folgenden Risiken allerdings größtenteils identifizieren und steuern.

Kulturelle Risiken Kulturelle Risiken bestehen, wenn große Abweichungen zwischen Beschaffungs- und Heimatmarkt auf kultureller Ebene vorherrschen. Darunter fallen alle Faktoren, die die Kommunikation und das Verständnis zwischen Lieferant und Abnehmer erschweren, wie beispielsweise Sprache, Mentalität oder Rechtsauffassung.

Politische Risiken Die politischen Rahmenbedingungen im Bezugsland können unter Umständen ein Risiko darstellen. Insbesondere wenn weitestgehend unvorhersehbare Ereignisse, die vom jeweiligen Machthaber beeinflusst werden, die Handelsaktivitäten einschränken. Darunter fallen zum einen Gesetze und Vorschriften, wie beispielsweise Ein- und Ausfuhrbeschränkungen, wechselnde Zollsätze oder Sicherheits- und Umweltschutzvorschriften. Zum anderen können aber auch Ereignisse wie Streiks, soziale Unruhen oder Kriege die Versorgungssicherheit massiv gefährden.

Wirtschaftliche Risiken Hierunter fallen Risiken, die aufgrund von volkswirtschaftlichen Abläufen bestehen. Insbesondere sind hierbei konjunkturelle Schwankungen, finanzwirtschaftliche Wechselkursbewegungen, schwankende Rohstoffpreise sowie eine hohe Staatsverschuldung zu nennen.

Risiken von Naturkatastrophen Volkswirtschaftlich gesehen übersteigen die Auswirkungen von Naturkatastrophen die bisher genannten Risiken zunehmend. Denn die Schadensstatistiken von Erdbeben, Überschwemmungen und Stürmen zeigen eine stark ansteigende Tendenz. Besonders in dicht besiedelten Gebieten können solche Ereignisse enorme Ausmaße annehmen, die sich aufgrund von global vernetzten Lieferketten über den gesamten Globus ausbreiten können.

Um diese allgemeinen länderspezifischen Risiken professionell zu handhaben und im Entscheidungsprozess zu berücksichtigen, eignen sich Informationen von Auskunfteien und Rating-Agenturen an. Diese beschreiben in Länderrisikoberichten die Attraktivität bestimmter Länder für Investitionen sowie die Unbedenklichkeit von Kreditvergaben. Dabei werden unter anderem Informationen über wirtschaftliche und politische Stabilität von einzelnen Ländern zusammengetragen, die für die Erschließung neuer Beschaffungsmärkte genutzt werden können. Neben solchen allgemeinen länderspezifischen Risiken lassen sich lieferantenspezifische Risiken identifizieren. Diese unterteilen sich in Leistungs- und Verhaltensrisiken:[2]

---

[2] Vgl. Arnolds (2010, S. 372 ff.).

5.1 Grundlagen des globalen Einkaufs

Leistungsrisiken umfassen Aspekte, die aufgrund der Leistungsfähigkeit von Lieferanten zu unerwünschten Ergebnissen führen können. Im Wesentlichen beinhaltet dies Preis-, Qualitäts- und Terminrisiken.

Verhaltensrisiken ergeben sich hingegen aus dem Verhalten von Lieferanten. Besonders im internationalen Kontext kann das Verhalten von Lieferanten im Vorfeld oft nicht präzise eingeschätzt werden, da in der Regel nicht genügend belastbare Informationen und Erfahrungen vorliegen. So können beispielsweise vor Auftragsvergabe Zusagen und Versprechungen gemacht werden, die sich im Nachhinein als unrealistisch herausstellen.

Um diese beiden Risikofelder zu beleuchten, empfiehlt es sich weitere Informationen über potenzielle Lieferanten einzuholen. Dazu bieten sich wie in Kap. 4 näher beschrieben verschiedene Methoden, wie beispielsweise das Einholen einer Lieferantenselbstauskunft oder die Abfrage von Unternehmensberichten, an.

Praxistipp: Naturkatastrophen – Vorgehensweise im Krisenmanagement

Der globale Einkauf bringt zahlreiche Risiken mit sich, die man sich bewusst vor Augen halten sollte. Inkonstante Qualität, Korruption, Bürokratie, Währungsrisiken, unterschiedliche Kulturen, andere Mentalitäten und Normen, drohende und sich häufende Umweltkatastrophen, Patent und Schutzrechtsverletzungen sind nur einige Beispiele, die der moderne Einkäufer managen muss. So war beispielsweise im Zuge der Natur- und Nuklearkatastrophe von Fukushima mein damaliges Beschaffungsvolumen mit 28 Lieferanten direkt betroffen. Nicht auszudenken, was es für unsere Supply Chain bedeutet hätte, wenn dies in einem anderen Land passiert wäre und nicht japanische Lieferanten mit ihrem außergewöhnlichen Kampfgeist die Auswirkungen in unglaublich kurzer Zeit egalisiert hätten. Wie wir in dieser Situation reagierten und was wir daraus gelernt haben sei nachfolgend kurz beschrieben:

Initiiert durch den Vorstand trat täglich ein Krisenstab, bestehend aus Vertretern von Vertrieb, Marketing, Logistik und Einkauf zusammen. Die wesentliche Aufgabe lag zunächst in der Ermittlung der Lieferantenausfälle und der damit verbundenen Auswirkungen auf die Produktion. Etwa 500 aktive Bestellungen mit über 280 verschiedenen Artikeln schienen zunächst betroffen. Jetzt hieß es Ruhe bewahren und Souveränität ausstrahlen, auch wenn es schwer fiel. Nach einem intensiven Austausch mit den 28 Lieferanten reduzierte sich die Anzahl der betroffenen Bestellungen auf „nur" 39 mit zehn verschiedenen Artikeln, wobei wir zum Glück noch Bestände hatten. Parallel erfolgte ein exakt abgestimmter Informationsfluss, sowohl nach innen als auch nach außen. Während sich das Marketing in souveräner Kommunikation übte, suchte der Vertrieb nach Kompensationsmöglichkeiten für drohende Umsatzverluste mit einem Best- und einem Worst-Case-Szenario. Die Produktion passte ihre Planung an, während der Einkauf alles in Bewegung setzte um alternative Lösungsoptionen zu entwickeln. Mit vereinten Kräften, und hier seien besonders die betroffenen Lieferanten genannt, konnten wir eine Vielzahl teilweise ungewöhnlicher Maßnahmen erarbeiten. Durch Substitutionen, Umbau älterer Revisionsstände sowie dem Ausbau dringend benötigter Komponenten aus Ladenhütern erreichten wir somit, dass die in den ersten Wochen entstandenen Umsatzverluste mehr als wieder aufgeholt werden konnten.

5.2 Global Sourcing am Beispiel China

Auf drei Arten können wir Weisheit erlernen: erstens durch Nachdenken, welches die edelste ist; zweitens durch Nachahmung, welches die leichteste ist; und drittens durch Erfahrung, welches die bitterste ist (Konfuzius 551–479 v. Chr).

Kein anderes Land konnte in den vergangenen 30 Jahren ein derart starkes Wachstum verzeichnen wie China. Mit niedrigen Löhnen und Produktionskosten, einem enormen Arbeitskräftepotenzial und dem vereinfachten Zugang zu wichtigen Rohstoffen konnte China durchschnittliche Wachstumsraten von 10 % erreichen und somit die Welt im Sturm erobern. Dadurch ist China zur politischen und ökonomischen Weltmacht aufgestiegen, deren Entwicklungsstrategie als eine der gelungensten der Welt gilt. Denn China produziert nicht nur billiger, sondern immer häufiger auch besser. So zieht der ökonomische Aufsteiger immer noch 70 bis 80 % aller Auslandsinvestitionen in Asien auf sich. Da Japan als konjunkturelles Zugpferd zunehmend schwächelt, schauen die asiatischen Nachbarn inzwischen mehr nach China als nach Japan.

Beschäftigt man sich mit Global Sourcing wird man somit unweigerlich irgendwann auf China stoßen. Schon lange werden nicht mehr nur Textilien und Spielsachen in China produziert, sondern auch zunehmend hochinnovative Produkte. Bedingt durch ein steigendes Ausbildungsniveau verfügt China in einigen Bereichen sogar über beträchtliche Wissensvorsprünge gegenüber Deutschland. Insbesondere in der Elektroindustrie wird diese Überlegenheit sehr deutlich. Gleichzeitig stellt Zukauf in China erhebliche Herausforderungen an den Einkauf, denn der chinesische Markt ist schnelllebig und dynamisch wie kein zweiter. Hinzu kommen eine weitgehend fehlende Transparenz an chinesischen Beschaffungsmärkten sowie ein unterschiedliches Verständnis von Qualität. Daher soll im folgenden Extrembeispiel China Sourcing aufgezeigt werden, welche Chancen und Risiken Global Sourcing beinhaltet und wie ein effizientes Vorgehen gestaltet werden kann. Dabei wird schnell deutlich, dass Global Sourcing durchaus ein langwieriger Prozess sein kann, der eine systematische Strategie verfolgen sollte. Die beschriebene Vorgehensweise beschränkt sich zwar zunächst auf das Beispiel China, dient aber auch als roter Faden der globalen Beschaffung in anderen Regionen der Welt. Denn bis auf die kulturellen Besonderheiten, decken sich Methoden und Vorgehensweisen zur Erschließung neuer Beschaffungsmärkte.

5.2.1 Anreize und Probleme von China Sourcing

Der chinesische Markt bietet durch seine unheimliche Größe eine Reihe von Chancen für deutsche Unternehmen. Bereits kleine Marktnischen erreichen durch die hohe Wachstumsdynamik bereits ein extrem hohes Volumen. So stellt beispielsweise eine Bevölkerungszahl, die der Größenordnung von Deutschlande entspricht, in China lediglich eine Randzielgruppe dar. Somit ist China als Standbein im globalen Wettbewerb nicht mehr wegzudenken, sowohl als Absatzmarkt als auch als Produktionsstandort.

Im Allgemeinen bietet China für den globalen Einkauf die folgenden Chancen:

- Zunehmend ausgebaute und vielfältige Lieferantenbasis; in manchen Sektoren hochentwickelte Bündelung von sich ergänzenden Lieferanten
- Kostengünstiges, gut ausgebildetes Arbeitskräftereservoir, ein Vorteil für die Produktion, aber auch für Forschung und Entwicklung
- Kostengünstige Fertigungsstätten und Equipment
- Zahlreiche Anreize vom Staat und von Regionalverwaltungen

Bei all diesen positiven Entwicklungen, lauern allerdings auch eine ganze Reihe Gefahren im Reich der Mitte. Besonders das niedrige Lohnniveau wird oftmals mit einem mangelnden Qualitätsbewusstsein verbunden. Europäisches Qualitätsdenken setzt sich erst langsam in China durch und entspricht auch bei modernsten Anlagen oft nicht europäischen Standards. Des Weiteren sind chinesische Firmen sehr an dem Know-how ihrer Kunden interessiert, um daraus eigene Produkte zu entwickeln. Nicht ganz zu Unrecht wird China in diesem Zusammenhang auch gerne als Nation gesehen, in der das Kopieren eine gewisse Tradition hat.

Besonders ausgeprägt gestaltet sich auch die persönliche Beziehung bei Geschäften mit Chinesen. Werden hier die kulturellen Besonderheiten nur mangelhaft berücksichtigt, kann dies zu bösen Überraschungen führen.

Da sich der Markt noch recht unübersichtlich darstellt gibt es kein Patentrezept um am chinesischen Markt einzusteigen. Die folgenden Risiken sollten sich aber klar vor Augen geführt und bewusst gemacht werden:

- Kulturelle Unterschiede und andere Normen im Geschäftsleben
- Fehlende Transparenz im chinesischen Lieferantenmarkt
- Durchsetzung internationaler Urheber-, Schutz- und Patentrechte
- Entwicklung der Lieferanten zur Umsetzung westlicher Geschäftsprozesse; Einhaltung westlicher Qualitätsnormen
- Umgang mit komplexen, Regionen und Funktionen überschreitenden Lieferanten-Anreizen
- Risiko der Verwaltung einer verlängerten Zulieferkette

Um die Chancen, die China Sourcing unter Berücksichtigung der Risiken zu konkretisieren, sollen die Abb. 5.1 und 5.2 veranschaulichen, wie hoch die substantiellen Einsparungen bei einem erfolgreichen Verlagern von einzelnen Teilen nach China sein können.

Die Aufzählung macht deutlich, welches Potenzial in der globalen Ausweitung der Einkaufsaktivitäten steckt, wobei dieses mit der richtigen Herangehensweise auch für quali-

Abb. 5.1 Potenzielle Einsparungen durch China Sourcing 1/2 (Quelle Leica Camera AG)

Abb. 5.2 Potenzielle Einsparungen durch China Sourcing 2/2 (Quelle Leica Camera AG)

tativ anspruchsvolle Zukaufteile genutzt werden kann. Wie eine solche Herangehensweise gestaltet werden kann, soll im weiteren Verlauf dieses Kapitels näher betrachtet werden.

5.2.2 Entwicklungsphasen von China Sourcing

Das erfolgreiche und nachhaltige Beschaffen in chinesischen Märkten ist ein langjähriger Prozess der ein systematisches und strukturiertes Vorgehen verlangt. Besonders wer auf der Suche nach dem „schnellen Euro" ist und Global Sourcing nebenbei betreiben will, wird schnell scheitern. Die Ausprägung der eigenen China-Sourcing-Aktivitäten kann nach den folgenden vier Phasen gegliedert werden, die jeweils den Reifegrad der Zusammenarbeit mit chinesischen Lieferanten darstellen:

Phase 1: Testen
- Einrichtung eines Büros zur Beschaffung in China
- Pilotprojekte
- Entwicklung interner und externer Prozesse
- Resultate erbringen
- Wachsende Zukäufe

Phase 2: Frühes Engagement
- Expandieren durch Multiple-Sourcing-Wellen
- Die Dynamik des chinesischen Lieferantenmarkts verstehen
- Feinabstimmung der Prozesse
- Erweiterung der Fähigkeiten (z. B. Lieferantenqualifizierung & -entwicklung)
- Angehen der Frage nach Schutzrechten

Phase 3: Volle Integration
- Integrieren der Beschaffung in China in die weltweiten Beschaffungsvorgänge des Unternehmens
- Einbeziehen chinesischer Lieferanten in die Gestaltung
- Einbeziehen chinesischer F & E in die Gestaltung
- Integration Chinas in die erweiterte weltweite Beschaffungskette

Phase 4: China als ein Zentrum
- China als eine entscheidende Lieferbasis betrachten
- Auslagerung einiger Beschaffungsfunktionen nach China
- Chinesische Lieferanten zu einem integralen Teil des Produktentwicklungssystems des Unternehmens machen

> **Praxistipp: Einrichtung eines Büros zur Beschaffung in China**
>
> Auch für einen Mittelständler kann sich ein eigenes Beschaffungsbüro in China lohnen. Dieses steht und fällt natürlich mit der Qualität der Mitarbeiter vor Ort. Ich hatte das Glück eine hochqualifizierte chinesische Mitarbeiterin rekrutieren zu können, die zuvor für ein deutsches Beratungsunternehmen tätig war. Mit ihren lokalen Kenntnissen und globalen Erfahrungen war es auch ohne eine externe Beratung einfach und unkompliziert möglich ein bezahlbares Office in strategisch bester Lage (Shanghai) aufzubauen und zunächst mit einem weiteren Mitarbeiter zu besetzten. Dieser diente als technische Schnittstelle und führte Qualitätssicherungsmaßnahmen bei den Lieferanten vor Ort

durch. Langfristig sollte der weitere Ausbau mit „preiswerten Mitarbeitern" erfolgen, um das vorhandene Know-how im China Sourcing unter qualitativ höchstem Anspruch auch als Dienstleistung für andere Unternehmen anbieten zu können.

Die folgenden 10 Punkte sollten bei der Entscheidung für eigenes Büro und auf dem Weg dorthin beachtet werden:

1. Identifizierung von Warengruppen und A-Teilen mit hohen Lohnanteilen
2. Überprüfen der Beschaffungsmöglichkeiten für die entsprechenden Warengruppen mit Markttests und anschließenden Lieferantenbesuchen
3. Selektion der Teile, die noch eine ausreichende Restlaufzeit haben, oder aber von ähnlichen Produkten abgelöst werden
4. Auswahl einer strategisch günstigen Lage mit geografischer Nähe zu den wichtigsten potenziellen Lieferanten
5. Klärung rechtlicher und steuerlicher Themen (Muttergesellschaft, Firmengründungsprozess, Stammkapital, Steuern …)
6. Auswahl der für den „Einkauf" in China optimalen Rechtsform (sollte das Unternehmen auch in China verkaufen oder gar produzieren wollen, sollte man dies unbedingt bei der Wahl der Rechtsform mit betrachten)
7. Entwicklung eines für mehrere Jahre detailliert ausgearbeiteten Businessplanes (Potenziale, Kosten, Investitionsbedarf…)
8. Definition wichtiger Prozesse/Schnittstellen zwischen Headquarter und dem Einkaufsbüro in China (kaufmännische Prozesse, technische Prozesse und Qualitätsprozesse)
9. Aufbau und Pflege eines Netzwerkes, um die Zusammenarbeit über geografische und Abteilungsgrenzen hinaus zu optimieren
10. Die richtigen Mitarbeiter, und das gilt besonders für die Führungsperson (die übrigens auch europäisch entlohnt werden sollte), rekrutieren; es sollten sowohl Sourcing-Erfahrung als auch unternehmensspezifische technische Fähigkeiten vorhanden sein

Denn ein wesentlicher Schlüssel zum Erfolg in China liegt in der Führung der Mitarbeiter vor Ort. Die lokalen Unterschiede zu Deutschland sind natürlich in jedem Land zu beachten und beginnen, wie überall, schon bei der Entlohnung. In China startet ein Hochschulabsolvent mit ca. 3000 RMB im Monat, seine Erwartungshaltung liegt nach zwei Jahren jedoch schon bei durchschnittlich 5000 bis 10.000 RMB. Bei 20 Urlaubstagen werden in der Regel 13 Gehälter gezahlt. Hinzu kommt ein variabler Anteil von ca. 30 % des Festgehalts. Gehaltsanpassungen sollten 2 × pro Jahr erfolgen und bei entsprechender Leistung 5–10 %/a ausmachen. Der erste Vertrag sollte mit 6 Monaten Probezeit auf 3 Jahre befristet sein und anschließend in ein unbefristetes Verhältnis übergehen. Aufgrund der überdurchschnittlichen Fluktuation ist es ratsam, Vertragsstrafen bei Kündigungen zu vereinbaren. Diese dürfen sich auf Trainings- und Ausbildungskosten, diesbezüglich notwendige Flüge, Übernachtungen und den variablen Gehaltsanteil beziehen. Ratsam ist zusätzlich noch die Vereinbarung eines Wettbewerbsverbotes mit einer Vertragsstrafe von einem Jahresgehalt. Stimmen Strategie und Führung, so muss man in der Regel von all dem keinen Gebrauch machen.

Fazit: Aus eigener Erfahrung lautet mein Rat: Ein Engagement mit einer Beschaffung direkt vor Ort sollte entweder ganz oder gar nicht erfolgen. Gerechnet hatte sich unser Einkaufsbüro in jedem Fall. Schon nach zwei Jahren standen jährlichen Kosten von 188.000 EUR Savings und vor allem Cost-Avoidance (an den Werkzeugkosten und Preisen der herkömmlichen Lieferquellen gemessen) von 942.000 EUR pro Jahr gegenüber.

5.2.3 Umsetzung

Ausgehend von einer globalen Einkaufsstrategie ist ein wesentlicher Erfolgsfaktor für den Zukauf in China die volle Unterstützung durch das Top-Management sowie der Einsatz interdisziplinärer Teams zur Vorbereitung und Umsetzung. Hierbei ist ein methodisch angelegtes Vorgehen erforderlich, welches den strukturierten Einsatz der verschiedenen Einkaufsinstrumente sicherstellt. Eine logische Abfolge soll im weiteren Verlauf verdeutlicht werden.

5.2.3.1 Identifikation geeigneter Bedarfsgüter

Im Rahmen einer Bedarfsanalyse erfolgt zunächst eine strukturierte Durchforstung der Beschaffungsobjekte nach potenziellen, für China Sourcing geeigneten Materialien. Dabei sollte der Fokus gerade zu Beginn auf Beschaffungsgüter mit wertmäßig hohen Volumen gelegt werden, um durch die potenziellen Kosteneinsparungen den damit verbundenen personellen und finanziellen Ressourceneinsatz zu rechtfertigen. Das Einsparpotenzial kann mit guten Marktkenntnissen oftmals bereits im Vorfeld abgeschätzt werden.

Um für die in Frage kommenden Materialien eine effektive Machbarkeitsstudie durchzuführen, müssen die Risiken geklärt und transparent gemacht werden. Insbesondere hochkomplexe Teile verlangen einen höheren Grad der Lieferantenentwicklung und eignen sich nicht für die Frühphase von China-Sourcing-Aktivitäten. Aber selbst bei vermeintlich einfachen Objekten ist eine gewisse Zeitspanne von der Anfrage bis zur Serienfreigabe einzuplanen, was dazu führt, dass Materialien mit noch langer Lebensdauer vorzuziehen sind. Die Identifikation kann anhand eines Beurteilungsformulars, wie beispielhaft in Abb. 5.3 dargestellt, erfolgen.

5.2.3.2 Machbarkeitsprüfung und Markttests

Sind geeignete Beschaffungsobjekte für den Zukauf in China ausgewählt, erfolgt im nächsten Schritt die Überprüfung des Lieferantenmarktes sowie der Beschaffungsmöglichkeiten. Die folgenden Schritte sollten dabei chronologisch durchgegangen werden, um Lieferanten mit guter Leistung und hohen Einsparpotenzialen zu erkennen.

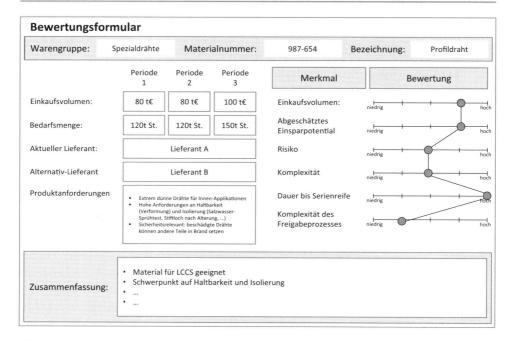

Abb. 5.3 Materialbewertung anhand vordefinierter Kriterien

1. **Örtliche Lieferanten ermitteln:** Die weltweite Identifikation von Lieferanten wird durch eine Vielzahl von Lieferantenverzeichnissen im Internet erleichtert, wobei hier die Schwierigkeit darin liegt, die wenigen Lieferanten, die den technischen Anforderungen entsprechen, herauszufiltern.
2. **Hintergrund des Lieferanten prüfen:** Neben den technischen Fähigkeiten sollten unbedingt auch die Hintergründe des Lieferanten untersucht werden, beispielsweise durch Berichte von Auskunfteien, Referenzkunden oder Besuchern vor Ort.
3. **Anforderungen klären und wechselseitiges Verständnis sicherstellen:** Alle Unterlagen, die für die Interaktion mit den Lieferanten notwendig sind, sollten stets in fehlerfreiem und gut verständlichem Englisch vorhanden sein. Dies gilt neben Angebotsformularen auch für Geschäftsbedingungen, Zeichnungen, Spezifikationen und Normen. Neben diesen harten Faktoren ist aber vor allem die Bereitschaft und Offenheit aller Beteiligten, sich mit Lieferanten anderer Kulturen einzulassen, zwingend erforderlich.
4. **Anfrage schicken und nachverfolgen:** Chinesische Unternehmer agieren auf einem Heimatmarkt, der jährlich um einen hohen zweistelligen Prozentsatz wächst. Um bei potenziellen chinesischen Unternehmen Aufmerksamkeit zu erregen, bedarf es attraktiver Volumina oder der Referenz einer bekannten Marke, die die Phantasie der chinesischen Lieferanten beflügeln. Denn chinesische Lieferanten werden jeden Tag mit Anfragen aus Europa und den USA überschüttet. Hier gilt es aus der Masse hervorzustechen. Äußerst

erfolgversprechend ist ein Erstkontakt mit schriftlichen Unterlagen in Mandarin, sowie das telefonische Nachfassen durch einen Muttersprachler.

5. **Plausibilität der Zahlen prüfen und mit Lieferanten diskutieren:** Sobald die ersten Angebote vorliegen, beginnt ein intensiver Verhandlungsprozess. Die ersten Angebote aus China liegen in der Regel nicht allzu weit vom europäischen Preisniveau entfernt. Das Spiegelbild von Low Cost Countries ist aus chinesischer Sicht Selling-to-Europe-at-European-price-level.
6. **Auswahl der Lieferanten nach Preis und anderen Kriterien:** Um den bestmöglichen Lieferanten auszuwählen, kann die in Abschn. 4.3.3 beschriebene Nutzwertanalyse zum Einsatz kommen, um den Erfüllungsgrad vorab definierter Kriterien anhand eines Punkteverfahrens zu gewichten und auszuwerten.
7. **Berechnung des Einsparpotenzials:** Bei der Berechnung des Einsparpotenzials sind immer die Gesamtkosten zu betrachten. Das bedeutet, dass neben den reinen Angebotspreisen auch Nebenkosten wie Fracht und Einfuhrzölle zu berücksichtigen sind.

Nachdem für beide Seiten ein vertretbares Preisniveau gefunden wurde, heißt es für das Top Management „auf nach China". Die chinesischen Lieferanten wollen ihr Gegenüber sehen. Denn der Aufbau einer vertrauensvollen und robusten persönlichen Beziehung ist der Garant für das Überwinden später folgender Hürden.

> **Praxistipp: Lieferantensuche geht auch anders**
>
> Die Suche nach dem richtigen Lieferanten kann wie bisher beschrieben erfolgen, aber auch auf typisch chinesische Art verlaufen. Wohl dem, der seine Partner und Geschäftsbeziehungen regelmäßig pflegt.
>
> Zur Vorgeschichte: Während meiner Zeit in der Luftfahrtindustrie, begegnete ich einem A-Lieferanten, der in einem sehr kleinen westeuropäischen Nachbarland ansässig war. Als Monopolist lieferte er ein von den Airlines vorgeschriebenes hochtechnisches Material. Dieses Halbzeug dient noch heute als wesentlicher Baustein für die Strukturen der gelieferten Systeme. Sein Monopol und somit die Ohnmacht seiner Kunden nutzte der Geschäftsführer des Lieferanten jedoch dermaßen aus, dass in den vorausgegangenen vier Jahren insgesamt 28 % Preiserhöhungen ohne jede begründbare Kostenveränderung diktiert wurden. Alle meine Vorgänger, externe Berater und einige Geschäftsführer hatten, neben einem erstklassigen Dinner oder Lunch, von den Reisen jeweils neue Preiserhöhungen im Gepäck mitgebracht.
>
> So wollte ich nicht „enden", also bereitete ich mit meinem Team eine global taugliche Anfrage mit Mustern vor und schickte diese an einen chinesischen Freund, mit der Bitte: „Chunwen, (er spricht Deutsch) du musst mir helfen."
>
> Von diesem lohnintensiv hergestellten Material hatte er, genauso wie sein gesamtes Team, zunächst keinen blassen Schimmer. Aber er wusste, was zu tun war. Sein über ganz China verteiltes Netzwerk ging nun auf die Suche nach potenziellen Lieferanten. Alle, die interessant genug erschienen, besuchte er vorab. Innerhalb von drei Wochen lagen mir die Daten dieser Unternehmen und Angebote von sechs Lieferanten vor. Da-

nach machte ich mich auf den Weg und am Ende der Reise waren zwei davon mit der Bemusterung beauftragt. Einer jener Lieferanten verkörpert nun die Dual Source mit einem Preisvorteil von 25 %. Der einstige Monopolist wurde durch bewusst und gezielt gestreute Informationen gewarnt und die willkürlichen Preiserhöhungen hatten nun ein Ende.

5.2.3.3 Lieferantenevaluierung

Die Phase der Lieferantenevaluierung zielt darauf ab, mögliche Probleme in Strukturen und Prozessen gezielt zu erkennen und zu bewerten. Der Schwerpunkt sollte hierbei auf der Betrachtung von Produktionsprozessen, Qualitätsstandards und vorgelagerten Lieferketten liegen, deren Reifegrad nach der folgenden allgemeinen Vorgehensweise festgelegt werden kann:

- Stärken, Schwächen & Risiken bestimmen: Prozessanalyse und Prozess-FMEA
- Prozesse evaluieren: Vergleich der gegenwärtigen Prozesse mit den verbreiteten und optimalen Vorgehensweisen in westlichen Betrieben, Festlegung des Support-Levels für den Lieferanten
- Bestimmten Erkenntnissen Priorität geben: Welche Fragen sind entscheidend für Produktqualität und Lieferverlässlichkeit?
- Projekte definieren: Für jedes Thema/jede Themengruppe Projekte spezifizieren (Ziele, Termine, Rolle der Parteien, etc. ...)

Hierbei kann der im Kap. 6 vorgestellte Readiness Rollup zum Einsatz kommen, um zu ermitteln, ob die gegebenen Strukturen den Anforderungen entsprechen bzw. was zu verbessern ist.

5.2.3.4 Lieferantenentwicklung

Die Lieferantenentwicklung zielt darauf ab, die geforderten Qualitäts- und Logistikziele im Rahmen des Serienanlaufs zu erreichen sowie die Leistung und die Kosten im Anschluss daran zu optimieren. Hierbei sollte der chinesische Lieferant aktiv unterstützt und gefördert werden, wobei eine Reihe von anspruchsvollen Aufgaben umgesetzt und gesteuert werden müssen. So ist beispielsweise ein umfangreiches technisches Wissen Voraussetzung, um aufkommende Probleme zu lösen. Dies kann auf verschiedenen Ebenen geschehen:

- Technische Planung: Material-Spezifikationen anpassen, alternative Rohmaterialien suchen, Beratung bei der Werkzeuggestaltung
- Einkauf: Evaluierung von Unterlieferanten, Volumenbündelung
- Produktion: Unterstützung bei Prozessoptimierung und Auswahl des Equipments
- Qualität: Einführung von Qualitätsberichten, Unterstützung bei der Einrichtung eines Qualitätssicherungssystems
- Logistik: Entwicklung eines Verpackungskonzepts, Entwicklung neuer Logistikprozesse.

Um längerfristig in China zu agieren, führt in der Praxis kein Weg an der Gründung eines lokal ansässigen Einkaufsbüros vorbei. Jemand muss sich vor Ort beim chinesischen Lieferanten darum kümmern, dass Qualitätsstandards eingehalten werden. In den ersten Monaten eines Produktionsanlaufs erfordert dies nahezu tägliche Anwesenheit, die danach auf einen wöchentlichen Rhythmus reduziert werden kann.

> **Praxistipp**
>
> Ich hätte mir nicht träumen lassen, dass ich einmal 20 chinesischen Mitarbeitern die Grundlagen der Qualitätssicherung beibringen würde. Aber der Reihe nach. Als damaliger Supply-Chain-Verantwortlicher war ich auch für die qualitäts- und termingerechte Lieferung eines Großauftrages für einen deutschen Kaffeeröster zuständig. Das Produkt wurde noch vor Jahren in Deutschland gefertigt, aber aufgrund der Unrentabilität wurde die Produktion eingestellt. Dank der Kostenvorteile in China waren die Herstellkosten jedoch wieder lukrativ und so kam das Geschäft zustande. Der herzustellende und technisch, aber vor allem optisch, anspruchsvolle fahrbare Klapptisch unterlag natürlich den strengen Wareneingangskriterien des Kunden, der für seine harten Sanktionen bei Nichterfüllung der Qualitätsvorgaben und Liefertermine bekannt war. Vor Produktionsbeginn vermittelte ich den chinesischen Mitarbeitern noch einmal persönlich vor Ort, worauf es technisch und qualitätsmäßig ankam und wie zu prüfen sei. Terminlich waren wir schon im Verzug. Kaum zurück in Deutschland, erhielt ich mitten in der Nacht eine Hiobsbotschaft von meinem langjährigen chinesischen Geschäftsfreund Alvey. „We have a problem. The mould for the big plastic part is broken and it is not possible to repair it".
>
> Eine Katastrophe, denn die üblichen Lieferzeiten für ein Werkzeug in dieser Größenordnung liegen im Durchschnitt bei 4–6 Wochen. Nicht so, wenn man in China Freunde hat. Noch am Telefon entschieden wir sofort ein neues Werkzeug zu bauen. Nach sage und schreibe vier Tagen produzierte das neue Spritzgusswerkzeug einwandfreie Teile. Der Rückstand war schnell aufgeholt und die Lieferung ins deutsche Zentrallager erfolgte in letzter Sekunde. In weiser Voraussicht wollte ich bei der Wareneingangsprüfung dabei sein. Und hier war wieder verkäuferisches Talent gefragt, denn es entschieden wie immer Menschen über die Auslegung der harten AQL-Stichprobenrichtlinien (dieses von der US Army im 2. Weltkrieg entwickelte Verfahren legt mit Hilfe von Tabellen fest, bis zu welcher Anzahl von fehlerhaften Produkten eine Charge akzeptiert werden kann und ab welcher Anzahl sie zurückgewiesen wird).
>
> Dieses Beispiel zeigt deutlich, wie sich der Anspruch an das Berufsbild des strategischen Einkäufers vom nur Beschaffer hin zum Allrounder insbesondere mit technischen Kenntnissen entwickelt.

5.2.4 Interne Widerstände

Es gibt eine ganze Reihe Hürden, die genommen werden müssen, um erfolgreich in China einzukaufen. Die erste und entscheidende Hürde befindet sich im Unternehmen selbst, bei der Überwindung interner Widerstände. Die Bedarfsträger müssen von der Validität der chinesischen Angebote überzeugt werden, und da ist Einfallsreichtum gefragt. Typische aus internen Widerständen entstehende Probleme sind:

- **Potenziale erkennen:** Keine klaren Vorgaben und Ziele für die Eignung zum Bezug aus China
- **Lieferantensuche:** Unrealistische Erwartungen an den chinesischen Lieferant „Genau so gut wie der auslaufende Lieferant"
- **Lieferantenqualifizierung:** Keine Ressourcen verfügbar
- **Musterqualifizierung:** Nichtverfügbarkeit von Ressourcen, schlechte Kommunikation und lange Qualifizierungsphasen
- **Neue Bestellungen:** Andere Abteilungen ziehen nicht mit, alte Verträge werden verlängert, Bestände aufgebaut

Praxistipp: Wie lassen sich interne Widerstände überwinden?

Wie Studien seit Jahren belegen, liegt die größte Hürde beim Global Sourcing im Überwinden interner Widerstände. Erschwerend kommt hinzu, dass daraus resultierende Konflikte von der „Gegenseite" meistens nicht offen, sondern hinterrücks ausgetragen werden. Aber wie begegnet man dem?

Ist die Entscheidung Global Sourcing zu betreiben einmal gefallen, dann darf man nicht halbherzig daran gehen, denn es gab gute Gründe für diese Entscheidung. Und genau diese Gründe liefern auch zunächst die besten Argumente. Dann heißt es die Prozessbeteiligten mit der Einhaltung hoch gestellter Ziele, die Qualität und Liefertreue betreffend, zu überzeugen. Speziell die Savings und Cost-Avoidances sind gerne gesehen. Dass diese aber durch die Beschaffung in LCC erzeugt werden, davon will kaum einer etwas wissen, was übrigens auch oft für Vorstände gilt. Bewährt hat sich aus meiner Erfahrung, die möglichen Potenziale in Mannkosten pro Jahr, also Arbeitsplätzen, zu messen und klar zu machen, dass dadurch die Majorität der Arbeitsplätze gesichert wird. Das ist eine verständliche Sprache für Betriebsräte und weniger gut informierte Mitarbeiter im Unternehmen, die ganz natürlich zunächst zu den Gegnern zählen. Dabei liegt die Kunst darin, diese von Beginn an gezielt und ausreichend informiert zu halten. Noch effizienter ist es jedoch, diese soweit wie möglich mit in Entscheidungen einzubinden oder gar auf einer Reise zum globalen Partner einmal mit zu nehmen. Ab dann läuft alles „wie geschmiert" und wird somit oft zum „gemeinsamen Baby".

5.3 Compliance

Der Begriff Compliance steht für die Einhaltung von Gesetzen und Richtlinien sowie die Erfüllung selbst gesetzter ethischer Standards. Besonders im unternehmerischen Kontext wird der richtige Umgang mit Compliance zunehmend wichtiger, denn bei Verfehlungen müssen die beteiligten Personen nicht nur mit empfindlichen Strafzahlungen bis hin zu Haftstrafen rechnen, sondern das gesamte Unternehmen kommt dadurch schnell in die Schlagzeilen, wodurch das Image des Unternehmens stark beeinträchtigt werden kann. Häufig werden daher in Compliance-Richtlinien Verhaltensweisen zu Korruption, Kinderarbeit, Diskriminierung sowie Arbeits- und Gesundheitsschutz unternehmensweit festgelegt.

Der Einkäufer ist in diesem Zusammenhang einer besonderen Gefahr ausgesetzt, da er den Großteil der betrieblichen Ausgaben verantwortet und somit unweigerlich die Begehrlichkeiten der Lieferanten weckt. Verschärft wird diese Gefahr im Kontext von international ausgerichteten Einkaufsaktivitäten, da Vorgaben wie Datenschutz, Korruption oder der Umgang mit Straftaten in anderen Teilen der Welt durchaus von der deutschen Rechtsauffassung abweichen können. Besonders in asiatischen Kulturen ist die Beziehungspflege ein wichtiger Bestandteil eines erfolgreichen Geschäftsabschlusses. Daher sind Geschenke, Einladungen zu teuren Essen oder Gefälligkeiten für Angehörige nichts Ungewöhnliches. Aus Sicht der westlichen Geschäftswelt kann hingegen schnell der Eindruck von Bestechlichkeit geweckt werden. Vor diesem Hintergrund müssen Einkäufer auf solche Situationen vorbereitet sein und klare Richtlinien an die Hand bekommen, um im Zweifel nicht selbst entscheiden zu müssen, was rechtlich und moralisch vertretbar ist und was nicht.

Praxistipp

Beim Thema Global Sourcing wird sich so mancher „Compliance-Hüter" schwer tun. Pauschale Richtlinien und genau definierte Grenzen geben in der Regel Sicherheit, sind jedoch nicht eins zu eins auf globale Bedingungen übertragbar. Ist der eine Einkäufer schon nach einem gepflegten Abendessen nicht mehr frei in seinen Entscheidungen, so ist ein anderer nach dem Genuss deutlich großzügigerer Annehmlichkeiten noch völlig unabhängig. Geht man zum Beispiel in Deutschland mit einem Lieferanten Essen, so ist das schon anrüchig. Schlage ich in Frankreich, Italien oder Spanien ein Essen aus, so schadet dies der Geschäftsbeziehung und damit auch dem eigenen Unternehmen. Wo ist hier die Grenze zu ziehen?

Die Lösung liegt möglicherweise in einer global tauglichen Compliance-Vorschrift, die von international erfahrenen Einkäufern wesentlich mitgestaltet werden muss, mir aber so noch nicht unter gekommen ist, erst recht nicht chinatauglich. Vertrauensgewinn und den letzten Yuan erntet man nämlich erst, wenn es nach einem stundenlangen feuchtfröhlichen Essen aussieht wie auf einem Schlachtfeld. Dabei ist es auch nicht von Nachteil, wenn man gegenüber dem Geschäftspartner genbedingt im Vorteil ist, was die Verträglichkeit von Alkohol angeht. All dies hat aus meiner Sicht mit Bestechung nichts zu tun. Aber ein kritisches Merkmal, nämlich in welchem Stadium eines Geschäftes ich mich befinde, sollte immer beachtet werden. Da ist auch in Deutschland die Einladung in eine VIP-Lounge in einer Vorvertragsphase aus meiner Sicht schon sehr bedenklich. Am Ende eines erfolgreichen Geschäftes sehe ich das eher als unkritisch an. Ich wurde jedoch noch mit ganz anderen „Angeboten" konfrontiert. Vom Surfbrett, über mehrere Einladungen in VIP-Lounges zu hochklassigen Fußballspielen in Deutschland und im Ausland, kostenlose Urlaubsreisen mit meiner Familie nach Kreta, bis zu einem Überraschungsgeschenk in Form einer aufreizenden mir unbekannten „Dame" auf meinem Zimmer während eines Lieferantenbesuches in Griechenland, und dies sind nur einige Beispiele von entsprechenden „Gelegenheiten". Und da habe ich mir eine einfache Regel zu eigen gemacht, die ich seit über 20 Jahren befolge:

Verhalte dich so, dass du jederzeit mit einem Lieferanten Schluss machen kannst!

Nebenbei hatte der o. g. griechische Aluminium-Lieferant nach diesem Vorfall auch das letzte Gramm (Umsatz bis dahin ca. 4 Mio. DM/Jahr) geliefert, denn ein zweiter Grundsatz lautet: Führe mich nicht in Versuchung.

5.4 Know-how-Schutz

Ebenso wie Compliance erhält auch das Thema Know-how-Schutz im Rahmen von Global Sourcing einen wichtigen Stellenwert. Daher sollten vor dem Know-how-Transfer einige grundlegende Regeln beachtet werden:

- Bei Dokumenten immer vermerken, dass diese vertraulich zu behandeln sind
- Keine Aushändigung von vollständigen Plänen
- Streuung der lokalen Einkäufe zwischen mehreren Lieferanten
- Vorsicht bei Übersetzern und Übersetzungsbüros
- Abschluss von Geheimhaltungsvereinbarungen
- Schulung und Sensibilisierung der Mitarbeiter
- Marken- und Schutzrechte auch im Bezugsland registrieren lassen, auch wenn die Produkte dort nicht verkauft werden sollen
- Falls umfangreicher Know-how-Transfer notwendig wird, möglichst Exklusivität und Nutzungsentgelt (Licencing Fee) aushandeln

Um gewerblicher Schutzrechte erfolgreich durchzusetzen, sind umfangreiche Kenntnisse der örtlichen Gegebenheiten zwingend erforderlich. Denn die Realität zeigt, dass Markenpiraten und Fälscher regelmäßig zur Strecke gebracht werden.

Praxistipp
Schon über 10 Jahre ist es her, dass ich regelmäßig auf der größten Messe für Konsumgüterartikel in Hong Kong (heute findet diese in Guangzhou statt) unterwegs war, als

plötzlich mein Handy klingelte. Unser Vertriebsleiter hatte ein dringendes Anliegen: „Wir brauchen für unseren Kunden X einen Abfallsammler (im Volksmund auch Mülleimer genannt) wie unser Veneto (Name geändert), aber aus Kunststoff und mit den gleichen Abmessungen wie das Original aus Edelstahl." Übrigens ist dies ein häufiger Fehler im Global Sourcing und ein alltägliches Beispiel wie „detailliert" zumindest damals Spezifikationen für die globale Beschaffung in dieser Branche ausfielen und somit eine wesentliche Fehlerquelle darstellten. Aber, kundenorientiert erzogen, reizte mich diese Aufgabe und ich ging frohen Mutes auf die Suche nach einem geeigneten Lieferanten, der in der Lage war, den Artikel zu produzieren. Nach einer Stunde traute ich meinen Augen nicht. Ein thailändischer Aussteller präsentierte exakt dieses Modell und noch dazu in mehreren Größen aus Kunststoff, genauso wie es unser Kunde wollte. Es handelte sich unverkennbar (bis auf das Material) um eine exakte Kopie unseres Top-Abfallsammlers. Ich suchte das Gespräch, fragte nach dem Preis und ob der Artikel auch nach Deutschland exportiert würde. Nein, Deutschland ginge leider nicht, da gäbe es rechtliche Probleme. „Das Problem steht vor Ihnen" sagte ich und gab mich als Beschaffungsverantwortlicher des deutschen Markenherstellers und damit des Vorlagengebers zu erkennen.

„Kannst du jemanden nicht schlagen, dann arbeite mit ihm zusammen", besagt eine alte Weisheit, denn eine rechtliche Handhabe hatten wir aufgrund einer halbherzigen Produkt-und Know-how-Schutzpolitik nicht (der zweite Kardinalsfehler). Und so waren wir uns nach dem üblichen Preisgeplänkel schnell einig. Da ließen die nicht notwendigen Investitionen, der niedrige Preis und vor allem die schnelle Verfügbarkeit den verletzten Stolz, kopiert worden zu sein, schnell vergessen. – Auch das ist Global Sourcing!

5.5 Kulturelle Besonderheiten

Eine entscheidende Hürde, um international erfolgreich einzukaufen, sind kulturelle Barrieren. Eine wirklich intensive Zusammenarbeit mit ausländischen Partnern kann nur erfolgen, wenn sich die unterschiedlichen Kulturen einander annähern. Die eigene Kultur entscheidet dabei darüber, wie man das Verhalten anderer Kulturen interpretiert. Das richtige Verständnis ist wichtiger als Nachahmung. Einige kulturelle Unterschiede sollen in den Abb. 5.4 und 5.5 verdeutlicht werden.

> **Praxistipp: Umgang mit asiatischen Kulturen**
>
> Natürlich sind auch Asiaten nicht gleich Asiaten. Obwohl ich meine leider nicht so positiven Erfahrungen mit indischen Geschäftspartnern auch zum Besten geben könnte, beschränke ich mich nachfolgend kurz auf Japan, Korea und China.
>
> In Japan werden Disziplin und vor allem Pünktlichkeit großgeschrieben. Gewöhnungsbedürftig für Japan-unerfahrene Geschäftsleute ist die extrem lange Dauer durch die Instanzen (nemawashi) bei Entscheidungen. Sind diese Entscheidungen

Kriterium	China	Deutschland	USA	Japan
Kommunikation	• Schüchtern und schweigsam • Bescheiden • Denken und nicht sprechen • Warten, bis aufgefordert wird zu sprechen	• Aufmerksam • Höflich korrekt • Erst denken, dann reden • Reden wenn nötig	• Kontaktfreudig • Aggressiv • Sprechen, während denken • Reden viel	• Untertreibend, Bescheiden, Harmonisch und Betont • Denken und nicht sprechen • Warten, bis aufgefordert wird zu sprechen • Schüchtern aufgrund Englischkenntnisse • Fließend, wenn japanisch gesprochen wird • Interne Abstimmung vor Zusagen • Schlechte Nachrichten anschließend in einem persönlichen Gespräch
Einstellung zur Autorität	• Gehorsam	• Fragend und ausprobierend	• Infragestellend • Zurückdrängend	• Gehorsam • Interne Entscheidungen höhere Priorität als Autorität

Abb. 5.4 Lokale Kulturen und Werte 1/2

Kriterium	China	Deutschland	USA	Japan
Ausführung von Entscheidungen	• Mehr oder weniger wie gesagt, wenn verstanden	• Wie geplant	• Pragmatisch	• Genauso wie gesagt • Entscheidungen erst nach interner Absprache
Einstellung zu Veränderungen	• Nur, wenn es sein muss	• Wie geplant	• Wenn nötig immer • Sofort nach Zustimmung	• Kontinuierliche Verbesserung • Wenn in der Vergangenheit bereits so ein Fall, dann Veränderung • Wenn nicht, weiter wie bisher
Kreativität	• Nicht immer nach Regeln	• Logisch denken	• Um die Ecke denken	• Flexibel • Kopieren und Innovationen vornehmen • Neue Ideen nur, wenn im Konsens verabschiedet
Rechtsform	• Gesetzbuch	• Gesetzbuch	• Gesetzbuch und Rechtsprechung	• Gesetzbuch

Abb. 5.5 Lokale Kulturen und Werte 2/2

jedoch einmal getroffen, kann man sich ruhig schlafen legen, denn sie werden penibel umgesetzt.

5.5 Kulturelle Besonderheiten

Besonders in Meetings ist Spontanität nicht gerne gesehen. Denn Argumente kennt der Japaner lieber vorher und hat diese am liebsten vorab klar und verständlich in schriftlicher Form vorliegen. Auf ein personenbezogenes Feedback, auch wenn es positiv ausfällt, sollte man verzichten, denn der Einzelne sollte nicht aus der Gruppe hervorgehoben werden. Umfangreiche Protokolle und Berichte folgen dann den Gesprächen.

Dies sind nur einige Aspekte der gängigen Lehre für den Umgang in der japanischen Geschäftswelt, die sich mein Team und ich bei Schulungen und in der Praxis aneigneten. Und trotzdem hatte ich in den letzten Jahren einiges falsch gemacht. Ich werde nie vergessen wie ich einen Top Manager eines namhaften japanischen Konzerns in meinem Wagen zu einer Spritztour einlud. Ich bat ihn, doch neben mir Platz zu nehmen, seine Mitarbeiter mussten sich auf den Rücksitz meines Zweitürers quetschen. Erst später lernte ich, dass der Platz des Ranghöchsten hinter dem Fahrer ist und der Rangniedrigste der japanischen Delegation neben dem Fahrer Platz findet.

Aber aus meiner Sicht sind die Zeiten langsam vorbei, in denen man sich strikt den kulturspezifischen Gepflogenheiten angepasst hat. Auch der japanische Geschäftspartner versteht mittlerweile zumindest die europäischen Geschäftspraktiken und verzeiht auch einmal die Missachtung der teilweise Jahrhunderte alten Regeln.

Trotz einiger Gemeinsamkeiten, wie beispielsweise das nicht Hervorheben eines Gruppenmitgliedes, sei es positiv oder negativ, tickt China doch noch mal anders, aber nicht weniger spezifisch. Schon dem Schulkind werden in China die Sechsunddreißig Strategeme (Chinesisch: 三十六計; Pinyin: *sanshiliu ji*) beigebracht. Sie sind eine Sammlung von alten Kriegslisten die dem chinesischen General Tan Daoji († 436) zugeschrieben werden.

Was hat das mit Global Sourcing zu tun? Ganz einfach, diese finden, wenn auch in abgewandelter Form, noch heute ihre Anwendung und sind mir teilweise persönlich begegnet. So zum Beispiel:

Stragem Nr. 4 *Ausgeruht den erschöpften Feind erwarten.*

In den ersten Jahren meiner Chinareisen dauerte die Anreise über 24 Stunden bis ich, wenn auch hoffentlich nicht als Feind, bei dem Lieferanten vor Ort eintraf. Da war der Gastgeber doch deutlich im Vorteil und eine gute Portion Durchhaltevermögen war gefragt, um nicht, wie auch geschehen, während der Besprechung meine Ziele aus dem Auge zu verlieren, oder gar einzunicken.

Stragem Nr. 10 *Hinter dem Lächeln den Dolch verbergen*

Es bedurfte schon einiger schmerzlicher Erfahrungen, um zu verstehen, dass die Bedeutung eines Lächelns in Europa einen anderen Stellenwert innehat, als in Asien.

Stragem Nr. 16 *Will man etwas fangen, muss man es zunächst loslassen*

Eine schöne List, von der man verhandlungstechnisch einiges lernen kann, indem man zunächst wenig Interesse für das Begehrte heuchelt.

Stragem Nr. 28 *Auf das Dach locken, um dann die Leiter wegzuziehen*

Witzigerweise lernte ich diese Strategie während meiner Zeit bei einem Leiternhersteller kennen. Zunächst mit guten Preisen und Qualitätsversprechen (bildlich gesehen) aufs Dach gelockt, gab es mit dem Zusammenschmelzen des Zeitpuffers keinen Weg mehr zurück bzw. von der Leiter hinunter. Zu spät bemerkte ich die Diskrepanz zwischen Versprechen und Realität und leider gab es öfter keinen Weg mehr zurück.

Stragem Nr. 29 *Dürre Bäume mit künstlichen Blüten schmücken*

Hier fällt mir spontan ein, dass die vor der Auftragsvergabe oder gar beim Audit besuchten Fertigungsstätten manchmal nicht die waren, die später tatsächlich produzierten.
Erst als ich Native Speaker nutzte, die unangemeldet kontrollierten, ob und mit wem in der Fabrik produziert wurde, und vertraglich diese Schlitzohrigkeit mit empfindlichen Strafen ausdrücklich untersagt wurde, war das Thema beendet.
Unterm Strich sei aber gesagt, dass man trotz der kulturellen Unterschiede keine Berührungsängste haben sollte. Die Chancen sowohl für das Unternehmen als auch für einen selbst überwiegen und helfen ganz nebenbei den begehrten Blick über den europäischen Tellerrand hinaus zu erhaschen.

5.6 Ausblick

Mit einem Blick in die Zukunft zeichnen sich folgende Trends ab: Umweltkatastrophen werden weiter zunehmen und dies gerade in beschaffungstechnisch interessanten Regionen. Lieferanten müssen tendenziell viel früher in den Produktentstehungsprozess mit eingebunden werden und das gilt auch zunehmend für zu entwickelnde globale Partner. In den nächsten drei bis fünf Jahren wird sich das globale Beschaffungsvolumen verdoppeln und damit im Schnitt bis zu einem Viertel des Portfolios ausmachen. China wird im gleichen Zeitfenster sicher noch eine lukrative Beschaffungsquelle im Best-Cost-Bereich bleiben, befindet sich jedoch nicht nur industriestrategisch im Wandel. Weg von der Billigproduktionsstätte der Welt setzt das Reich der Mitte auf alternative Energien und Materialien, Sicherheits- und Umwelttechnologien bis hin zum Großflugzeugbau. In drei bis fünf Jahren erwarten Experten jedoch zunehmend soziale und politische Spannungen und spätestens dann würde China aus Beschaffungssicht deutlich an Bedeutung verlieren.
Indien erfüllt, bis auf lokale Ausnahmen, schon heute die in das aufstrebende Land gesetzten Hoffnungen als globale Quelle bei Weitem nicht. Vietnam wird nach jüngsten Anpassungen wieder positiver bewertet. Thailand bewies bei der Flutkatastrophe große

5.6 Ausblick

Widerstandskraft und wird als Beschaffungsregion an Bedeutung weiter zunehmen. Sehr positiv sehen Experten wie Prof. Dr. Heilmann von der Universität in Trier die Entwicklung von Bangladesch, Indonesien aber insbesondere Malaysia, die aktuell wesentlich zur Diversifizierung weg von China beitragen.

Global Sourcing heißt aber nicht automatisch Asien oder gar China, denn fast vor unsere Haustüre findet man mit deutlich niedrigerem Risiko freie Kapazitäten mit einem lange nicht da gewesenen Preis-Leistungs-Verhältnis wie zum Beispiel auf der Iberischen Halbinsel.

Risikomanagement im Einkauf 6

> **Zusammenfassung**
> Der Leser erhält im folgenden Kapitel einen Überblick über die Bedeutung und Notwendigkeit von Risikomanagement, insbesondere mit Bezug auf unser Thema Einkauf. Darüber hinaus wird er in die Lage versetzt, anhand eines systematischen Ablaufs Risiken zu identifizieren, zu bewerten, zu steuern und zu kontrollieren. Des Weiteren bekommt der Leser die besondere Dringlichkeit von risikosteuernden Maßnahmen in Bezug auf Zulieferbeziehungen aufgezeigt, um diese zu reduzieren und präventiv zu managen.

6.1 Grundlagen des Risikomanagements

Mittelständische Unternehmen stehen vor enormen Herausforderungen, wollen sie im dynamischen Wirtschaftsumfeld und hart umkämpften internationalen Wettbewerb erfolgreich bestehen. Eine weiter zunehmende Globalisierung, wachsende Komplexität und rasante Entwicklungen im Bereich der Informationstechnologien bieten enorme Chancen, bringen aber auch ständig neue Risiken mit sich. So hatten beispielsweise ein verheerendes Erdbeben in Japan, ein Vulkanausbruch in Island oder eine Jahrhundertflut in Thailand im Jahr 2011 einen enormen Einfluss auf die globale Unternehmenswelt. Nach Einschätzung des Rückversicherers Swiss Re war das Jahr 2011 mit seinen Erdbeben, Überflutungen und Stürmen das bisher teuerste in den Geschichtsbüchern. So wird der volkswirtschaftliche Gesamtschaden auf 350 Mrd. US-Dollar nach 226 Mrd. US-Dollar im Vorjahr beziffert, was einer Zunahme von etwa 58 % entspricht. Des Weiteren erschwert eine zunehmende Dynamik im gesamten wirtschaftlichen Umfeld mit instabilen Märkten und Rahmenbedingungen langfristige Planungen der Unternehmen, was sich in einer steigenden Anzahl an Firmeninsolvenzen widerspiegelt. Dadurch hat das Thema Risikomanagement in den vergangenen Jahren mehr und mehr Einzug in die Unternehmen gehalten. Zum einen machen gesetzliche Anforderungen einen ganzheitlichen Risikomanagement-Ansatz zwingend notwendig, zum anderen sind Unternehmen, die langfristig erfolgreich agieren möchten, gezwungen, Risiken im wirtschaftlichen Umfeld frühzeitig zu erkennen und diesen mit geeigneten Maßnahmen zu begegnen.

Eine besondere Rolle nimmt in diesem Zuge der Unternehmensbereich Einkauf ein. Abnehmende Produktlebenszyklen, wachsender Preisdruck, steigende Nachfragemacht und eine stetig zunehmende Globalisierung haben den klassischen Bestellabwickler zu einem Manager externer Wertschöpfung reifen lassen. Hinzu kommt, dass sich der Materialkostenanteil in deutschen Fertigungsunternehmen in den letzten zwanzig Jahren gemessen am Umsatz nahezu verdoppelt hat. Outsourcing, Spezialisierung auf die eigenen Kernkompetenzen oder Reduzierung der Fertigungstiefen sind nur einige Gründe für den steigenden Materialeinsatz. Bei Materialquoten von häufig 50 % und mehr liegt ein enormes Gefahrenpotenzial in den Wertschöpfungsnetzwerken. Ungeplante Ereignisse, ausgelöst durch Versorgungsengpässe oder Lieferantenzusammenbrüche in verzweigten Lieferketten, können schnell einen Domino-Effekt auslösen und dadurch massive Auswirkungen auf den eigenen Unternehmenserfolg haben. Ein übergreifendes, ganzheitliches Risikomanagement wird somit zu einer konkreten Aufgabe des strategischen Einkaufs. Daraus ergibt sich die Frage, wie ein solches Risikomanagement in der betrieblichen Praxis aussehen kann. Welche Risikoarten hat der Unternehmensbereich Einkauf zu verantworten und welche Auswirkungen hat das Risikomanagement auf die Einkaufsstrategie?

Aufgrund von strategisch, unternehmenspolitisch und technologisch eng verzahnten Partnerschaften mit Zulieferern ist in diesem Zusammenhang außerdem zu klären, welche besondere Rolle die Risiken einer Lieferanteninsolvenz und einer Lieferunfähigkeit einnehmen und wie man diesen Risiken mit Hilfe präventiver Maßnahmen begegnen kann.

Aufgrund der Neuartigkeit, Aktualität und der zunehmenden Relevanz von Risikomanagement im Einkauf erfolgt im weiteren Verlauf eine intensive Erörterung dieses Themenkomplexes. Zur besseren Einordnung und um unterschiedliche Interpretationen zu vermeiden, erfolgt zunächst eine Erläuterung und Abgrenzung der begrifflichen Grundlagen. Nach dem Abstecken der rechtlichen Rahmenbedingungen sowie der Einordnung der wirtschaftlichen Bedeutung von Risikomanagement sollen anschließend die Grundlagen des Risikomanagements im Einkauf und deren Besonderheiten dargestellt werden.

6.1.1 Abgrenzung des Risikobegriffs

Innerhalb der Betriebswirtschaftslehre existiert bis heute keine allgemein anerkannte und verbindliche Definition des Risikobegriffs. Häufig wird zwischen zwei sich ergänzenden Begriffsverständnissen differenziert, der ursachenbezogenen und der wirkungsbezogenen Risikodefinition. Auf seine Ursachen bezogen ist ein Risiko definiert als unvollkommene Information über die Zukunft bei unternehmerischen Entscheidungen. Das Erreichen von Zielen kann durch den Eintritt unvorhersehbarer Entwicklungen und Ereignisse beeinträchtigt werden. Die Möglichkeit einer solchen (negativen) Abweichung von einem

6.1 Grundlagen des Risikomanagements

Ziel bildet den Kern der zweiten, wirkungsbezogenen Risikodefinition[1]. Aus diesen beiden Bestandteilen geht ein gemeinsamer Konsens hervor, der sich auf die Möglichkeit einer negativen Abweichung von einer Bezugsgröße bezieht. Somit kann Risiko verstanden werden als der mögliche Eintritt eines Ereignisses, welches die Erreichung bestimmter Ziele, die auf der Grundlage unvollkommener Erwartungen gebildet wurden, negativ beeinflusst[2].

Das Risikomanagement stellt dabei eine Form der Unternehmensführung dar, welche auf die Reduktion von Risiken abzielt. Ziel ist dabei nicht die vollständige Vermeidung, sondern der kontrollierte und effektive Umgang mit Risiken. Darunter versteht man die Gesamtheit aller Maßnahmen, die eingesetzt werden, um potenzielle Risiken zu erkennen und zu bewerten, sowie bereits bekannte Risiken mit geeigneten Strategien und Methoden zu beherrschen. Zusammengefasst sind die Hauptaufgaben des Risikomanagements die frühzeitige Identifikation von Risiken, die Bewusstmachung der Konsequenzen bei der Übernahme, die Limitierung von erfolgsgefährdenden Risiken sowie eine effiziente Risikobewältigung[3].

6.1.2 Gesetzliche und finanztechnische Rahmenbedingungen

Der Aspekt des Risikomanagements wurde durch den Gesetzgeber lange Zeit vernachlässigt, gewinnt jedoch in der aktuellen Diskussion zunehmend an Bedeutung. Die rechtlichen Voraussetzungen für das Risikomanagement lassen sich auf wenige Gesetze beschränken. Die Basis bildet das Gesetz zur Kontrolle und Transparenz im Unternehmensbereich (KonTraG) von 1998, welches als Erweiterung des Aktien- und GmbH-Gesetzes angesehen werden kann. Dort wird der Vorstand eines Unternehmens angehalten, geeignete Maßnahmen zu treffen, insbesondere ein Überwachungssystem einzurichten, damit den Fortbestand der Gesellschaft gefährdende Entwicklungen früh erkannt werden. Des Weiteren muss das Risikomanagementsystem von Aktiengesellschaften gewährleisten, dass bestandsgefährdende Risiken frühzeitig erkannt werden. Diese Sorgfaltspflichten gelten in entsprechender Weise auch für die Geschäftsführer anderer Rechtsformen (z. B. GmbH). Zielvorgabe des KonTraG ist es, sicherzustellen, dass für das Unternehmen existenzgefährdende Risiken frühzeitig identifiziert und abgewehrt werden können. Über die Ausprägungen der Systeme gibt es keine konkreten Richtlinien.

Neben den gesetzlichen Anforderungen werden Risikomanagementsysteme zunehmend von finanztechnischen Rahmenbedingungen geprägt. Dazu zählt die vom Baseler Ausschuss für Bankenaufsicht erarbeitete Baseler Eigenkapitalvereinbarung Basel II, wodurch die Sicherheit und Solidität des internationalen Finanzwesens stabilisiert werden soll. Herzstück der Baseler Rahmenvereinbarung bildet eine quantitative Eigenkapitalanforderung an Banken, die sich aus unterschiedlichen komplexen Verfahren zur Messung

---

[1] Siebermann und Vahrenkamp (2007, S. 14).
[2] Vgl. Brünger (2011, S. 16).
[3] Grundmann (2008, S. 10).

der relativen Risiken ergeben. Die Risiken setzen sich dabei aus Kredit-, Markt- und erstmals auch aus operationellen Risiken zusammen. Um den Eigenkapitalbedarf optimal gestalten zu können, setzen Banken Ratingverfahren ein, um die Bonität ihrer Kunden zu messen. Verfügt ein Unternehmen über ein funktionsfähiges Risikomanagementsystem, stellt dies eine Sicherheit für die kreditgebende Bank dar und wirkt sich daher positiv auf die Bonität aus[4], was somit direkte Auswirkungen auf die Fremdkapitalkosten von Unternehmen hat.

Ab 2013 tritt schrittweise das Reformpaket Basel III in Kraft, welches die Reaktion auf die von der weltweiten Finanz- und Wirtschaftskrise 2007 offengelegten Schwächen der bisherigen Bankenregulierung darstellt. Basel III umfasst unter anderem eine Erhöhung der Kernkapitalquote bei Banken. Daraus resultierend werden weitere Verbesserungen bei der Qualität von Risikomanagementsystemen erwartet, es wird aber auch die verstärkte Weitergabe dieser Anforderungen an Personen und Unternehmen zur Folge haben.

6.1.3 Wirtschaftliche Bedeutung von Risiken

Nach einer Studie des Fraunhofer-Instituts aus dem Jahr 2010, glauben 86 % der befragten Unternehmen, dass das Risikomanagement für ihr Unternehmen deutlich an Bedeutung hinzugewonnen hat[5]. Neben den gesetzlichen Anforderungen sind es aber vor allem wirtschaftliche Aspekte, die das zunehmende Interesse des Risikomanagements in den Unternehmen begründet. Ausgelöst wird diese Entwicklung von ständigen Veränderungen der wirtschaftlichen, technischen, politischen, rechtlichen oder gesellschaftlichen Rahmenbedingungen. Hinzu kommen steigende Erwartungen von Eigentümern, Mitarbeitern und der Öffentlichkeit sowie zunehmende Anforderungen an die Effizienz der Unternehmen.

Insbesondere für exportorientierte Unternehmen kann das Risikomanagement ein entscheidender Wettbewerbsfaktor sein. Schwankungen an Rohstoff- oder Währungsmärkten können die Kalkulationen der Unternehmen erheblich beeinträchtigen. Hinzu kommt ein ansteigender, globaler Trend hinsichtlich Naturkatastrophen. Im Rahmen von veränderten wirtschaftlichen Strukturen bleiben die Auswirkungen von Naturkatastrophen nicht mehr auf die betroffenen Gebiete beschränkt. Globale Finanzverflechtungen und Lieferketten lassen die Folgen von Naturkatastrophen weltweit spürbar werden. So hat beispielsweise die wochenlang anhaltende Jahrhundertflut in Thailand im Herbst 2011 in der Elektronik- und Automobilindustrie (siehe Kap. 5) weltweit für Materialengpässe oder gar ruhende Produktionen gesorgt, denn durch den Ausfall wichtiger asiatischer Zulieferer wurden Abnehmer weltweit in Mitleidenschaft gezogen.

Unternehmen haben somit oft gar keine andere Wahl, als das Thema Risikomanagement ernst zu nehmen. Vielmehr bietet sich die Chance mit Hilfe eines effektiven Risikomanagementsystems echte Ergebnisverbesserungen zu erreichen, wenn bewusst entschieden wird,

---

[4] Vgl. Fiege (2006, S. 71).
[5] Schatz et al. (2010, S. 33).

welche Risiken eingegangen werden und gleichzeitig vorhandene Risiken begrenzt und gesteuert werden.

6.1.4 Risikomanagement im Einkauf

Im klassischen Sinne umfasst der Bereich Einkauf alle strategischen und operativen Tätigkeiten, die mit der Versorgung von Werkstoffen, Waren oder Betriebsmitteln verbunden sind, worauf in Kap. 1 näher eingegangen wurde.

Die zunehmende strategische Ausrichtung der Einkaufsfunktion basiert zum einen auf den gestiegenen zu verantwortenden Beschaffungsvolumen, wodurch das Unternehmensergebnis immer stärker von der Kompetenz des Einkaufs abhängt. Darüber hinaus ist es aber die zunehmende Komplexität der Beschaffungsfelder, begründet durch Outsourcing, Spezialisierung auf die eigenen Kernkompetenzen oder die Reduzierung der Fertigungstiefe, die den Einkauf strategisch prägen. Denn gerade durch diese Konzentration auf die eigenen Stärken begeben sich Unternehmen oft in hohe Abhängigkeitsverhältnisse mit ihren Lieferanten. Fallen Lieferanten von heute auf morgen weg, sind kostenintensive Versorgungsengpässe nur der Beginn der Problematik. Weitere ungeplante Investitionen müssen für die anschließende Suche und Qualifizierung neuer Partner getätigt werden. Des Weiteren können durch Terminverzug geplante Projekte und Markteinführungen neuer Produkte beeinträchtigt und sogar gefährdet werden.

Im Einkauf setzt das Risikomanagement dort an, wo grundlegende Zielsetzungen der Beschaffung gefährdet werden können[6]. Einkaufsrisiken sind dabei von vielen Faktoren abhängig. Beispielsweise von der Unternehmung selbst, von den zu beschaffenden Gütern, vom Beschaffungsmarkt oder vom Land, aus dem geliefert wird. Einkaufsrisiken sind dabei als ein Teilaspekt eines unternehmensübergreifenden Risikomanagements zu betrachten.

Klassische Beschaffungsrisiken wie Fehlmengen, mangelnde Qualität oder Preisschwankungen nehmen im Zuge globalisierter Märkte weiter an Komplexität zu, da Risiken häufig an den Schnittstellen des eigenen Unternehmens mit den Lieferanten entstehen.

Konkrete Maßnahmen des Risikomanagements im Einkauf sind beispielsweise die gründliche Auswahl, Entwicklung und Überwachung von Lieferanten oder aber das Entwickeln von Handlungsoptionen für den Eintritt möglicher Risikosituationen.

6.2 Risikomanagement-Prozess

Ein grundlegender Erfolgsfaktor des Risikomanagements ist die Risikopolitik, die im Rahmen der Unternehmensstrategie durch die Unternehmensleitung definiert wird. Neben den formalen Elementen eines Risikomanagementsystems nimmt die Risikopolitik als Rahmenbedingung eine zentrale Funktion ein. Sie ist Ausdruck der Bereitschaft, Risiken

---

[6] Vgl. Gabath (2011, S. 15).

einzugehen. Da Risiken aufgrund verschiedener Sichtweisen unterschiedlich wahrgenommen werden können, sind einheitliche risikopolitische Ansätze, die mit normativen Elementen der Unternehmensführung im Einklang stehen, die Basis für die Gestaltung einer Risikomanagementorganisation. Darunter fallen Verhaltensleitlinien, die alle Mitarbeiter im Unternehmen zu einem einheitlichen Risikoumgang anleiten sollen. Ihre Aufgabe ist es, einen nachhaltigen Prozess zur Etablierung des Risikobewusstseins und die Entwicklungen einer Risikokultur anzustoßen. Dieser nachhaltige Prozess erschließt sich mit dem Risikomanagement-Regelkreis zur Steuerung von Standardrisiken. Darin enthalten sind die wesentlichen Prozessschritte des Risikomanagements: Risikoidentifikation, -bewertung, -steuerung und -kontrolle.

6.2.1 Identifikation von Beschaffungsrisiken

Die Risikoidentifikation ist Ausgangspunkt des Risikomanagement-Prozesses und wird häufig als die wichtigste Phase bezeichnet. Denn nur ein identifiziertes Risiko kann in den Prozess eintreten und somit gesteuert werden. Zur Identifizierung der Risiken hat es sich bewährt, dies zentral durch einen Risk-Manager durchzuführen, der organisatorisch dem Bereich Controlling zugeordnet ist. Dieser führt anhand vordefinierter Risikofelder in regelmäßigen Abständen Risiko-Interviews mit den jeweiligen Bereichsleitern durch, wobei diese gleichzeitig als Risikoverantwortliche für die in ihren Risikofeldern identifizierten Risiken fungieren.

Die Bereichsleitung Einkauf trägt somit die Gesamtverantwortung für das Risikomanagement innerhalb des Beschaffungsbereichs. Das Hauptinteresse muss dabei in einer den Anforderungen entsprechenden Gestaltung und Nutzung des Risikomanagementsystems liegen. Nur die konsequente und dauerhafte Unterstützung durch die Bereichsleitung verleiht dem Risikomanagement-Prozess die erforderliche Dynamik und Nachhaltigkeit. Die Risiko-Interviews können unter Zuhilfenahme von Checklisten durchgeführt werden.

Des Weiteren können zur Risikoidentifizierung FMEA-Analysen durchgeführt werden, wodurch Systeme oder Organisationen auf Schwachstellen untersucht werden. Diese Methode findet oft im Bereich Qualitätssicherung Anwendung, da neben dem eigentlichen Fehler auch die Ursachen und deren Auswirkungen ermittelt und bewertet werden.

Im nächsten Schritt empfiehlt es sich, den erarbeiteten Risikokatalog im Rahmen eines Workshops näher zu durchleuchten. Durch eine kritische Auseinandersetzung mit den gesammelten Risiken können die Teilnehmer somit aktuelle Bedrohungspotenziale ermitteln und konkrete Risiken auswählen. Dabei können die ausgewählten Risiken in der Regel in fünf Risikogruppen zusammengefasst werden:

Lieferantenrisiken umfassen alle Risiken, die aus Störungen der Lieferperformance des Lieferanten resultieren. Darunter fallen beispielsweise Risiken die entstehen, wenn:

- Materiallieferungen kurzfristig aufgrund von Lieferanteninsolvenz oder Materialengpass ausfallen
- Abweichungen hinsichtlich Termin, Qualität und Menge eintreten
- Hohe Abhängigkeit vom Lieferanten besteht

Produktrisiken beinhalten alle Risiken aus dem Bereich Qualität und Technologie. Dies sind Risiken, die entstehen wenn:

- Materialien nicht in der geforderten Qualität oder Menge geliefert werden
- Technologien gemeinsam mit Lieferanten entwickelt werden (Know-how-Schutz)
- Technologien zugekauft werden (Black Box)

Logistikrisiken umfassen alle Risiken hinsichtlich des Transports sowie Risiken, die sich aus Störungen der Lieferkette ergeben. Diese Risikogruppe umfasst Risiken, die entstehen wenn:

- Lieferketten global, komplex und verzweigt sind
- Lange Wiederbeschaffungszeiten die Planbarkeit erschweren
- Sendungen während des Transports verloren gehen oder beschädigt werden
- Bedarfsmengen ungünstig festgelegt werden

Markt- und Länderrisiken fassen die Risiken auf den Beschaffungsmärkten zusammen. Darunter fallen Risiken, die entstehen wenn:

- Substitutionsmöglichkeiten aufgrund oligopolistischer bzw. monopolistischer Wettbewerbssituation fehlen
- Sich Änderungen in Materialbezugsländern ergeben, die wirtschaftlich, politisch, gesellschaftlich, gesetzlich oder ökologisch bedingt sind
- Ressourcenengpässe oder Börsenspekulationen (z. B. seltene Erden) zu hohen Preisschwankungen oder Warenengpässen führen
- Währungsschwankungen zu höheren Kosten führen

Prozessrisiken beinhalten Risiken im Zusammenhang mit Prozessen oder Personen. Darunter fallen Risiken, die entstehen wenn:

- Aufgabenbereiche unklar voneinander abgegrenzt sind
- Mittelfristige Terminplanungen nicht eingehalten werden
- Bereichs-Zielsetzungen und Aufgabenbereiche nicht optimal abgestimmt sind
- Stammdaten nicht gepflegt sind
- Maverick-Buying (Beschaffungsaktivitäten vorbei am Einkauf) entsteht
- Compliance-Richtlinien nicht klar definiert und kommuniziert sind

Relevanz	Abweichung vom operativen Ergebnis				Ausprägung
Basis 10.000	in %		in T€		
	von	bis	von	bis	
1	0	1,5%	0	150	Unbedeutende Risiken, die kaum spürbare Abweichungen vom operativen Ergebnis verursachen.
2	1,5%	10%	150	1.000	Mittlere Risiken, die spürbare Abweichungen vom operativen Ergebnis bewirken.
3	10%	40%	1.000	4.000	Bedeutende Risiken, die das operative Ergebnis stark beeinflussen oder sich auch langfristig auswirken.
4	40%	400%	4.000	40.000	Schwerwiegende Risiken, die zu großen Abweichungen von operativen Ergebnis führen und / oder sich auch langfristig erheblich auswirken.
5	400%	-	40.000	-	Kritische Risiken, die den Fortbestand des Unternehmens gefährden können.

Abb. 6.1 Beurteilung des Schadenserwartungswerts

Die fünf Risikogruppen können anschließend in einem zentralen, softwaregestützten Risikomanagementsystem katalogisiert werden und somit bereichsübergreifend in die Unternehmensplanung einfließen.

6.2.2 Bewertung der Einkaufsrisiken

Um geeignete Steuerungsmaßnahmen einleiten zu können, müssen Risiken quantifiziert werden. Dazu werden die Beschaffungsrisiken hinsichtlich ihres Schadenserwartungswerts und der Eintrittswahrscheinlichkeit beurteilt. Die Beurteilung des Schadenserwartungswerts erfolgt mittels einer realen Größe in Form einer möglichen Abweichung vom operativen Ergebnis in Euro. Die Grenzen basieren in der Regel auf dem Eigenkapital und sollten jährlich durch die Unternehmensleitung angepasst werden.

Wie in Abb. 6.1 beispielhaft dargestellt, können Risiken mit einer Auswirkung von null bis 150.000 EUR mit einem Schadenserwartungswert von „eins" beurteilt werden. Risiken, die eine Abweichung von 4 Mio. bis 40 Mio. EUR zur Folge haben, erhalten den Schadenserwartungswert „vier".

Die Einordnung der Risiken hinsichtlich ihrer Eintrittswahrscheinlichkeit kann mittels relativer Kategorien erfolgen. Die Bewertungsskala ist dabei in vier Bewertungsstufen unterteilt:

- Gering = sehr unwahrscheinlicher Risikoeintritt
- Mittel = unwahrscheinlicher Risikoeintritt
- Groß = wahrscheinlicher Risikoeintritt
- Sehr groß = sehr wahrscheinlicher Risikoeintritt

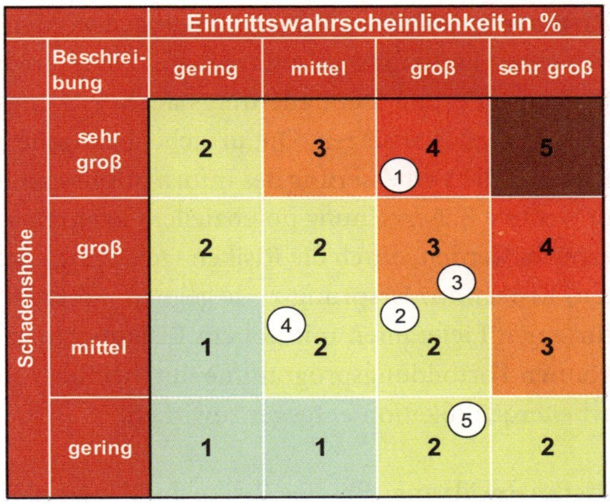

Abb. 6.2 Platzierung der Risiken in einer Risikomatrix

Schadenshöhe \ Eintrittswahrscheinlichkeit in %	gering	mittel	groß	sehr groß
sehr groß	2	3	4 ①	5
groß	2	2	3 ③	4
mittel	1	2 ④	2 ②	3
gering	1	1	2	2 ⑤

Neben zukünftigen Erwartungswerten können in die Bewertung auch Erfahrungen aus der Vergangenheit einfließen. Dabei empfiehlt es sich, die Ergebnisse, wie in Abb. 6.2 angedeutet, in einer Risiko-Matrix festzuhalten.

Die daraus resultierende Relevanz stellt einen Ansatz der vereinfachenden Verdichtung vieler Aspekte der Risiken dar und dient somit der Komplexitätsreduzierung. Die Relevanz dient in der Folge als Filter, um die wichtigen von den unwichtigen Risiken zu trennen. Dadurch wird die Voraussetzung der im nächsten Schritt durchzuführenden Auswahl risikopolitischer Handlungsalternativen gelegt.

6.2.3 Steuerung der Beschaffungsrisiken

Nach der Risikobewertung beginnt mit dem Teilprozess der Risikosteuerung die eigentliche Gestaltungsaufgabe des Risikomanagements. Bei der Risikosteuerung geht es darum, geeignete Strategien für die identifizierten und bewerteten Risiken zu definieren und daraus Maßnahmen für die Begegnung mit den Risiken abzuleiten. Vorrangiges Ziel der Risikosteuerung ist es, die Risiken für den Einkauf zu verringern. Strategien zur Steuerung von Risiken können sich im Wesentlichen auf vier Aspekte erstrecken.

Risikovermeidung Geben Unternehmen wegen zu hoher Risikopotenziale bestimmte Aktivitäten auf, so spricht man von Risikovermeidung. Dieses ursachenbezogene Instrument stellt die absoluteste Form der Risikobewältigung dar. Der Eintritt des Risikos wird verhindert, indem die Eintrittswahrscheinlichkeit auf null reduziert wird. Damit verzichtet das Unternehmen natürlich gleichzeitig auf die mit dem Risiko einhergehenden Chancen. Dies ist beispielsweise der Fall, wenn die Geschäftsbeziehung mit einem Lieferanten eingestellt wird oder ein Beschaffungsmarkt aufgrund politischer Instabilität gänzlich gemieden wird.

Risikoverminderung Ursachenbezogen werden die Eintrittswahrscheinlichkeiten risikobehafteter Ereignisse auf ein tragbares Niveau reduziert, jedoch nicht völlig eliminiert. Die Risikominderung kann allerdings auch wirkungsbezogen durch Verringerung des Schadensausmaßes ansetzen. Die ursachenbezogene Verminderung des Risikos zielt in erster Linie auf die Verbesserung des Informationsstandes des Entscheidungsträgers sowie auf die präventive Beherrschung potenzieller Gefahren ab. Dies kann durch Frühwarnindikatoren erreicht werden, durch die Risiken rechtzeitig erkannt werden und die die Möglichkeit bieten, Risiken im Ursprung zu begegnen. So kann beispielsweise eine zweite Bezugsquelle für einen Lieferanten mit hohem Risikopotenzial frühzeitig erschlossen werden, oder es können Fortbildungsprogramme durchgeführt werden, um Risiken aus mangelnder Mitarbeiterqualifikation entgegenzuwirken.

Risikoabwälzung Bei der Risikoabwälzung bleibt das eigentliche Risiko bestehen, wird aber durch die Nutzung präventiver Maßnahmen häufig auf Dritte übertragen. Der Abschluss von Versicherungen ist dabei das am häufigsten angewendete Steuerungsinstrument[7] und hat bei existenzbedrohenden Risiken höchste Priorität. Dies können beispielsweise Haftpflichtversicherungen oder Betriebsunterbrechungsversicherungen sein. Risikoabwälzung kann allerdings auch die Übertragung von Risiken auf den Lieferanten beinhalten, beispielsweise in Form von Liefer- und Qualitätssicherungsvereinbarungen, Supplier Managed Inventory (SMI) in Form eines Konsignationslagers oder das Outsourcen von Unternehmensaufgaben.

Risikoakzeptanz Risiken mit geringem Schadensausmaß und geringer Eintrittswahrscheinlichkeit können von Unternehmen akzeptiert und selbst getragen werden. Es empfehlen sich Maßnahmen, welche die wirtschaftlichen Folgen der Risikoereignisse eingrenzen. Es empfiehlt sich außerdem, entsprechende Vorkehrungen zu treffen sowie mögliche finanzielle Belastungen durch die Bildung von Rückstellungen abzufedern.

Zur Steuerung der identifizierten und bewerteten Risikogruppen im Einkauf findet jeweils ein Mix aus diesen Strategien Anwendung, da nicht jedes Risiko mit nur einem Ansatz zu handhaben ist. Daher werden im nächsten Schritt bereits bestehende, sowie neue Maßnahmen und Ideen zur Risikobewältigung gesammelt, um den erkannten Risiken zu begegnen. Die gesammelten Maßnahmen und Ideen werden anschließend in konkrete Maßnahmen formuliert und mit einem Start- und Endtermin, sowie einem Maßnahmenverantwortlichen versehen. Das Nachhalten der Maßnahmen erfolgt im anschließenden Prozessschritt der Risikokontrolle.

---

[7] Vgl. Wolke (2008, S. 85).

6.2.4 Risikokontrolle

Unter Berücksichtigung von Veränderungen im Zeitverlauf kann nicht davon ausgegangen werden, dass die ursprünglich ausgewählten risikopolitischen Maßnahmen auch unter veränderten Prämissen noch die beste Lösung darstellen. Die Aufgabe der Risikokontrolle umfasst die kontinuierliche Verfolgung der Risikoentwicklung sowie die Überprüfung der Zielkonformität der angewandten Maßnahmen und Instrumente. Des Weiteren ist zu überprüfen, ob neue Risiken entstanden sind oder ob aufgrund von veränderten Wechselwirkungen von Einzelrisiken eine Anpassung des Maßnahmen-Mixes notwendig ist. An dieser Stelle gibt es enge Verbindungen zur Risikoidentifikation, wodurch der Kreislaufcharakter des Risikomanagement-Prozesses unterstrichen wird[8].

Grundlage der Risikokontrolle bildet die Dokumentation. Diese kann in Form eines Risikomanagementsystems (RMS) erfolgen. Das RMS bildet somit die Schnittstelle zwischen Einkaufs- und Unternehmensrisikomanagement. Alle identifizierten und bewerteten Risiken sowie die dazugehörigen Maßnahmen werden im RMS erfasst und regelmäßig aktualisiert. Dadurch besteht die Möglichkeit, alle überwachten Unternehmensrisiken jederzeit einsehen zu können. Die relevanten Aufgaben werden über verschiedene Gliederungsebenen (Risikomanagement, Risikokategorien, Risiken, Maßnahmen) strukturiert und mit konkreten Verantwortlichkeiten und Terminen hinterlegt. Über einen integrierten Eskalations-/De-Eskalationsmechanismus informiert das RMS die nächsthöhere Verantwortungsebene über Abweichungen in der Maßnahmenbearbeitung.

Die Risikokontrolle legt den organisatorischen Rahmen für das Risikomanagement fest und wird ergänzt durch die Risikokommunikation. Dabei sind folgende Punkte zu beachten:

- Sämtliche Unternehmensmitarbeiter sollen zu einem verantwortungsvollen Umgang mit Risiken veranlasst werden. Die Effektivität des RMS steigt, wenn nicht nur die Unternehmensleitung, sondern auch die Mitarbeiter permanent mitwirken. Hierzu muss die Kommunikation innerhalb des Unternehmens, auch über Hierarchieebenen hinweg, zwingend funktionieren. Durch einen nachhaltigen und permanenten Prozess zur Förderung des Risikobewusstseins können Risiken identifiziert und systematisch begleitet werden.
- Der Risikomanagement-Prozess muss mit Verantwortlichkeiten und Aufgaben dargestellt sein. Des Weiteren müssen interne Richtlinien geschaffen werden, damit Mitarbeiter unterhalb der Unternehmensleitung wissen, wie sie konkret vorgehen sollen, wenn unternehmensgefährdende Risiken erkannt werden.
- Kontrollzyklen müssen einheitlich festgelegt sein. Je nach Typ und Bedeutung eines Risikos hängt es davon ab, in welchen Zeitabständen über sie kommuniziert werden sollte. Auch für nicht erwartete Risiken muss ein Kommunikationsweg bestehen.
- Ein Risikoberichtswesen tritt ab einem definierten Schwellenwert in Kraft. Daher sind Berichtswege mit Verantwortlichen und Terminen festzulegen.

---

[8] Meierbeck (2010, S. 37).

6.3 Spezielle Absicherung von Lieferantenrisiken

Alle 5 Minuten wechselt ein Unternehmen seine Rechtsform
Alle 4 Minuten wird ein Unternehmen insolvent
Alle 2 Minuten beendet ein Unternehmen seine Geschäftstätigkeit
Jede Minute gibt es einen Wechsel in der Geschäftsführung
Alle 10 Sekunden werden negative Informationen über ein Unternehmen bekannt
Und das alles gilt nur für Europa![9]

Ein besonders hohes Risiko geht aus dem Bereich der Lieferantenbeziehungen hervor. Denn mit zunehmender Konzentration auf ausgewählte strategische Partner können starke Abhängigkeitsverhältnisse entstehen, die im Falle einer Lieferanteninsolvenz schwerwiegende Auswirkungen auf die eigene Produktion haben können. Mit Blick auf den Default-Report der Ratingagentur Moody's muss, wie in Abb. 6.3 beispielhaft dargestellt, damit gerechnet werden, dass innerhalb von drei Jahren 4,65 % der Lieferanten aufgrund einer Insolvenz ausfallen[10]. Wie sich aber auch ablesen lässt, kann die durchschnittliche Ausfallrate aufgrund von Insolvenz von 4,65 % auf 1,19 % drastisch gesenkt werden, wenn sich Unternehmen lediglich auf Lieferanten aus dem positiven Investment Grade beschränken.

Insbesondere, wenn eine stark ausgeprägte Single-Source-Strategie verfolgt wird, kann der Ausfall einzelner Lieferanten schnell zu schmerzhaften Produktionsausfällen führen. Um die daraus resultierende mangelnde Bedienung der eigenen Kunden zu vermeiden, müssen Abnehmer oft zu kostenintensiven Maßnahmen wie Betriebsmittelkrediten oder

Ratingklasse	Häufigkeit	3-Jahres-Ausfallrate
AAA	3,52%	0,00%
Aa	15,64%	0,00%
A	26,23%	1,16%
Baa	22,98%	2,31%
Ba	10,84%	5,91%
B	15,27%	20,62%
Caa-C	5,52%	53,39%
Investment Grade	68,37%	1,19%
Speculative Grade	31,63%	19,15%
All	100,00%	4,65%

$\frac{1}{4}$

Abb. 6.3 Moody's-Default-Report 2006 (In Anlehnung an Gabath 2011, S. 26)

---

[9] aon-credit.de.
[10] Vgl. Gabath (2011, S. 26).

höheren Preisen greifen. Hinzu kommt, dass mit dem Lieferanten technologisches bzw. patentgeschütztes Know-how verloren gehen kann. Dies erneut zu beschaffen, kann die eigene Entwicklungsleistung enorm hemmen. Ebenso können sich Ansprüche aus Gewährleistungs- oder Garantiefällen gegebenenfalls nicht mehr weitergeben lassen, wodurch weitere Kosten entstehen können.

Vor diesem Hintergrund setzt das Management der Lieferantenrisiken zunächst bei der Gestaltung eines ausgewogenen Lieferantenportfolios und der Reduktion der Abhängigkeit von einzelnen Lieferanten an[11].

6.3.1 Analyse des Lieferantenportfolios

Um die Lieferantenrisiken genauer zu betrachten, empfiehlt es sich, zunächst eine Analyse des Lieferantenportfolios hinsichtlich der jeweiligen Konkurrenzsituation sowie des aktuellen Abhängigkeitsverhältnisses zu erstellen und die Lieferanten nach zwei Kriterien zu gruppieren.

Sourcing-Strategie Gibt Auskunft darüber, welche Sourcing-Strategie bei einzelnen Lieferanten Anwendung findet. Dabei wird klassifiziert, ob der Lieferant aktuell als Single Source zu betrachten ist, der Zulieferer also aktuell der einzige Lieferant ist, von dem bestimmte Zukaufteile bezogen werden, oder ob der Lieferant sich die Bedarfe an benötigten Materialien aktuell mit anderen Lieferanten teilt, also eine Multiple-Source-Strategie verfolgt wird. Single-Source-Lieferanten können beispielsweise Zulieferer von werkzeuggebundenen Teilen sein, wo rein wirtschaftlich betrachtet die Beauftragung einer zweiten Bezugsquelle nicht sinnvoll ist. Oder es handelt sich um hochkomplexe Technologien, die aufgrund enormer Entwicklungskosten bewusst eine Single-Source-Strategie erforderlich machen. Das gesamte Lieferantenportfolio wird anhand dieser Betrachtung in die beiden Gruppen Single Source oder Multiple Source differenziert.

Abhängigkeit Die direkte Abhängigkeit vom jeweiligen Lieferanten kann durch das Berechnen von Umstellzeiten ermittelt werden. Hier erfolgt eine Betrachtung der vom Lieferanten bezogenen Komponenten, wobei festgestellt wird, wie schnell diese Komponenten im Falle des Lieferantenausfalls auf eine andere Bezugsquelle umgestellt werden können. Dabei kommt neben alternativen Lieferanten auch die eigene Fertigung in Frage. Die Klassifizierung kann beispielsweise nach folgendem Muster erfolgen:

- 1 = Umstellung kurzfristig möglich, Zeitraum < 3 Monate
- 2 = Umstellung mittelfristig möglich, Zeitraum zwischen 3 und 6 Monaten
- 3 = Umstellung langfristig möglich, Zeitraum > 12 Monate

---

[11] Gabath (2011, S. 24).

Single Source \ Abhängigkeit	Niedrig (3 Monate)	Mittel (6 Monate)	Hoch (12 Monate)	Gesamt
nein	140	56	3	199
ja	19	15	40	74
Gesamt	159	71	43	273

Abb. 6.4 Risiken im Lieferantenportfolio

Die daraus entstandene Zuordnung wird anschließend in einer Matrix zusammengefasst (Abb. 6.4).

Ein enorm hohes Risiko besteht bei Single-Source-Lieferanten, die kurzfristig nicht zu ersetzen sind. Um die Brisanz der Abhängigkeitssituation zu verdeutlichen, kann diese Auswertung auf ein strategisch wichtiges Produkt übertragen werden. Dies verdeutlicht wie lange ein Produkt im Falle eines Lieferantenausfalls wegbrechen könnte und dient gleichzeitig der Schärfung des Risikobewusstseins der eigenen Organisation.

6.3.2 Reaktives Risikomanagement

Reaktives Risikomanagement war immer schon impliziter Bestandteil der Unternehmenssteuerung. Häufig wurde jedoch erst dann reagiert, wenn das Unternehmen bereits in stürmischer See oder gar in akuter Seenot war. Im Handel und in der Industrie ging es primär um die Erfüllung gesetzlicher Vorschriften oder Auflagen der Versicherer[12].

Im Zuge einer Lieferanteninsolvenz oder einer sich anbahnenden Krise kann es gerade bei hoher Abhängigkeit vom Lieferanten sinnvoll sein, mit diesem gemeinsame Lösungen zu finden, sodass der Lieferant seinen Betrieb und die damit verbundene Produktion aufrechterhalten kann. Hier kommen fallbezogene verschiedene Aktivitäten in Betracht, wie beispielsweise das Bereitstellen von Materialien, eine Reduktion von Zahlungszielen, Abschlagszahlungen oder personelle und sonstige Unterstützung für die Durchführung der Leistungserbringung. Dabei ist stets zu bedenken, dass der Lieferant trotz dieser Maßnahmen insolvent werden kann. Etwaige Rückzahlungsforderungen sind dann gegenüber der Insolvenzmasse zu stellen und daher häufig verloren.

---

[12] The Risk Management Network (2011).

6.3 Spezielle Absicherung von Lieferantenrisiken

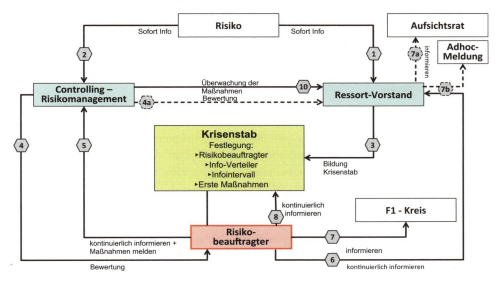

Abb. 6.5 Managen akuter Risiken

Parallel sind stets Maßnahmen zu ergreifen, um die Abhängigkeit von einzelnen Lieferanten zu reduzieren. Dies kann beispielsweise das Anfragen bei Wettbewerbern, aber auch bei Unterlieferanten, die evtl. einzelne Arbeitsschritte erbringen können, umfassen.

Wesentlicher Faktor ist auch, sich bestimmte Rechte in Lieferverträgen vorab zu sichern. So ist bei Werkzeugverträgen eindeutig und präzise zu regeln, dass das Eigentum beim Kunden verbleibt und nicht auf den Zulieferer übergehen soll. Entsprechend ist das Eigentum zu kennzeichnen. Da die entsprechenden Ansprüche, wie der Herausgabeanspruch hinsichtlich des Werkzeugs, gegenüber dem Insolvenzverwalter geltend zu machen sind, sollten vollständige und aktuelle Listen darüber vorliegen, welche Unterlagen, Maschinen, Werkzeuge etc. des Kunden sich beim Lieferanten befinden. So können Herausgabeverfahren beschleunigt und Verlagerungen auf andere Lieferanten zeitnah durchgeführt werden.

Um eingetretene Risiken zielgerichtet zu steuern, empfiehlt es sich, wie in Abb. 6.5 dargestellt, die Einrichtung eines systematischen Prozesses, in dem Verantwortlichkeiten und Informationsflüsse klar geregelt sind. Somit werden panische und unüberlegte Aktionen vermieden und stattdessen geordnete Abläufe in Form eines zielgerichteten Aktionsrahmens vorgegeben.

6.3.3 Aktives Risikomanagement

Das aktive Risikomanagement umfasst alle Maßnahmen, die darauf abzielen, unmittelbare Risiken, die mit hoher Wahrscheinlichkeit kurzfristig eintreten können, zu managen. Die Risiken sind ohne eine weitreichende Betrachtung bekannt und greifbar. Somit setzt das aktive Risikomanagement im Zeitverlauf vor dem reaktiven Risikomanagement an. Ein konkreter Anwendungsfall findet sich hier im Rahmen von Projekten und Produktneuanläufen, der im folgenden Praxistipp näher aufgezeigt werden soll.

Praxistipp: Readiness Rollup

Unternehmensrisiken schlummern überall, vor allem jedoch außerhalb der meisten Unternehmen. Eines davon möchte ich herauspicken und eine erfolgreiche Methode, diesen Risiken zu begegnen, an einem Praxisbeispiel erläutern.

Wer kennt ihn nicht, den etwas anderen Zwiebeleffekt, der sich mehr oder weniger ausgeprägt bei fast allen Projekten einstellt. Dieser bezieht sich nicht auf das aus dem Outdoor-Sport bekannte Mehrschichtprinzip der Bekleidung, sondern vielmehr ähnelt die Zwiebelform, wie in der nachfolgenden Abbildung dargestellt, dem typischen Verlauf von Projekten. Die Form des abgebildeten Dreiecks zeigt den optimalen Projektverlauf, wobei in der Senkrechten die Zeitschiene und in der Waagerechten der zu leistende Aufwand aufgetragen sind. Die Konsequenzen daraus sind uns allen geläufig. Spätestens am Projektende herrscht große Hektik, ständiger Streit mit dem Vertrieb aufgrund des verspäteten Markteintritts ist an der Tagesordnung, aufwändige Rechtfertigungen, der ständige Ärger mit dem Controlling und dem Vorstand, da teure Sondermaßnahmen die Budgets sprengen. Aber noch viel schlimmer sind die fehlenden und nie wieder aufzuholenden Deckungsbeiträge. Dies kann das Ergebnis eines Unternehmens erheblich „verhageln", manchmal sogar wirtschaftlich in eine Schieflage bringen.

Als wir vor nicht allzu langer Zeit nur noch sechs Monate vor dem Anlauf unseres wichtigsten neuen Produktes standen, erinnerte ich mich an eine Erfahrung aus meiner Zeit in der Luftfahrtindustrie.

Zwei Global Player wetteiferten damals um den Superlativ, das größte Passagierflugzeug der Welt zu bauen. Beide waren unsere Kunden und keiner wollte zweiter Sieger sein. Anfangs konnte ich den Aufwand, den der Einkauf einer der Hersteller betrieb, nicht nachvollziehen. Ein Stab von über zehn Beschaffungsexperten durchleuchtete wochenlang vor Ort unsere Bereitschaft und die Fähigkeit die nahende Serienproduktion zu meistern. Alle involvierten Bereichsleiter mussten mit ihren Teams einen riesigen Fragenkatalog beantworten und schließlich mit einer Präsentation „vorturnen", um sich anschließend den kritischen Fragen des Kunden zu stellen. Im Nachhinein verständlich, hatte der Zulieferer in seinem oligopolistischen Marktumfeld doch schon seit Jahren mit seinen Lieferverzögerungen die Anlaufkurven der Hersteller, aber auch die der Airlines (die waren teilweise auch direkte Kunden) diktiert.

Wie in Asien gelernt, ist gut kopiert besser als schlecht selbst gemacht und daher passte ich den damaligen Fragenkatalog zusammen mit meinem Team den Bedürfnissen der optischen Industrie an. Im Projektteam wurden dann mit allen Beteiligten die größten Risiken der Beschaffung herausgefiltert. Der Einkauf steuerte seine Einschätzung zu den vermeintlich kritischen Lieferanten bei. Am Ende waren zehn Lieferanten und 25 Kaufteile (insgesamt bestand das Produkt aus über 700 größtenteils beschafften Einzelteilen) identifiziert, die es mit ihrem spezifischen Risiko zu bewerten galt,

Abb. 6.6 Das Zwiebelsyndrom (Quelle: Nexus 21)

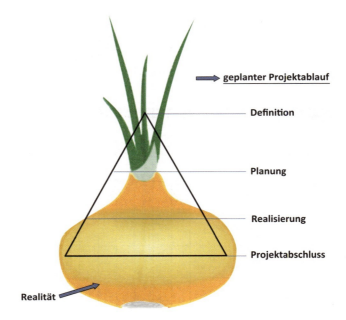

um proaktive Maßnahmen zu definieren. Nun wurde der Fragenkatalog (Scorecard) an die entsprechenden Lieferanten zur deren Selbsteinschätzung verschickt. Alleine dieser Effekt hat den einen oder anderen Partner erst richtig wach gerüttelt. Abgefragt wurden teilespezifisch sechs Kategorien mit bis zu sechs weiteren Unterpunkten. Nach dem pünktlichen Eingang der ausgefüllten Scorecards erfolgte im Projektteam eine Plausibilitätsprüfung.

Interessant, wie sich auch hier die unterschiedliche Selbsteinschätzung mit den Mentalitätsunterschieden aus unseren Global-Sourcing-Erfahrungen deckten. Wir entschieden uns, fünf der zehn Lieferanten kurzfristig zu besuchen, um uns ein Bild von der Situation vor Ort zu verschaffen. Gemeinsam mit dem Lieferanten galt es die Bewertung zu überarbeiten und daraus resultierende Maßnahmen zu vereinbaren. Teil für Teil, Prozess für Prozess, aber auch das Equipment sahen wir uns in der Produktion genau an, ermittelten die kritischen Pfade, mögliche Engpässe und Prozessrisiken. Danach konnten wir die komplette und aktualisierte Production-Readiness-Rollup-Datei (Abb. 6.7) präzise bewerten (pro Kriterium jeweils ein Score von 1–5), die Risiken priorisieren und mit Maßnahmen belegen. Ausnahmen bestätigen die Regel, so auch hier, denn böse Überraschungen blieben trotzdem vor dem Serienstart nicht aus. Im Gegensatz zu früheren Produkteinführungen waren es jedoch deutlich weniger.

Fazit: Mit dieser Methode filtert man sicherlich nicht alle Risiken im Voraus heraus, aber man reduziert diese doch erheblich und gelangt so von der Rolle des Feuerwehrmannes immer mehr in die strategische Rolle des rechtzeitigen Agierens.

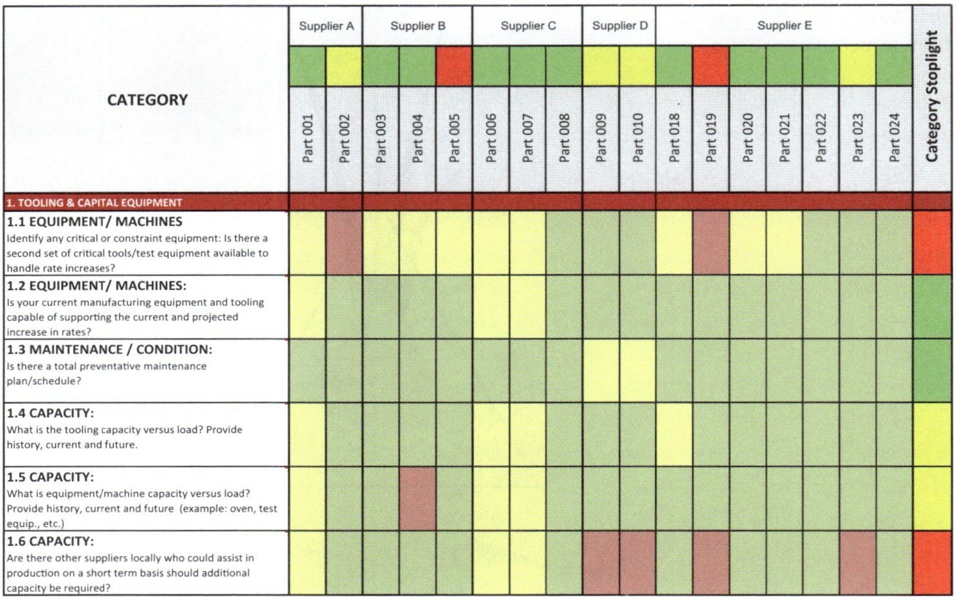

Abb. 6.7 Scorecard zum Readiness Rollup

6.3.4 Präventives Risikomanagement

Präventives Risikomanagement umfasst Maßnahmen zur Abwendung und vor allem zur Vorbeugung von Risiken. Es stellt somit einen wesentlichen Faktor für das Aufrechterhalten der kundeneigenen Produktion dar. Ziel ist es, Informationen über potenzielle Krisen bei Lieferanten bereits im Vorfeld zu erhalten und entsprechende Indizien zu sammeln, sodass der Reaktionszeitraum möglichst groß gehalten wird. Die zentrale Frage bei der Gestaltung von präventivem Risikomanagement ist, woran man eine Lieferanteninsolvenz frühzeitig erkennen kann.

Eine Lieferanteninsolvenz tritt nicht von heute auf morgen ein, sondern ergibt sich aus einem schleichenden Prozess, der sich über mehrere Jahre erstrecken kann. Erste Warnsignale können der Verlust von Marktanteilen oder die Verschlechterung von Kennzahlen sein. Solche Symptome, die letztlich in einer Überschuldung und drohenden Zahlungsfähigkeit des Lieferanten münden können, gilt es rechtzeitig zu erkennen und korrekt zu interpretieren. Ein Frühwarnsystem soll dem Einkauf dabei helfen, seine Reaktionszeit auf Fehlentwicklungen zu verkürzen, indem es externe Entwicklungen und daraus abzuleitende Fehlentwicklungen identifiziert, sowie frühzeitig Aufschluss über die interne Unternehmensentwicklung gibt. Die Basis bilden Frühwarnindikatoren, die sich in Abhängigkeit von der Zeitdimension nach ihrer Informationsschärfe in drei Generationen gruppieren.

Erste Generation: Kennzahlen als Basis für die Frühwarnung Kennzahlenorientierte Frühwarnungen basieren auf definierten Kennzahlen aus dem Rechnungswesen oder den Jahresabschlüssen des Unternehmens. Die Qualität der Daten ist hoch, jedoch stehen diese Daten erst spät zur Verfügung. Gerade im Hinblick auf das gesetzte Ziel einer möglichst frühen Erkennung von drohenden Risiken, ist ein kennzahlenbasiertes System alleine nicht ausreichend, da nicht mehr ausreichend Zeit zur Entwicklung von Gegenmaßnahmen bleibt.

Zweite Generation: Indikatoren als Basis für die Frühwarnung Die indikatororientierte Frühwarnung basiert nicht auf festen, meist finanziellen Kennzahlen, sondern nutzt zahlreiche Informationen, die miteinander verkettet werden. Erfahrungen der Vergangenheit sind die Grundlage für die Bestimmung von Informationen, die als Basis für die Prognose gelten. So kann eine Ölpreissteigerung durch eine starke Nachfragesteigerung in der Volksrepublik China ausgelöst werden. Prognosedaten zur Entwicklung der Bauindustrie in China könnten, falls diese Annahme sich als valide herausstellt, ein Indikator sein, der auf eine solche Preissteigerung hinweist. Der Horizont der indikatororientierten Frühwarnung geht über den Kennzahlen-Ansatz hinaus, da er viele Analysefelder integrieren kann und nicht auf vergangenheitsorientiertes Datenmaterial angewiesen ist.

Dritte Generation: Schwache Signale als Basis für die Frühwarnung Die schwachen Signale erweitern die beiden obigen Ansätze um eine unstrukturierte Komponente. Dieses Konzept geht gerade davon aus, dass sich Diskontinuitäten ereignen, die durch Indikatoren nicht erfasst werden können. Vielmehr ist eine ungerichtete Informationssuche und -auswertung notwendig, um mögliche Signale identifizieren zu können, die auf Diskontinuitäten hinweisen. Schwache Signale sind insofern uneindeutige Hinweise und erfordern im Einzelfall umfangreiche Zeitressourcen sowie die Bereitschaft und Fähigkeit zur Durchführung des Konzepts bei den beteiligten Mitarbeitern.

Viele Risiken kündigen sich in einem ersten Schritt durch schwache Signale an, bevor Indikatoren anschlagen oder die Risiken durch Kennzahlen offensichtlich werden. Je weiter ein Risiko in der zeitlichen Dimension von seinem Auftreten entfernt ist, desto unstrukturierter und unschärfer sind die Hinweise auf das drohende Risiko. Schwache Signale können bereits im täglichen Kontakt mit den Lieferanten auftreten. Wie in Abb. 6.8 aufgezeigt, kann ein erstes Indiz beispielsweise eine schlechte Erreichbarkeit der Ansprechpartner oder Unzufriedenheit bei den Mitarbeitern des Lieferanten sein. In Kombination mit Preiserhöhungen oder einer Anpassung der Zahlungskonditionen auf Sofortkasse kann dies bereits ein erster Hinweis auf eine mögliche Krise beim Lieferanten sein. Verschlechtert sich dann noch die Lieferperformance durch verspätete Lieferungen oder Qualitätsmängel sollte dies als deutliches Alarmsignal interpretiert werden. Ein Großteil der Informationen, die für ein präventives Risikomanagement notwendig sind, befinden sich somit bereits in den internen Systemen und müssen lediglich mit objektiven Daten von externen Anbietern ergänzt werden.

	Schwache Signale	Indikatoren	Kennzahlen
Tagesgeschäft Lieferantenkontakt	• schlechte Erreichbarkeit • wechselnde Ansprechpartner	• Sofortkasse • Preiserhöhungen	• Lieferverzögerungen • Qualitätsmängel
	ANZEICHEN SAMMELN		
Selbstauskunft Direktbefragung	• Strategie • Businessplan	• Umsatzentwicklung • Geschäftsaussichten	• Ertragsituation • Liquiditätssituation
	AKTIV NACHFRAGEN		
Research Informationsquellen	• Geschäftsberichte • Bankenratings	• Fachmagazine • Branchennews	• Tagespresse • Internetresearch
	DATEN ABSICHERN		

Abb. 6.8 Informationssammlung während der Lieferantenkrise (In Anlehnung an Gabath 2011, S. 47; Moder 2008, S. 24)

Als externe Informationsquelle zur Einschätzung der wirtschaftlichen Situation von Geschäftspartnern erfahren insbesondere Unternehmensratings zunehmendes Interesse. Nach Einführung der Eigenkapitalvorschriften nach Basel II müssen sich die Kreditinstitute stärker an der Bonität und dem Risikoprofil des Kreditnehmers orientieren. Die Ratingnote entscheidet über den künftigen Finanzierungsspielraum und damit wesentlich über die Zukunft des Unternehmens. Ratings haben demnach einen gewichtigen Stellenwert, auch bei der Einschätzung von Lieferantenrisiken. Ihr Nachteil ist jedoch, dass sie mehr auf Anlegerschutz als auf Unternehmensbewertung ausgerichtet und gerade für kleinere Firmen zum Teil noch nicht verfügbar sind. Auch ist ihre Aktualität häufig nicht ausreichend. Ratings sollten deshalb in kritischen Lieferanten- bzw. Produktbereichen durch eigene Erhebungen ergänzt werden.

> **Praxistipp**
>
> Die Auskunftei D&B Deutschland GmbH hat Zugriff auf eine Datenbasis von etwa 200 Mio. Firmen in 150 Ländern, wodurch eine sehr große Datendichte gegeben ist. D&B ist somit einer der größten Anbieter weltweit. Neben allgemeinen Firmeninformationen werden eigene Unternehmensbewertungen und Auswertungen über das Zahlungsverhalten von Unternehmen bereitgestellt. Der Geschäftsbereich Supply Management Solutions bietet verschiedene Lösungen, um Lieferantenrisiken zu minimieren. Darunter fällt beispielsweise ein Portfolio-Manager, der die Möglichkeit bietet, auf einer

Onlineplattform die wirtschaftliche Entwicklung von Geschäftspartnern zu überwachen. Dies beinhaltet neben allgemeinen Firmeninformationen und einer Risikoeinschätzung des jeweiligen Unternehmens auch ein Frühwarnsystem, welches bei definierten Veränderungen anschlägt.

In einem konkreten Fall wurden im Rahmen eines gemeinsamen Workshops zunächst die Anforderungen mit dem Leistungsspektrum abgeglichen. Neben dem Portfolio Manager, wodurch die wirtschaftliche Situation von Lieferanten überwacht und durch Warnmeldungen bei definierten Veränderungen frühzeitig verfolgt werden kann, wurde ein Lösungsansatz entwickelt, um bei Eintritt einer Naturkatastrophe schnell und effektiv agieren zu können. Daher wurde in das Lösungspaket ein zweites Hilfsmittel in Form der Global Reference Solution aufgenommen. Dadurch ist es möglich, Firmenverflechtungen weltweit zu identifizieren. Das bedeutet konkret, dass mittels einer ausgeprägten Suchfunktion für eine vorgegebene Region alle direkten Lieferanten sowie deren Produktionswerke und Tochtergesellschaften mit einer Mehrheitsbeteiligung von mindestens 51 % identifiziert werden können. Im Falle einer Naturkatastrophe können somit alle direkt betroffenen Lieferanten innerhalb weniger Minuten identifiziert und mit geeigneten Maßnahmen reagiert werden. Die dritte Anforderung bildet der Bedarf neue, potenzielle Lieferanten vorab einer wirtschaftlichen Prüfung zu unterziehen, um somit das Risikopotenzial bereits vor Beginn der Geschäftsbeziehung einschätzen zu können. Diese Anforderung wird ebenfalls durch den Portfolio-Manager abgedeckt, weswegen keine separate, zusätzliche Anwendung notwendig ist. Allerdings wird zusätzlich ein weiterer kostenloser Zugang zu einem Abfrageportal integriert, wodurch im späteren Verlauf der Unternehmensbereich Finanzen die Möglichkeit erhalten soll, die Bonität einzelner Debitoren abzufragen.

Eine Möglichkeit, die Aussagekraft von Zahlen und Fakten zu erhöhen, bildet das vom Amerikaner Eugene Goodson entwickelte Rapid Plant Assessment (RPA). Dieses Verfahren beschreibt eine Schnell-Beurteilung von Produktionsstätten im Rahmen einer Betriebsbesichtigung und soll die ermittelten Kennzahlen durch optische Eindrücke ergänzen.

Im Zuge des RPA werden mit Hilfe eines elf Kategorien umfassenden Bewertungssystems die Fertigung eines Unternehmens und deren Abläufe geprüft. Zunächst wird anhand dieser Kategorien der Produktionsprozess beobachtet. Die Ergebnisse werden im Idealfall direkt nach dem Besuch in einen standardisierten Beurteilungsbogen eingetragen. Die Produktionsbedingungen werden nach folgenden Kriterien beurteilt:

- Kundenzufriedenheit
- Sicherheit, Sauberkeit und Ordnung
- Optisches Management-System
- Planungssystem
- Raumnutzung und Produktionsfluss
- Lagerbestände und Arbeitsablauf
- Teamarbeit und Motivation

- Zustand von Ausrüstung und Maschinen
- Umgang mit der Komplexität der Fertigung
- Integration der Zulieferer
- Qualitätsbewusstsein

Die Bewertung reicht von 1 (schlecht) bis 11 (Klassenbester). Um die Bewertung weiter zu vereinfachen, wird zusätzlich ein Fragebogen mit 20 Ja-Nein-Fragen beantwortet, die jeweils mehreren der 11 Kategorien zugeordnet sind. So fließen in die Bewertung der Kundenzufriedenheit beispielsweise folgende Fragen:

- Werden Besucher begrüßt und über Aufbau und Organisation der Fabrik, Kunden und Produkte informiert?
- Sind Auswertungen zu Kundenzufriedenheit und Produktqualität ausgehängt?
- Würden Sie Produkte aus dieser Produktion kaufen?

Somit bietet das RPA den strategischen Einkäufern die Option, die bisher gesammelten Informationen eines potenziellen Lieferanten durch optische Eindrücke zu ergänzen. Des Weiteren stellt die Methode einen Leitfaden dar, auf welche Aspekte bei einem Lieferantenbesuch geachtet werden kann.

6.3.5 Langfristige Maßnahmen

Um Risiken, die durch die Abhängigkeit von Lieferanten bestehen, auch langfristig zu reduzieren, bieten sich verschiedene Ansätze an. Zum einen können durch eine direkte Kapitalbeteiligung die Verfügungsspielräume des Lieferanten begrenzt werden. Zum anderen sind nicht nur bestehende Potenziale auf den Beschaffungsmärkten zu betrachten, sondern auch der Aufbau neuer Lieferanten oder sogar die Möglichkeit eines Insourcings zu prüfen. Gerade bei strategisch wichtigen Produkten kann ein Kompetenzaufbau im eigenen Unternehmen durchaus in Betracht gezogen werden, wenn dadurch Risiken, die die Wettbewerbsfähigkeit beeinträchtigen, verringert werden. Ebenso können Maßnahmen zur Aufwertung der eigenen Position die Bedeutung des Abnehmers aus Sicht des Lieferanten steigern und somit das Abhängigkeitsgefüge verschieben. Dies muss nicht zwingend durch Volumensteigerungen erfolgen, sondern kann auch durch die Schaffung von Alleinstellungsmerkmalen wie beispielsweise der Vereinbarung von Einkaufskooperationen für Rohstoffe geschehen.

7 Methoden und Werkzeuge für die tägliche Einkaufspraxis

> **Zusammenfassung**
> Der Leser erhält im folgenden Kapitel einen Überblick über ausgewählte Tools und Managementmethoden und deren Nutzen im Hinblick auf einkaufsrelevante Problemstellungen. So lernt der Leser die verschiedenen Methoden kennen und kann diese in seiner täglichen Einkaufspraxis bedarfsgerecht einsetzen.

7.1 Beschaffungsmarktforschung

Der Begriff Beschaffungsmarktforschung leitet sich von der allgemeinen Marktforschung ab und steht für die Informationsbeschaffung und Aufbereitung von Markbedingungen, mit denen der Einkauf in Verbindung steht. Die Aufgabe der Beschaffungsmarkforschung ist es, für das Unternehmen relevante Beschaffungsmärkte zu beobachten und das Marktgeschehen zu beurteilen. Darunter fallen beispielsweise Marktentwicklungen, -strukturen, -risiken oder -potenziale[1]. Angesichts einer steigenden Komplexität der Beschaffungsgüter und einer zunehmenden globalen Ausrichtung der Einkaufsaktivitäten, ist eine umfangreiche und systematische Beschaffungsmarktforschung entscheidend um Marktrisiken und -chancen einordnen und Waren und Dienstleistungen optimal beschaffen zu können. Die Beschaffungsmarktforschung ist somit eine wesentliche Aufgabe des strategischen Einkäufers.

7.1.1 Arten der Beschaffungsmarktforschung

Bei der Beschaffungsmarktforschung kann man grundsätzlich zwischen der zeitpunktbezogenen Marktanalyse und der zeitraumbezogenen Marktbeobachtung unterscheiden.

---
[1] Vgl. Wannewetsch (2010, S. 144 ff.).

Die zukunftsbezogene Beschaffungsmarktanalyse ist die Erforschung der Grundstruktur eines Beschaffungsmarkts zu einem bestimmten Zeitpunkt und dient der Abbildung einer Momentaufnahme. Dabei werden beispielsweise die Anzahl von Anbietern, Materialverfügbarkeit, Kapazitäten und Wettbewerbssituationen erforscht und zusammengeführt.

Die zeitraumbezogene Beschaffungsmarktbeobachtung verfolgt hingegen das Ziel, durch eine permanente Beobachtung von marktrelevanten Faktoren wie Markttrends, Preisschwankungen oder Nachfrageverschiebungen Marktveränderungen aufzuzeigen.

Diese beiden Formen der Beschaffungsmarktforschung sind allerdings nicht getrennt voneinander zu betrachten, sondern ergänzen sich gegenseitig. So baut die Marktbeobachtung in der Regel auf einer Marktanalyse auf und umgekehrt.

Von einer Marktprognose spricht man, wenn zukünftige Marktentwicklungen aus den gewonnenen Daten abgeleitet werden und ein sich abzeichnender Trend dargestellt wird. Diese kann im Rahmen von strategischen Überlegungen hinzugezogen werden und unterstützt langfristige Einkaufsentscheidungen. Die Zuverlässigkeit von Marktprognosen ist abhängig von der Qualität der gesammelten Daten und der Dynamik, der ein Beschaffungsmarkt ausgesetzt ist.

7.1.2 Vorgehensweise

Eine allgemeine Erforschung von Beschaffungsmärkten kann sehr weit gefasst sein und ist somit nicht zielführend. Daher muss im Vorfeld geklärt werden, für welche Produktgruppe eine spezifische Beschaffungsmarktforschung betrieben werden soll. Die technischen Eckdaten müssen bekannt und verstanden sein, um eine gezielte Beschaffungsmarktforschung durchführen zu können. Dies beinhaltet neben der Verwendung, dem Grundstoff und dem Qualitätsanspruch des Produkts auch die zur Herstellung verfügbaren Produktionsverfahren und technische Besonderheiten. Je nach Komplexität des Erzeugnisses liegt hier bereits die erste Herausforderung für den strategischen Einkäufer.

Darauf aufbauend erfolgt eine Betrachtung der Marktstruktur hinsichtlich seiner Angebots- und Nachfragesituation. Die Analyse umfasst das am Markt zur Verfügung stehende Angebot in Bezug auf Verfügbarkeit, Kapazität, Qualität und Dynamik. Bewegt man sich auf einem Verkäufermarkt (Nachfrage ist höher als das Angebot), ist die Verhandlungsmacht des Einkäufers relativ gering. Gegenläufig verhält es sich auf einem Käufermarkt, der sich durch ein Überangebot und dementsprechend starker Einkaufsmacht kennzeichnet. Ob es sich um einen Käufer- oder Verkäufermarkt handelt, hängt oft von der gesamtwirtschaftlichen Lage der jeweiligen Branche ab und kann sich je nach Dynamik schnell verändern. Konjunkturindikatoren können hier Aufschluss über die zukünftige Entwicklung geben.

Darüber hinaus wird erforscht, wie sich der Wettbewerb für das betrachtete Produkt gestaltet, denn daraus leitet sich ebenfalls die Marktmacht des Einkäufers ab. Gibt es eine Vielzahl von Anbietern und ist die Produktstruktur homogen, kann der Einkäufer frei entscheiden, wo er zukauft. In dieser Marktform, mit relativ vielen Alternativen, hat er eine große Verhandlungsmacht. Diese nimmt allerdings mit der sinkenden Anzahl der Anbieter ab und ist in einem oligopolistischen Markt mit wenigen Anbietern nur noch sehr gering. Den Extremfall bildet das Monopol. Hier ist lediglich ein Anbieter vorhanden, der den Preis nach seinen Vorstellungen steuern kann. Die Verhandlungsmacht des Einkäufers tendiert hier gegen null. Allerdings wird der Monopolist seine Preisgestaltung nicht überziehen, da mit steigender Marge auch das Interesse neuer Marktteilnehmer steigt.

Nach ähnlichen Gesichtspunkten erfolgt im nächsten Schritt eine Analyse der Nachfragesituation. Dabei wird im Wesentlichen die Frage geklärt, wie groß der eigene Bedarf im Vergleich zu konkurrierenden Abnehmern ist. Das Wissen um dieses Verhältnis kann der strategische Einkäufer wiederum zur Positionierung seiner Bedarfe am Markt nutzen. Denn der Aspekt, ob das eigene Unternehmen Großabnehmer ist, oder nur einen minimalen Anteil der Nachfragemenge repräsentiert, hat Auswirkungen auf die Attraktivität der eigenen Bedarfe.

Des Weiteren spielt bei der Betrachtung der Nachfragesituation die Materialverfügbarkeit eine wichtige Rolle. Wer sind die Großabnehmer am Markt, gibt es Exklusivverträge und wie beeinflusst dies eigene Materialengpässe?

Im Anschluss an die Marktanalyse erfolgt eine detaillierte Betrachtung der zur Verfügung stehenden Anbieter. Dabei werden verschiedene Informationen über die Voraussetzungen und Potenziale der Anbieter erhoben, um die Anzahl der möglichen Bezugsquellen auf die am besten geeigneten Lieferanten zu begrenzen. An dieser Stelle liefert die Beschaffungsmarktforschung entscheidende Informationen für den Lieferantenauswahlprozess. Dabei werden neben allgemeinen Unternehmensdaten auch Informationen über das aktuelle Produktionsprogramm, technisches Know-how, Qualitätsniveau und eingesetzte Fertigungsverfahren eingeholt.

Ein weiterer und letztlich entscheidender Aspekt, der im Rahmen der Beschaffungsmarktforschung betrachtet wird, ist das aktuelle Marktpreisniveau. Prinzipiell haben zwar alle bisher genannten Faktoren Einfluss auf den Marktpreis, allerdings lässt sich dieser unter Zuhilfenahme verschiedener Methoden noch differenzierter betrachten. Diese Methoden gliedern sich in Analyse, Beobachtung und Vergleich.

Die Preisanalyse zielt, wie im weiteren Verlauf dieses Kapitels näher beschrieben, auf eine Untersuchung des Einkaufspreises und dessen Zusammensetzung ab. Bei der Preisbeobachtung werden Marktveränderungen betrachtet, die direkten Einfluss auf die Materialpreise haben können, wie beispielsweise Rohstoffpreise und Devisenkurse. Der Preisvergleich dient dazu, das aktuelle Preisniveau von Lieferanten global zu vergleichen und einzuordnen.

7.1.3 Informationsquellen

Wie im vorangegangenen Abschnitt dargestellt, erfordert eine umfangreiche Beschaffungsmarktforschung das Erheben einer Vielzahl von Marktdaten. Dabei können verschiedene Informationsquellen angezapft werden, um diese Daten zu erhalten. Eine übliche Differenzierung der Informationsquellen lässt sich aus dem Absatzmarketing ableiten, die primäre und die sekundäre Marktforschung.

Die Primärforschung beinhaltet das direkte Erheben von eigenen Daten zum Zwecke der Beschaffungsmarktforschung. In der Einkaufspraxis bedeutet das konkret: Lieferantenselbstauskünfte einholen, Tagungen und Messen besuchen, mit Verkäufern sprechen und Betriebe besichtigen. Je nach Umfang und Komplexität können auch Marktforschungsinstitute mit der Erhebung von Daten beauftragt werden.

Bei der Sekundärforschung wird auf bereits bestehende Informationen zurückgegriffen. Dies beinhaltet beispielsweise Veröffentlichungen der Lieferanten wie die Internetpräsenz, Produktbroschüren oder Geschäftsberichte. Um weitere Informationen zu erforschen, eignen sich Fachzeitschriften, Branchenverzeichnisse, Markt- und Börsenberichte oder eine Internetrecherche.

Welche Informationsquelle Anwendung findet, hängt von dem zugrunde liegenden Beschaffungsobjekt ab. Grundsätzlich sollte jedoch beachtet werden, dass der betriebene Aufwand im Verhältnis zum daraus resultierenden Nutzen stehen sollte. Je relevanter und komplexer die Produktgruppe, desto größer können auch die Anstrengungen der Informationsgewinnung ausfallen. Des Weiteren ist bei der Auswahl der Informationsquellen darauf zu achten, dass diese objektiv und vertrauenswürdig sind. Produktbewertungen im Internet kann jeder verfassen, auch die Konkurrenz. Nicht zuletzt sollten die verwendeten Daten möglichst aktuell sein. Ändern sich Marktbedingungen schnell, so sind auch dementsprechend häufig neue Daten zu erheben.

7.1.4 Anwendungsbereiche

Marktanalyse und -beobachtung gehören unweigerlich zum Tagesgeschäft des strategischen Einkäufers. Nur durch die Kenntnis des Marktgeschehens kann er die internen Anforderungen mit den externen Rahmenbedingungen optimal verbinden. Besonders deutlich wird die Notwendigkeit der Beschaffungsmarktforschung im Rahmen der Lieferantenidentifikation und -auswahl. Erst auf Basis der Beschaffungsmarktforschung erhält der Einkäufer die benötigten Informationen, um aus einer Vielzahl von Anbietern die bestmöglichen und stabilsten Lieferanten für die eigenen Bedarfe auszuwählen.

Im Rahmen der Einkaufsverhandlungen ist die Beschaffungsmarktforschung wichtigster Bestandteil der Vorbereitung. Durch das Bereitstellen von Marktdaten wird das Einschätzen der eigenen Verhandlungsmacht ersichtlich. Die Beschaffungsmarktforschung liefert außerdem Handlungsalternativen in Form von Wettbewerbern, die für die eigene Verhandlungsargumentation genutzt werden können.

Ein weiterer Anwendungsbereich, den die Beschaffungsmarktforschung weitreichend unterstützt, ist der Strategie- und Planungsprozess. Gerade bei langfristigen Einkaufsentscheidungen führt kein Weg daran vorbei, vorab Zahlen, Daten und Fakten einzuholen, auf die sich die Entscheidungsoptionen stützen.

Durch das Aufbereiten und Archivieren der Markforschungsergebnisse können diese bereichsübergreifend genutzt werden. Somit dienen sie nicht alleine dem Einkauf als Entscheidungshilfe, sondern geben auch anderen Bereichen wie Vertrieb, Entwicklung oder Produktion wichtige Hinweise für die Planung. Somit stellt die Beschaffungsmarktforschung ein mächtiges Instrument des strategischen Einkaufs dar, das unternehmensweit genutzt werden kann.

7.2 Wertanalyse

Die Wertanalyse kann als ein systematisches Verfahren verstanden werden, mit dessen Hilfe die Kostenverschwendung in einem Produkt oder einem Prozess aufgespürt und reduziert werden, ohne dabei negativen Einfluss auf kundenrelevante Merkmale wie Gebrauch, Lebensdauer, Qualität oder Verkaufskraft zu nehmen.

Die Wertanalyse geht dabei von einer systematischen, funktionsorientierten Betrachtungsweise aus, indem sie die Funktion bzw. den Verwendungszweck eines Objekts vom eigentlichen Produkt isoliert und analysiert. Durch die Frage nach der Funktion, für die der Kunde bereit ist zu bezahlen, erweitert sich das Blickfeld und es erschließen sich neue Lösungsansätze für die Umsetzung der Funktion. Bei der Durchführung von Wertanalysen werden stets Teams aus unterschiedlichen Bereichen gebildet, um verschiedene Perspektiven in die wertanalytische Betrachtung einfließen zu lassen und eine möglichst breite Ideenfindung zu erreichen. Der Einkauf ist dabei als aktives Teammitglied und Treiber von wertanalytischen Überlegungen zu betrachten, um die Wirtschaftlichkeit von Produkten und Prozessen zu optimieren. Seine Aufgabe ist es außerdem, Lieferanten in den Prozess der Wertanalyse einzubinden und das Lieferanten-Know-how nutzbar zu machen.

Der wesentliche Denkansatz der Wertanalyse lautet, Produkte und Funktionen getrennt voneinander zu betrachten. Die Funktion beschreibt den Verwendungszweck oder den Kundennutzen, das Produkt hingegen das Verfahren, mit dem die Funktion umgesetzt wird. Bei der Trennung von Funktion und Produkt beschränkt man sich zunächst auf den originären Kundennutzen, beispielsweise das Stricheziehen bei einem Kugelschreiber oder das Transportieren von A nach B bei einem Logistikprozess. Übliche Fragestellungen, die dabei helfen, die eigentliche Funktion eines Objekts zu erforschen sind:

- Was macht das Objekt, und warum macht es das?
- Wozu wird das Objekt benötigt?
- Worum geht es bei dem Objekt wirklich?

Ein detaillierter Fragenkatalog wird im anschließenden Praxistipp zur Wertanalyse vorgestellt. Im nächsten Schritt betrachtet man die Funktionen des Produkts im Hinblick auf ihre Notwendigkeit. Der Kugelschreiber kann beispielsweise besonders gut in der Hand liegen, schmierfrei Schreiben und ein edles Design vorweisen. Diese Funktionen sind anschließend auf ihre Relevanz für den Kundennutzen zu überprüfen. Ist die Funktion für den eigentlichen Kundennutzen zwingend erforderlich, handelt es sich um eine Hauptfunktion (schmierfreies Schreiben). Unterstützt die Funktion den Kundennutzen, handelt es sich um eine Nebenfunktion (gutes Handling). Tut die Funktion dies nicht, handelt es sich um eine unnötige Funktion und entspricht nicht den Marktbedürfnissen. Diese unnötigen Funktionen verursachen zwar Kosten, werden vom Markt allerdings nicht honoriert und sollten in der weiteren Betrachtung eliminiert und alternative Lösungsmöglichkeiten erarbeitet werden. Wie dies im Detail geschehen kann, wird im folgenden Praxisbeispiel erläutert.

Praxistipp: Wertanalyse

Die Konstruktion ist leider immer noch der Schlüssel zur Kostenvermeidung bzw. deren Beeinflussung. Design-to-Cost heißt das Schlagwort. Leider bleibt es allzu oft nur bei Worten. Gerade deshalb ist es umso wichtiger, dass der strategische Einkauf schon in der Innovationsphase, spätestens jedoch in der Entwicklungsphase der Produktentstehung, mit von der Partie ist. Ist das Kind erst einmal in den Brunnen gefallen, sprich ist die Verschwendung einmal bis zur Serienreife „einkonstruiert", bleibt nur noch ein mühsamer und steiniger Weg, die Kosten nachträglich zu optimieren. Zu oft sucht man die Lösung in der Optimierung der eigenen Fertigungskosten, jedoch nicht selten mit bescheidenem Erfolg. Da der größte Kostenblock (über 50 % der Wertschöpfung je nach Branche) vom Einkauf verantwortet wird, muss der Hebel primär hier angesetzt werden. Um die Erhaltung oder die Steigerung des Unternehmenswertes effizient zu unterstützen, reicht der klassische Einkauf alleine nicht mehr aus. Vielmehr muss der moderne strategische Einkäufer nicht nur hartnäckiger Treiber dieses Prozesses sein, auch technische Kompetenz und Managementeigenschaften sind in zunehmendem Maß gefragt, um das häufig vergessene Potenzial der Preis- und Wertanalyse, neudeutsch auch gerne Product Value Management genannt, voll auszuschöpfen.

Und dabei gibt es viele Gründe eine gezielte Preis- und Wertanalyse zu initiieren. Sei es ganz klassisch, dass der Markt eine deutliche Kostensenkung fordert, oder aber der Vorstand auf eine Gewinnsteigerung drängt. Da ist es doch viel lobenswerter und in der Unternehmensführung sehr gerne gesehen, wenn der proaktive Stratege bei seiner gezielten Suche in seinem Beschaffungsportfolio nach entsprechenden Kandidaten (A-Teil, lange Laufzeit und unter hohem Zeitdruck entwickelt) fündig wird und selbst eine Initiative startet.

Neben den oft genutzten Instrumenten der Preisanalyse versucht nun die Wertanalyse, systematisch kostengünstigere Lösungen für die erforderlichen Funktionen des Untersuchungsobjekts zu finden, unnötige Funktionen eines Produkts zu eliminieren, eventuell sogar die Funktionspalette eines Erzeugnisses zu erweitern, falls hierdurch eine Steigerung des Unternehmensgewinns zu erreichen ist. Ist das Untersuchungsobjekt einmal definiert, hat sich folgende Vorgehensweise für einen Workshop zur Preis- und Wertanalyse bewährt.

7.2 Wertanalyse

1. Zunächst stellt man ein Team aus Vertretern mehrerer Bereiche zusammen. Handelt es sich um einen Artikel, dessen Wertschöpfung überwiegend beschafft wird, dann sollten sich der Einkauf die Moderation und Führung des Projektes nicht nehmen lassen. Nur so kann er die treibende Rolle richtig wahrnehmen und nebenbei noch das Standing der strategischen Beschaffung verbessern. Mit von der Partie sollten auf jeden Fall noch die folgenden Disziplinen sein: Da wäre zunächst der Controller zu nennen, er übernimmt das Projektcontrolling und nutzt sein ausgeprägtes Kostenverständnis für die Zielpreisanalyse. Das große technische Grundverständnis eines Konstrukteurs (wenn möglich, nicht nur der Konstrukteur des Ausgangsdesigns) wird besonders in der Wertanalysephase benötigt, detailliertes Prozessverständnis steuert der Fertigungsplaner für die Wertstromanalyse bei und zusätzlich zu dem strategischen Einkäufer sollte zumindest temporär der Schlüssellieferant (oder die Schlüssellieferanten) mit am Tisch sitzen, um die Kaufteile und deren Supply Chain zu optimieren.

Die Wertstromanalyse beschreibt ein betriebswirtschaftliches Instrument, welches zur Verbesserung der Prozessabläufe in der Produktion, aber auch zur Optimierung von Dienstleistungen angewendet wird. Die Wertstromanalyse wird auch als Wertstromaufnahme eines Ist-Zustandes bezeichnet, engl. Value Stream Mapping (VSM). Ihr Ziel ist die Aufnahme der aktuellen Wertschöpfungseffizienz und deren übersichtliche Darstellung mit Hilfe von Symbolen und Farben. Dabei wird alles aus der Kundensicht betrachtet, denn dieser bestimmt letztendlich die Anforderungen an die Produktion und damit an jeden einzelnen Produktionsprozess.

In der Analyse werden die wertschöpfenden und nicht-wertschöpfenden Prozesse identifiziert. Im darauf folgenden Entwurfsansatz wird im Rahmen eines Wertstromdesigns ein verbesserter Wertstrom gestaltet, bei dem die nicht-wertschöpfenden Tätigkeiten und unnötigen Liegezeiten minimiert, wenn möglich sogar eliminiert werden. Im Dienstleistungsmanagement werden die einzelnen Wartezeiten zwischen den wertschöpfenden Segmenten minimiert.

Entwickelt wurde diese Methode in Japan. Im Toyota-Produktionssystem ist das Eliminieren der (Zeit-)Verschwendung ein wichtiger Baustein. Das japanische Wort für Verschwendung lautet übrigens Muda, das Verfahren zur Beseitigung der Verschwendung wird als Muda-Elimination bezeichnet.

Vor dem Kick-off-Meeting ermitteln der Projektleiter und der Controller die Rahmendaten (Teile- und Kostenhistorie, partieller Preisvergleich, Kostentreiberermittlung durch ABC-Analyse sowie die Zielpreisanalyse) und bereiten eine Präsentation vor, die das Motiv, die Notwendigkeit und die Chancen des Projektes massiv verdeutlichen. Handelt es sich bei dem zu untersuchenden Objekt um ein OEM-Produkt oder wird es aus Wertschöpfungssicht schwerpunktmäßig beschafft, ergibt sich durch diese Methode als schöner Nebeneffekt auch noch grob die Kalkulation des Lieferanten. Unter OEM (Original-Equipment-Manufacturer) versteht man hierbei einen Hersteller von Komponenten oder Produkten, die dieser zwar produziert, aber nicht selbst vertreibt. Mit erstklassiger Erfahrung habe ich übrigens bei den dafür notwendigen Fleißarbeiten Auszubildende eingesetzt, die mit großer Begeisterung (besonders die, mit den $-Zeichen

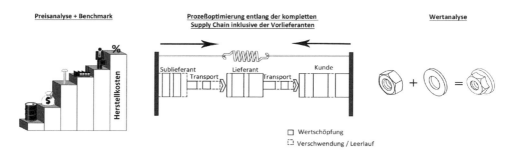

Abb. 7.1 Produkt- und Prozessoptimierung entlang der Prozesskette

in den Augen) den gesamten Prozess begleiteten und dabei für ihre Ausbildung und ihren beruflichen Werdegang überdurchschnittlich profitiert haben.

2. Nun werden die Lieferanten auf Basis der bestehenden Konstruktionen mit dem erarbeiteten Wissen über die Benchmark-Preise und den somit realistischen Potenzialen konfrontiert und es wird in Richtung der Zielpreise verhandelt (Abb. 7.1).

Das somit erreichte Ergebnis liegt allerdings allzu oft deutlich über den betriebswirtschaftlichen Kalkulationswerten. Deshalb müssen neue Wege zur Kostensenkung gefunden werden. Jetzt ist das komplette Wertanalyse-Team einschließlich der Lieferanten gefragt. Die nachfolgend aufgeführte Frageliste ist dabei ein guter Leitfaden und Ideengeber, um Verschwendungen im Hinblick auf die Funktionen und den Kundennutzen aufzuspüren. Neben den Einkaufspreisanalysen dienen die Wertstrom- und die Wertschöpfungsanalyse zusätzlich als Fundgrube für verborgene Potenziale.

- Ist die Funktion für die Mehrzahl der Abnehmer erforderlich?
- Können irgendwelche Funktionen von einem anderen Teil übernommen werden?
- Wie lassen sich funktionelle Schwachstellen beseitigen?
- Sind bestimmte Eigenschaften überdimensioniert?
- Welche Toleranzen können ohne Beeinträchtigung der Funktionserfüllung erweitert werden?
- Können preisgünstigere Materialien eingesetzt werden?
- Mit welchen Materialien würde der Herstellungsprozess vereinfacht werden?
- Können bestimmte Teile durch Normteile ersetzt oder aus ihnen hergestellt werden?
- Lassen sich Material- oder Bearbeitungskosten durch Änderungen der konstruktiven Gestaltung einsparen?
- Kann das Teil mit Hilfe eines anderen Fertigungsverfahrens oder anderer Produktionsmittel hergestellt werden?
- Können bestimmte Arbeitsgänge entfallen oder verkürzt werden?

7.2 Wertanalyse

- Ist die Eigenfertigung vorteilhafter als der Fremdbezug?
- Ist die vorgeschriebene Oberflächenbehandlung notwendig?
- Ist eine andere Oberflächenbehandlung zulässig?
- Kann der Abfall durch Änderung der Konstruktion, durch Änderung im Fertigungsverfahren oder durch Annäherung des Rohteils an die Fertigungsmaße verringert werden?
- Gibt es für den Abfall andere Verwendungsmöglichkeiten?
- Lässt sich ein Teil aus dem Abfall eines anderen Teils herstellen?
- Ist es günstiger, wenn ein Teil aus mehreren Einzelteilen zusammengesetzt wird?
- Können durch Änderungen der Verpackung oder der Transportart Kosten gespart werden?

3. Nach einem ausgiebigen Brainstorming werden die ermittelten Potenziale geschätzt und in einem Best- und Worst-Case-Szenario die jeweils möglichen Kostenverbesserungen addiert. Priorisiert, mit Zeitschienen versehen und mit Verantwortlichkeiten belegt mündet das Ganze in ein Realisierungskonzept.
4. Realisierung. Schließlich heißt es die erarbeiteten externen und internen Maßnahmen im Hinblick auf ihre zeitnahe und potenzialgerechte Umsetzung durch die Projektleitung zu „tracken" und das Team und die Auftraggeber regelmäßig über den Fortgang zu informieren. Frei nach dem Motto: „Tue Gutes und rede darüber".

Wie das in der Praxis funktioniert, schildere ich nun anhand eines realen Beispiels aus meiner Vergangenheit in der Automobilindustrie. Als First Tier Supplier lieferte mein damaliger Arbeitgeber Sitzsysteme und KFZ-Schaltungen (Abb. 7.2) an mehrere Automobilhersteller. Als blutjunger frischgebackener Maschinenbautechniker wurde mir schon nach zwei Monaten Betriebszugehörigkeit die Projektverantwortung übertragen. Keine leichte Aufgabe, denn das Ergebnis einer ersten Kalkulation lag, im Abgleich zum fixierten Verkaufspreis, um Welten auseinander. Es fehlte ein zweistelliger Prozentwert, nur um aus den roten Zahlen zu kommen. Zu dieser Zeit ging es meinem damaligen Arbeitgeber wirtschaftlich sehr schlecht und deshalb hatte man dem Preisdiktat des namhaften Kunden nach dem Motto „das kriegen wir schon hin" nachgeben müssen. Ich betrachtete diese Tatsache damals nicht als Belastung, sondern als Chance und Herausforderung und da das Produkt erst am Anfang seines 4-jährigen Lebenszyklus stand, war noch nichts verloren. Man ließ mir freie Hand (was eine enorme Motivation für mich bedeutete) und so begann ich zunächst mit der ABC-Analyse. Schnell kristallisierte sich neben einigen, noch deutlich zu optimierenden Prozessen ein dominierendes A-Teil heraus. Es handelte sich um ein Schaltrohr, welches als Plattformprodukt in mehrere Fahrzeugtypen verbaut wurde.

Im zweiten Schritt wurde in enger Zusammenarbeit mit dem Einkauf eine globale Anfrage für dieses Teil (u. a. Deutschland, Italien und China) gestartet, in der wir bei Angebotsabgabe auch die Bezifferung der einzelnen Preisbestandteile forderten (Abb. 7.3). Bei einer Jahresmenge von 950.000 Stück war dieser Auftrag sehr interessant für die Anbieter und so erhielt ich alle Informationen, die für einen partiellen Preisvergleich nötig waren. Obwohl das Ergebnis der globalen Anfrage, sowohl beim Teilepreis als auch bei den

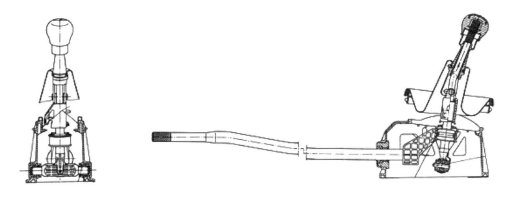

Abb. 7.2 Objekt für Wertanalyse: Schaltrohr

Abb. 7.3 Globaler Preisvergleich

Lieferant A Deutschland	Lieferant B China	Lieferant C Italien
5,67 Euro	4,63 Euro	6,10 Euro
Werkzeugkosten 68.000 Euro	Werkzeugkosten 16.000 Euro	Werkzeugkosten 56.000 Euro

Werkzeugkosten das erhoffte Ergebnis zeigte, entschied sich das Projektteam aus Qualitätsgründen und wegen dem Vorteil der Lieferantennähe dazu, mit dem deutschen Anbieter final zu verhandeln.

Dafür war der partielle Preisvergleich nun sehr hilfreich, zeigte er doch, zumindest theoretisch, dass enorme Preis- und Kostenverbesserungen möglich sein mussten. Neben Verhandlungsgeschick half dies den Stückpreis von 5,67 EUR auf 4,93 EUR und die Werkzeugkosten von 68.000 EUR auf 43.000 EUR zu senken, wie Abb. 7.4 verdeutlicht.

Aber leider reichte das Ergebnis immer noch nicht, um das Projekt in die Gewinnzone zu bringen. In enger Abstimmung mit dem Lieferanten, aber auch mit dem Kunden, gelang es innerhalb eines Jahres, nicht nur das Schaltrohr durch Wertanalysemaßnahmen bis auf 4,30 EUR zu reduzieren, sondern im gleichen Zuge auch noch das Gewicht dieser Komponente merklich zu senken (Vergleich des Schaltrohrs „vor" und „nach" Wertanaly-

7.2 Wertanalyse

Teile / Arbeitsschritte	Lieferant A Deutschland	Lieferant B China	Lieferant C Italien	Ziel
Ball 90235664	0,03 €	**0,01 €**	0,04 €	**0,01 €**
tube 90465459	**0,95 €**	0,98 €	0,99 €	**0,95 €**
Sheet 90465 677	0,45 €	0,32 €	**0,15 €**	**0,15 €**
Ring 90222227	0,15 €	**0,14 €**	0,18 €	**0,14 €**
Zink plating	0,60 €	**0,40 €**	0,75 €	**0,40 €**
Knurling	0,50 €	**0,08 €**	0,45 €	**0,08 €**
Reducing	0,15 €	**0,10 €**	0,16 €	**0,10 €**
Bending I	0,30 €	**0,10 €**	0,32 €	**0,10 €**
Bending II	0,28 €	**0,09 €**	0,26 €	**0,09 €**
Welding Tube	0,26 €	**0,12 €**	0,31 €	**0,12 €**
Welding Ring	0,35 €	**0,17 €**	0,40 €	**0,17 €**
Milling	0,20 €	**0,01 €**	0,25 €	**0,01 €**
Pagaging	0,12 €	**0,06 €**	0,14 €	**0,06 €**
Transport	**0,09 €**	0,98 €	0,40 €	**0,09 €**
Profit & Contribution	1,24 €	**0,80 €**	1,30 €	**0,80 €**
Complete price	5,67€	4,63 €	6,10 €	**3,27 €**
Tooling	68.000,00 €	**16.000,00 €**	56.000,00 €	**16.000,00 €**

Abb. 7.4 Ergebnis des partiellen Preisvergleichs

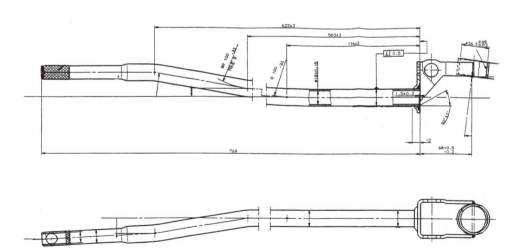

Abb. 7.5 Schaltrohr vor der Wertanalyse

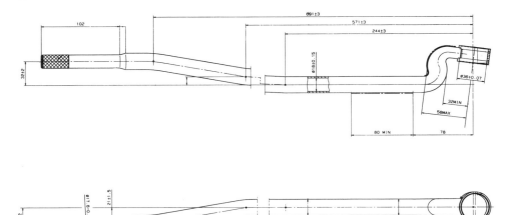

Abb. 7.6 Schaltrohr nach der Wertanalyse

semaßnahmen in Abb. 7.5 und 7.6). Dies ist gerade für Automobilhersteller ein ausgesprochen wichtiger Kundennutzen, der im Gegensatz zu damals heute vom Automobilkunden finanziell belohnt werden würde.

Die daraus resultierenden Einsparungen von 1,54 Mio. EUR trugen wesentlich dazu bei, dieses System rentabel zu gestalten und ich hatte meine bis heute währende Liebe zum Einkauf gefunden, denn ich hatte gelernt, dass ein mächtiger und immer wichtiger werdender Hebel im Einkauf zu finden ist.

Fazit Wenn signifikante Kostenreduzierungen notwendig sind, dann ist die Preis- und Wertanalyse ein wirkungsvolles Instrument. Und vergessen Sie dabei nicht die Lieferanten mit ins Boot zu nehmen, denn dort schlummert großes Optimierungs-Know-how.

7.3 Die ABC-Analyse

Wie bisher bereits dargestellt übernimmt der Einkauf eine Vielzahl teilweise neuer Aufgaben im Unternehmen. Um der Gefahr der Überlastung entgegenzuwirken und einen effizienten Ressourceneinsatz zu gewährleisten, empfiehlt sich der Einsatz einer Managementmethode um Wichtiges von Unwichtigem zu trennen.

Die ABC-Analyse ist ein betriebswirtschaftliches Analyseverfahren zur Klassifizierung einer Menge von Objekten nach ihrem Mengen-Wert-Verhältnis. Das Prinzip beschreibt den statistischen Sachverhalt, dass eine kleine Anzahl von hohen Werten einer Wertmenge mehr zu deren Gesamtwert beiträgt, als eine große Anzahl von kleinen Werten. Die Werte einer Wertmenge werden dabei nach einem bestimmten Kriterium in eine Rangfolge gebracht und priorisiert, indem die Positionen entsprechend ihrer ökonomischen Bedeutung in die Klassen eingeteilt werden.

Die ABC-Analyse fand ihre ursprüngliche Anwendung in der Materialwirtschaft, um die Lagerbestandswerte von Güterarten zu beurteilen. Übertragen auf andere Anwendungsfälle kann die ABC-Analyse generell eingesetzt werden, um eine Trennung von wesentlichen und unwesentlichen Werten zu erreichen. Dadurch können Handlungen auf einen kleinen Bereich mit hoher wirtschaftlicher Bedeutung konzentriert werden. Durch den gezielten Einsatz der ABC-Analyse wird somit eine Effizienzsteigerung von Managementmaßnahmen erreicht.

Um den Ablauf der ABC-Analyse im Detail nachzuvollziehen, soll im Folgenden aufgezeigt werden, wie Zukaufteile eines Endprodukts anhand ihres Beschaffungswerts klassifiziert werden können, um daraus Handlungsoptionen für die jeweiligen Klassen ableiten zu können. Bei der Durchführung der ABC-Analyse empfiehlt sich die Verwendung eines Tabellenkalkulationsprogramms, um eine wie in der folgenden Abbildung aufgezeigte Darstellung zu erhalten.

Im ersten Schritt wird eine Auflistung der Einzelkomponenten mit ihrem jeweiligen Beschaffungspreis erstellt, beispielsweise in Form einer Stückliste. Anschließend wird nach Zukaufteilen gefiltert und die Menge, mit der die jeweilige Komponente in das Endprodukt eingeht, mit seinem Beschaffungspreis multipliziert. Daraus ergibt sich ein Geldwert für jedes Zukaufteil. Dieser Geldwert wird nun absteigend sortiert, wodurch sich bereits hier eine wertmäßige Rangfolge der Einzelkomponenten ergibt. In einer weiteren Spalte werden diese Werte kumuliert, sodass bei der untersten Komponente eine Gesamtsumme entsteht.

Im nächsten Schritt erfolgt eine Ermittlung des prozentualen Wertanteils der einzelnen Zukaufteile an der Gesamtsumme. Der ermittelte Prozentsatz wird wieder in einer weiteren Spalte kumuliert. Diese Vorgehensweise wird nun für die jeweilige Menge der einzelnen Zukaufteile wiederholt, sodass sich die in Abb. 7.7 beispielhaft dargestellte Aufstellung ergibt.

Entscheidend für die weitere Analyse sind nun die Spalten des kumulierten Wertanteils sowie die Spalte des kumulierten Mengenanteils. Hier erfolgt nun eine Dreiteilung der Positionen in A-, B- und C-Teile. Die Grenzen für diese Teilung sollten möglichst sinnhaft gezogen werden und können von Fall zu Fall variieren. Als Faustregel kann man die Grenzen bei etwa 80 % und 95 % des kumulierten Wertanteils einziehen. Zur besseren Übersicht kann dies wie in Abb. 7.8 dargestellt mit Hilfe einer grafischen Darstellung erfolgen.

Die grafische Aufbereitung kann nun wie folgt interpretiert werden:

- A-Teile: Umfassen 12 % der Teile, die einen Wertanteil von knapp 80 % ausmachen
- B-Teile: Umfassen weitere 13 % der Teile mit einem Wertanteil von etwa 15 %
- Die übrigen 75 % C-Teile beinhalten einen Wertanteil von 5 %

Aus der aufgestellten Analyse können nun Handlungsempfehlungen abgeleitet werden. Für die Identifizierten A-Teile empfiehlt es sich beispielsweise, eine ausführliche Beschaffungsmarktforschung, -beobachtung und -analyse durchzuführen. Das Einführen

Material	Stückpreis / 100 St.	Stckl. verw.	Gesamt (Preis x verw.)	Gesamt kum.	% Wert	% kum.	% Menge	% Menge kum.
385-000	6.018,30 €	1	6.018,30 €	6.018,30 €	12,31%	12,3%	0,2%	0,2%
210-009	2.950,00 €	1	2.950,00 €	8.968,30 €	6,04%	18,4%	0,2%	0,3%
345-000	2.020,00 €	1	2.020,00 €	10.988,30 €	4,13%	22,5%	0,2%	0,5%
640-010	1.951,26 €	1	1.951,26 €	12.939,56 €	3,99%	26,5%	0,2%	0,7%
580-000	1.733,00 €	1	1.733,00 €	14.672,56 €	3,55%	30,0%	0,2%	0,8%
025-000	1.667,00 €	1	1.667,00 €	16.339,56 €	3,41%	33,4%	0,2%	1,0%
361-014	1.480,00 €	1	1.480,00 €	17.819,56 €	3,03%	36,5%	0,2%	1,2%
405-000	1.374,00 €	1	1.374,00 €	19.193,56 €	2,81%	39,3%	0,2%	1,3%
003-022	1.370,57 €	1	1.370,57 €	20.564,12 €	2,80%	42,1%	0,2%	1,5%
020-000	1.222,00 €	1	1.222,00 €	21.786,12 €	2,50%	44,6%	0,2%	1,6%
030-015	1.175,00 €	1	1.175,00 €	22.961,12 €	2,40%	47,0%	0,2%	1,8%
...	...	...	...	...	...	...	...	...
...	...	...	...	...	...	...	...	...
...	...	...	...	...	...	...	...	...
456-802	0,14 €	3	0,4200 €	48.869,88 €	0,0009%	100,0%	0,5%	99,7%
451-913	0,10 €	1	0,1000 €	48.869,98 €	0,0002%	100,0%	0,2%	99,8%
454-703	0,08 €	1	0,0800 €	48.870,06 €	0,0002%	100,0%	0,2%	100,0%

Abb. 7.7 Ausschnitt einer ABC-Analyse

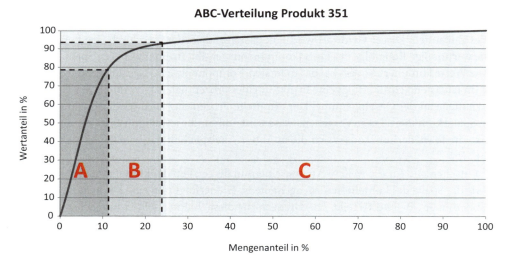

Abb. 7.8 Grafische Darstellung der ABC-Analyse

von Konsignationslagern oder eine produktionssynchrone Anlieferung kann bei diesen Teilen zu einer deutlichen Reduzierung von Bestandswerten führen. Darüber hinaus können A-Teile Ansatzpunkte für Kostensenkungsprogramme oder Untersuchungsobjekte für Wertanalysen darstellen. Durch die Konzentration auf die wesentlichen Positionen können somit effiziente Managementmaßnahmen ergriffen werden, wobei B- und C-Materialien natürlich nie gänzlich vernachlässigt werden dürfen. Hier gilt es, den Betreuungsaufwand durch Standardisierung und Automatisierung auf ein Mindestmaß zu reduzieren. Beispielsweise durch eine standardisierte Beschaffungsmarktforschung, einen automatisierten Bestellprozess oder das Vereinbaren von Sammelrechnungen. Aus diesem Ansatz heraus hat sich beispielsweise das C-Teile-Management als Einkaufsdisziplin entwickelt, welches ein standardisiertes Verfahren für den Zukauf von Kleinteilen mit geringem Wertanteil vorsieht.

Wie im Beispiel aufgezeigt, ist die ABC-Analyse ein Verfahren, das den Fokus darauf legt, den Ertragswert quantitativ zu bewerten, um eine Konzentration auf das Wesentliche zu erreichen. Dabei ist zu beachten, dass bei den durch das Raster gefallenen B- und C-Kategorien unter Umständen qualitative Kriterien (bspw. Risiko, Komplexität, Image) zu beachten sind, die auch hier einen gewissen Betreuungsaufwand erforderlich machen. Trotzdem bietet die ABC-Analyse einen Ansatz, Einkaufskräfte gezielt zu lenken und eine Effizienzsteigerung der Einkaufstätigkeiten zu erreichen.

7.4 Portfolio-Technik

Die Portfolio-Technik hat ihren Ursprung in der Finanzwirtschaft, wo mit Hilfe von Portfolioanalysen die Zusammensetzung von Wertpapierdepots unter den Gesichtspunkten Rendite und Risiko dargestellt wurde. In modifizierter Form wird sie heute in unterschiedlichen Bereichen der Betriebswirtschaft eingesetzt und ist eines der weit verbreitetsten Instrumente des strategischen Managements. So haben sich im Laufe der Zeit beispielsweise Modelle wie die Portfolio-Matrix der Boston Consulting Group, die Portfolio-Matrix von McKinsey oder das Markt-Produktlebenszyklus-Portfolio etabliert.

Grundsätzlich lässt sich die Portfolio-Technik auf verschiedene Fragestellungen des Einkaufs anwenden. Die Anwendung macht immer dann Sinn, wenn ein oder mehrere Objekte in Beziehung zu zwei Kriterien gesetzt werden sollen. Bei strategischen Überlegungen werden häufig ein Unternehmenskriterium (intern) und ein Umweltkriterium (extern) als Schlüsselfaktoren gebildet. Die beiden Kriterien werden an zwei Achsen aufgetragen, wodurch sich ein zweidimensionales Koordinatensystem ergibt. Das Koordinatensystem wird anschließend in vier Felder aufgeteilt, wobei für jedes Feld Norm- und Standardstrategien definiert werden. Dadurch ergibt sich ein allgemeiner Handlungsrahmen.

Die zu betrachtenden Objekte werden im nächsten Schritt mit Bezug auf die beiden Kriterien analysiert und bewertet. Durch die Bewertung wird die Position des Objekts im Koordinatensystem festgelegt, sodass sich die Objekte in einem der vier definierten Felder wiederfinden. Die definierten Norm- und Standardstrategien können abschließend präzisiert und ausgearbeitet werden. Somit ermöglicht die Portfolio-Technik eine einfach und übersichtlich visualisierte Darstellung komplexer Sachverhalte, für die sich konkrete Handlungsoptionen ableiten lassen.

Zum besseren Verständnis werden nachfolgend zwei gebräuchliche Beispiele für die Portfolio-Technik im Einkauf beschrieben.

Abb. 7.9 Portfolio-Technik zur Darstellung des Einkaufsportfolios

7.4.1 Warengruppen-Portfolio

Ein bekannter und gebräuchlicher Anwendungsfall der Portfolio-Technik im Einkauf ist die Bildung des Warengruppen-Portfolios. Dabei erfolgt eine Analyse von Warengruppen anhand der Kriterien Einkaufsvolumen und Versorgungsrisiko. Das Einkaufsvolumen bildet dabei das Unternehmenskriterium und kann gleichgesetzt werden mit der Relevanz der Warengruppe für das eigene Unternehmen. Das Versorgungsrisiko bildet hingegen das Umweltkriterium und steht für die Materialverfügbarkeit und die Komplexität der Materialbeschaffung.

Die Beurteilung der Warengruppen in Bezug auf die Kriterien erfolgt nach einer festgelegten Systematik anhand eines Beurteilungsrasters, um eine möglichst objektive Positionierung der Warengruppe zu gewährleisten. Wie in Abb. 7.9 dargestellt, können die Warengruppen anschließend nach vier Kategorien klassifiziert und mit Normstrategien versehen werden.

Für Hebel-Warengruppen gilt es, die vorhandene Marktmacht zu nutzen um beispielsweise mit Hilfe von Best Cost Country Sourcing langfristige Einsparungen zu generieren. In strategischen Warengruppen sollte der Schwerpunkt auf Lieferantenentwicklung und engen Kooperationen mit Zulieferern liegen, wohingegen in unkritischen Warengruppen Bündelung, Standardisierung und Automatisierung dominieren sollten. Bei Engpass-Warengruppen sind besonders Risikomanagement und Materialsubstitution gefragt.

7.4.2 Lieferanten-Portfolio

Das Lieferanten-Portfolio (Abb. 7.10) stellt einen Ansatz dar, verschiedene Marktmachtkonstellationen anhand einer Gegenüberstellung der Angebotsmacht des Lieferanten und der Nachfragemacht des eigenen Unternehmens zu verdeutlichen.

7.4 Portfolio-Technik

Abb. 7.10 Positionierung der Lieferanten anhand der Machtkonstellation

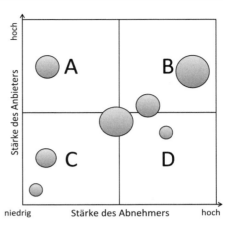

Die einzelnen Lieferanten werden je nach Machtkonstellation in Form von Kreisen im Lieferanten-Portfolio positioniert. Hier besteht die Möglichkeit als dritte Größe das Einkaufsvolumen zu berücksichtigen, indem durch die Größe der Kreise die Höhe des Einkaufsvolumens wiedergegeben wird. Je größer der Kreis, desto höher das Einkaufsvolumen. Somit werden nicht nur die Machtkonstellationen mit den einzelnen Lieferanten ersichtlich, sondern auch das dahinterstehende Einkaufsvolumen.

Für die vier gebildeten Kategorien lassen sich ebenfalls Norm- und Standardstrategien ableiten, durch die die strategische Grundrichtung vorgegeben wird:

A Der Anbieter hat eine sehr starke Machtposition gegenüber dem Abnehmer. Die strategische Grundrichtung basiert in diesem Fall auf Emanzipation. Das bedeutet, die eigene Abhängigkeit vom Anbieter durch interne und externe Maßnahmen gezielt verringern, evtl. Materialien substituieren und die Attraktivität als Kunde besser vermarkten.

B Ein mächtiger Anbieter trifft auf einen mächtigen Abnehmer. Keiner kann und will ohne den anderen und beide haben in der Regel große Einflussmöglichkeiten aufeinander. Daher wird bei dieser Machtkonstellation eine enge partnerschaftliche Zusammenarbeit angestrebt, bei der beide Interessen gewahrt werden.

C Zwei schwache und unbedeutende Marktpartner treffen aufeinander. Beide brauchen einander nicht und die Geschäftsbeziehung ist in der Regel lose und unpersönlich. Die strategischen Überlegungen haben hier, wenn überhaupt, selektiven Charakter, da diese Lieferanten jederzeit austauschbar sind.

D Der Anbieter hat eine relativ schwache Machtposition gegenüber dem Abnehmer. Daher zielen die strategischen Überlegungen bei dieser Marktkonstellation darauf ab, Chancen zu realisieren. Das kann zum einen das Generieren von Einsparungen bedeuten, aber

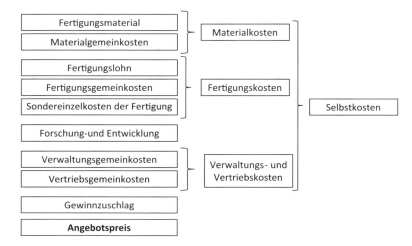

Abb. 7.11 Bestandteile der Vollkostenrechnung (in Anlehnung an Arnolds et al. 2010, S. 90)

auch eine gezielte Entwicklung von Lieferanten, passend zu den eigenen Bedürfnissen. Dazu eignet sich diese Marktkonstellation besonders gut, da die Lieferanten aufgrund der schwachen Machtposition formbar sind.

Wie die beiden Beispiele aufzeigen, lässt sich die Portfolio-Technik variabel einsetzen, um komplexe Sachverhalte übersichtlich visualisiert darzustellen. Durch die strategische Positionierung verschiedener Objekte kann die Portfolio-Technik sowohl im Planungsprozess als auch bei alltäglichen Fragestellungen angewendet werden.

7.5 Preisstrukturanalyse

Bei der Preisstrukturanalyse handelt es sich um ein Instrument, das versucht, die Preiskalkulation von Lieferanten nachzuvollziehen. Der Preis des Produktes wird dabei in seine einzelnen Kosten- und Gewinnbestandteile zerlegt, um den Verhandlungsspielraum des Lieferanten sowie Optimierungspotenziale offen zu legen. Bei der Vorgehensweise werden zunächst die für das Produkt relevanten Kostenbestandteile identifiziert und bewertet, was gleichzeitig die schwierigste Aufgabe der Preisstrukturanalyse darstellt. Durch Addition der einzelnen Kostenbestandteile kann ein grober Stückkostenwert ermittelt werden. Die Differenz zum Angebotspreis ist die Spanne, in der sich die anschließende Preisverhandlung bewegt.

Die Preisstrukturanalyse auf Vollkostenbasis geht von einem allgemein üblichen Kalkulationsschema aus, wobei Einzel- und Gemeinkosten getrennt voneinander ermittelt werden (Abb. 7.11).

Bei Einzelkosten handelt es sich um erfassbare Kosten, die einem Kostenträger direkt und unmittelbar zurechenbar sind, insbesondere sind dies die Kostenbestandteile Mate-

7.5 Preisstrukturanalyse

rial und Löhne. Die Kosten für das Fertigungsmaterial sollten sich in einer Einkaufsabteilung relativ exakt errechnen lassen, lediglich Art und Menge des eingesetzten Materials sind vorab zu bestimmen. Diese lassen sich durch ein Zerlegen des Produkts in seine Einzelbestandteile ermitteln, wobei Zerlegen in diesem Zusammenhang wörtlich verstanden werden kann. Daraus geht eine Stückliste hervor, in der die Einzelkomponenten nach ihrer Materialart aufgeführt werden. Durch Wiegen, Messen und Zählen kann eine jeweilige Menge hinzugefügt wird. Dabei sind Anteile für Ausschuss und Verschnitt zu berücksichtigen. Um nun den Warenwert zu berechnen, können eigene Preiserfahrungen zugrunde gelegt werden. Liegen keine Preisreferenzen vor, werden diese durch eine Erforschung der Vormärkte, also der Bezugsquellen der Lieferanten, ermittelt. Dies kann in Form von konkreten Preisanfragen bei Unterlieferanten oder durch eine Analyse von Marktberichten und Preisstatistiken erfolgen. Um Preisschwankungen zu berücksichtigen, empfiehlt es sich, für die Ermittlung der Materialkosten Durchschnittspreise anzusetzen.

Im nächsten Schritt erfolgt die Ermittlung der Fertigungslöhne. Hier sind die beiden Faktoren Zeitaufwand und Stundenlohn zu berücksichtigen. Nach Bestimmen der benötigten Qualifikation der im Herstellungsprozess eingesetzten Mitarbeiter, wird ein branchenüblicher Lohnsatz angesetzt. Dabei können unternehmenseigene Daten aus der Personalabteilung als Referenz dienen oder nach branchenspezifischen Veröffentlichungen wie Tariftabellen recherchiert werden. Der Zeitaufwand ist hingegen schwieriger abzuschätzen und erfordert detaillierte Kenntnisse über den Produktionsprozess. Hier kann die Unterstützung von Fachabteilungen wie Produktion, Entwicklung oder Arbeitsvorbereitung notwendig sein, um den Produktionsprozess in seine Einzelteile zu zerlegen und mit Zeiten zu versehen. Können im eigenen Haus keine Anhaltspunkte für den Produktionsprozess gegeben werden, kann es hilfreich sein, den Produktionsprozess im Rahmen einer Betriebsbesichtigung beim Lieferanten näher zu erforschen. Als Produkt aus Lohn und Zeitaufwand ergeben sich schließlich die Fertigungskosten.

Neben Material- und Fertigungskosten ist im weiteren Verlauf zu klären, ob noch weitere Kostenbestandteile dem Produkt direkt zurechenbar sind. Sogenannte Einzelkosten der Fertigung enthalten beispielsweise Aufwendungen für Spezialwerkzeuge, Modelle oder Spezialvorrichtungen, die zur Herstellung des Produkts erforderlich sind. Da diese Kosten oft in den entsprechenden Angeboten separat ausgewiesen sind, ist deren Ermittlung in der Regel mit keinen Problemen verbunden. Schwierig wird allerdings die Ermittlung von Forschungs- und Entwicklungskosten. Anhaltspunkte geben hier lediglich geschätzte Entwicklungszeiten in Abhängigkeit von Komplexität, Neuartigkeit und Ausgefallenheit des Produkts. In der Regel ist man hier auf Angaben des Lieferanten angewiesen.

Im Gegensatz zu Einzelkosten lassen sich Gemeinkosten einem Kostenträger nicht direkt und unmittelbar zurechnen. Ihre Aufschlüsselung findet in der betrieblichen Kostenrechnung mit Hilfe von Zuschlagssätzen statt und kann je nach Unternehmensstruktur stark variieren. Materialgemeinkosten enthalten alle Kosten die für die Beschaffung, die Prüfung, den Transport und die Lagerhaltung von Materialien anfallen. Da eine genaue Ermittlung nur schwer möglich ist, kann hier ein üblicher Zuschlagssatz von 5–10 % der Materialeinzelkosten angenommen werden. Einen wesentlich größeren Kostenblock bilden Fertigungsgemeinkosten. Darunter fallen alle Kosten, die mit der Fertigung verbunden werden, beispielsweise kalkulatorische Abschreibungen, Raum- und Energiekosten, Gehälter etc. Diese müssen grob abgeschätzt werden, wobei als Anhaltspunkt der bei Lieferanten eingesetzte Maschinenpark dienen kann. Kaum Anhaltspunkte bieten sich bei der Schätzung von Verwaltungs- und Vertriebsgemeinkosten. Diese sind abhängig von der Größe des Verwaltungsapparats und der Anzahl an verschiedenen Produkten, auf die diese Kosten umgelegt werden.

Aufgrund der dargestellten Schwierigkeit bei der Ermittlung von Gemeinkosten bedient man sich in der Praxis üblicherweise Kostenstatistiken des statistischen Bundesamts. In einem jährlichen Bericht wird dort die Kostenstruktur von produzierenden Unternehmen nach Branche und Betriebsgröße erhoben und veröffentlicht. Somit können daraus Anhaltspunkte für branchenübliche Zuschlagssätze entnommen werden.

Aus den gesammelten Daten kann nun die Kalkulation des Lieferanten nachvollzogen und die Selbstkosten des Produkts können errechnet werden. Die Differenz zum Angebotspreis bildet den Verhandlungsspielraum, wobei dem Lieferanten ein angemessener Gewinnaufschlag zugestanden werden muss.

Auch wenn die ermittelten Selbstkosten nicht 100%ig mit den tatsächlichen Kosten des Lieferanten übereinstimmen, sorgt die Preisstrukturanalyse im Rahmen der Preisverhandlung für ein hohes Maß an Transparenz. Die Aufschlüsselung in die einzelnen Kostenbestandteile bietet Diskussionsansätze, bei denen einzelne Kostentreiber identifiziert und optimiert werden können. Entscheidend ist aber, dass der Lieferant Informationen preisgibt. Denn stimmen die eigenen Berechnungen nicht mit den tatsächlichen Kosten überein, wird der Lieferant dies begründen, wodurch er wichtige Informationen, insbesondere zur Gemeinkostenstruktur, preisgibt. Diese Informationen können für zukünftige Preisstrukturanalysen genutzt werden. Somit steigt die Genauigkeit der Preisstrukturanalyse zunehmend mit ihrer Anwendung und stellt somit ein wertvolles Instrument für Preisverhandlungen dar.

Einkaufsverhandlung

8

> **Zusammenfassung**
>
> Das folgende Kapitel fällt um einiges umfangreicher aus als die vorangegangenen, denn es widmet sich einer der Kernaufgaben des strategischen Einkäufers, der Einkaufsverhandlung. Der Leser lernt die Grundlagen und Prinzipien einer Einkaufsverhandlung kennen, wodurch er in die Lage versetzt wird, sein eigenes Verhandlungsverhalten zu reflektieren und zu optimieren. Des Weiteren erhält der Leser einen Überblick über die Besonderheiten von verschiedenen Verhandlungsmethoden, um somit auch in schwierigen Verhandlungssituationen professionell und erfolgreich agieren zu können.

8.1 Grundlagen der Einkaufsverhandlung

Im klassischen Sinne spricht man von einer Verhandlung, wenn Personen oder Parteien unterschiedliche Interessen vertreten und miteinander einen wechselseitigen Nutzen anstreben, wie etwa den Tausch einer Dienstleistung gegen Zahlungsmittel. Bedingungen sind dabei, dass eine wechselseitige Abhängigkeit besteht, sich die Machtverhältnisse in etwa ausgewogen gestalten und die beteiligten Parteien eine Übereinkunft zum Ziel haben. Ist eine dieser Bedingungen nicht erfüllt, mündet eine Verhandlung in der Regel in einem Diktat von Tauschbedingungen, frei nach dem Motto „friss oder stirb".

Das Verhandeln ist ein Phänomen, mit dem wir tagtäglich konfrontiert werden. Es sind Konfliktsituationen des täglichen Lebens, bei denen zwei oder mehrere Parteien unterschiedliche Positionen vertreten, die es im Rahmen eines Interessenausgleichs zu verbinden gilt. Beispielsweise Verhandlungen mit dem Vorgesetzten um die Angemessenheit der Bezahlung, mit dem Freundeskreis um das Ziel der nächsten Urlaubsreise oder mit dem Lebenspartner bei der Auswahl des abendlichen Fernsehprogramms. Stets sind wir dazu angehalten, unsere eigene Position mit der von anderen zu vereinen. Meist geschieht dies unreflektiert und intuitiv. Wir denken vorher nicht darüber nach, wie wir eine Verhandlung führen und mit welcher Verhandlungsstrategie wir vorgehen. Dies ist auch oft nicht notwendig. Besonders zum Tragen kommt dieser Aspekt allerdings dann, wenn weitreichende Entscheidungen getroffen werden müssen, bei denen es um viel Geld geht, so wie in der Rolle des strategischen Einkäufers. Er muss täglich die Position des eigenen Unternehmens mit der Position von Lieferanten verbinden und dabei stets das Bestmögliche für das eigene Unternehmen erreichen. Der Verhandlungserfolg beeinflusst also direkt den Wertbeitrag des Einkaufs zum eigenen Unternehmenserfolg, denn jeder schlecht verhandelte Euro taucht spätestens in der Gewinn- und Verlustrechnung des Unternehmens wieder auf. Somit stellt die Einkaufsverhandlung eine der Kernaufgaben des strategischen Einkaufs dar.

Einkäufer haben allerdings oft die schlechtere Ausgangsposition gegenüber ihren Verhandlungspartnern, denn Verkäufer vertreten, anders als Einkäufer, in der Regel ein eingeschränktes Produktprogramm und werden hinreichend auf Verkaufsgespräche geschult. Verhandlungstrainings für Einkäufer sind dagegen auch heute noch relativ selten und so beruht das vorhandene Verhandlungs-Know-how oftmals lediglich auf Erfahrungen. Dabei entsteht schnell die Gefahr, dass Fehler, die in der Verhandlungsführung nicht wahrgenommen werden, später wiederholt werden. Vergleichbar ist dieser Zustand mit dem Erlernen einer Sportart ohne die Unterstützung eines Trainers. Zwar kann der eigene Fortschritt subjektiv als Erfolg betrachtet werden, doch eine objektive Beurteilung, ob Technik und Bewegungsabläufe effizient und richtig umgesetzt werden, kann nicht stattfinden.

Daher muss zunächst ein theoretisches Grundwissen vorhanden sein, welches es anschließend mit praktischen Erfahrungen zu ergänzen gilt. Im Folgenden werden dazu einige Ansätze vorgestellt, die es dem Einkäufer ermöglichen, sein eigenes Verhalten in Verhandlungen zu reflektieren und zu optimieren, um somit realistische Forderungen im Rahmen einer Einkaufsverhandlung durchzusetzen.

8.1.1 Anlässe für Einkaufsverhandlungen

Für den strategischen Einkäufer gehört Verhandeln zum Tagesgeschäft, denn es ergeben sich unzählige Situationen, in denen er verhandeln muss. Dies beginnt mit unternehmensinternen Konfliktsituationen beispielsweise um im Rahmen von Projekten einkaufsrelevante Themen in die richtige Richtung zu lenken oder um Strategien bereichsübergreifend umzusetzen.

Entscheidend ist jedoch das Verhandeln mit externen Lieferanten und Dienstleistern. Wichtigster Bestandteil ist hier die Preisverhandlung, denn unabhängig davon, welches Thema für eine Verhandlung angesetzt wird, irgendwann landet der Verhandlungsverlauf bei den Kosten.

Preisverhandlungen können beispielsweise aus folgenden Anlässen durchgeführt werden:

- Verhandlung von Auftragsvergaben
- Abwehren von Preiserhöhungen

8.1 Grundlagen der Einkaufsverhandlung

- Durchsetzen von Preisreduzierungen
- Volumenbündelungen
- Neuvergabe auslaufender Rahmenverträge
- und nicht zuletzt das eigene Gehalt

Praxistipp: Umgang mit unvorbereiteten „Blitzverhandlungen"

Wie verhält man sich, wenn zum Beispiel ein unerwartetes Telefonat, bei dem der Anrufer übrigens meistens im Vorteil ist, nach einer unaufschiebbaren Verhandlung und sofortiger Entscheidung verlangt? Oder, wenn der Vorstand ohne Vorwarnung plötzlich ruft und, wie in frühen Jahren erlebt, seinen ehemaligen Schulfreund als potenziellen Lieferanten präsentiert, mit dem man eben mal kurz „passend" verhandeln soll?

Aus diesen Nöten heraus ist das unter im weiteren Verlauf dieses Kapitels näher erläuterte Lieferantenverhandlungsblatt entstanden, das alle wesentlichen Information über den Lieferanten, wie Qualitäts- und Liefertreue, einen aktuellen Risikoscore, die Umsatzentwicklung, die A-Teile und deren Preisentwicklung, alle kaufmännischen Konditionen usw. auf Knopfdruck bereithält. Ergänzt ist es noch um allgemeingültige Argumentationshilfen und natürlich mit einem Feld für die vorher zu definierenden Ziele.

Auch wenn es vielleicht altmodisch klingt und so für den einen oder anderen aussieht, bin ich immer mit meinem Time-System unterwegs (das ist natürlich heute genauso mit einem Tablett-PC möglich). Mit vielen Erfahrungswerten, Checklisten und aktuellen Markt- und Beschaffungsdaten bewaffnet, bin ich so allzeit für eine Verhandlung aus dem Stehgreif bereit, egal wo ich mich gerade in der Welt befinde. Nicht selten konnte ich in verschiedensten Meetings mit diesen aktuellen Informationen Eindruck hinterlassen und zur Effizienz beitragen. Hier beispielhaft zwei dieser Checklisten.

Checkliste für Werk- und Werklieferungsverträge

1. **Auftragsgegenstand**
   - Ist der Auftragsgegenstand definiert?
2. **Liefer- und Leistungsumfang**
   - Ist der Liefer- und Leistungsumfang vollständig und genau beschrieben?
   - Sind zugesicherte Eigenschaften ausreichend beschrieben?
   - Sind Verpackung und Fracht geregelt?
   - Ist der Abnahme- und Prüfumfang genau definiert?
3. **Zuliefer- oder Reserveteile**
   - Liefert der Hersteller auch evtl. Zuliefer- oder Reserveteile?
4. **Qualitätsanforderungen an Hersteller**
   - Wie und durch wen werden die Abnahmen durchgeführt?
5. **Termine**
   - Sind alle für den Besteller wichtigen Eck- und Einzeltermine definiert?

6. **Preise**
   - Muss der Hersteller die Marktfähigkeit bei Mehr- bzw. Minderkosten nachweisen (evtl. Offenlegung der Kalkulation)?
   - Wie werden Reisekosten für Projektbearbeitung abgerechnet?
7. **Zahlungsbedingungen**
   - Sind zahlungsauslösende Ereignisse festgelegt, wie z. B. Vorlage?
   - Auftragsbestätigung
   - Abnahmeprotokoll
   - Sind Anzahlungs-/Gewährleistungsbürgschaften erforderlich?
8. **Vertragsstrafen**
   - Sind Vertragsstrafen (in % vom Auftragswert, in absoluten Beträgen, in Material-Lieferungen oder sonstigen Leistungen) vereinbart mit Höchstpreisen?
   - Ist der Zeitraum für den tolerierbaren Verzug definiert?
   - Kann zusätzlicher Schadenersatz für Verzug geltend gemacht werden?
9. **Gewährleistung**
   - Ist der Gewährleistungsumfang genau definiert?
   - Welche Eigenschaften werden zugesichert?
10. **Haftung und sonstige Ansprüche**
11. **Geheimhaltung, Schutzrechte, Unterlagen**
12. **Kündigung, Sistierung, Rücktritt, Veröffentlichung**
13. **Abtretung, Verpfändung, Rechte Dritter**
14. **Allgemeine Auftragsabwicklung**
15. **Erfüllungsort, Gerichtsstand, Recht**
16. **Optionen**
    - Gibt es Optionen für mögliche zukünftige Bestellungen, die mit verhandelt werden könnten?
17. **Maschinenrichtlinie**
18. **Einkaufsbedingungen**
    - Wurden die Einkaufsbedingungen akzeptiert?
    - Wenn nicht, wurden zumindest HGB/BGB vereinbart?

Checkliste: Rahmenkonditionen für direktes Material bzw. Produktionsmaterial

1. **Preise und Preisbestandteile:**
   - Long Term Agreements (fallende Preise)
   - Mengenstaffelungsrabatt
   - Aktionsrabatt
   - Aktionspreise
   - Boni
     - Volumensteigerung
     - Diversifikation
     - Treue

- Aktionen
- Hochzeitsbonus
- Nachlass für gestiegene Produktivität (Lernkurve)
- Nachlass für langfristige Verträge
- Wurde der Preis partiell aufgeschlüsselt?
- Hausse-und-Baisse-Klausel für Kostentreiber

2. **Zahlungsbedingungen:**
   - Skonto
     - längeres Ziel
     - Kompensation
     - Wechsel/Scheck – Wechsel/Prolongation
3. **Incoterms:**
   - Ab Werk
   - Frei Haus
   - Frei Kunde
4. **Bestände:**
   - Lieferzeiten
   - Bevorratung beim Lieferanten
   - Vorzugsweise Konsignationslager im eigenen Haus
   - Kanban/Just in Time
   - C-Teile Management
   - Direktlieferung an Kunden
5. **Folgekosten:**
   - PPM-Rate oder 100 % Gutteile
   - Prozess bei Nichteinhaltung (Rücksenden/Aussortieren/Ersatz)
   - Stundensätze, Transportkosten, Handling, Umsatz- und Gewinnausfall
6. **Einkaufsbedingungen:**
   - Wurden die Einkaufsbedingungen akzeptiert?
   - Wurde keine abweichende Vereinbarung getroffen, gilt zwischen deutschen Geschäftspartnern immer HGB und BGB
7. **Gewährleistung:**
   - Ist der Gewährleistungsumfang genau definiert?
   - Welche Eigenschaften werden zugesichert?
8. **Qualitätssicherungsvereinbarung:**
   - Ist eine Qualitätssicherungsvereinbarung möglich?

8.1.2 Verhandlungsstrategien

Grundsätzlich lassen sich drei verschiedene Verhandlungsstrategien verfolgen. Das kooperative Verhandeln, der faire Kompromiss und das kompetitive Verhandeln.

Die kooperative Verhandlungsstrategie ist darauf ausgelegt mit dem Verhandlungspartner eng zusammenzuarbeiten und gemeinsame Lösungsmöglichkeiten zu erarbeiten. Dabei wird häufig die Frage nach dem höheren Ziel der Verhandlung gestellt, um langfristige Partnerschaften zu etablieren.

Der faire Kompromiss basiert auf rationalen Aspekten. Durch den wechselseitigen Austausch von Konzessionen sollen beide Seiten fair und gerecht zum Zuge kommen. Die gleiche Grundstruktur weist die kompetitive Verhandlungsstrategie auf, allerdings mit dem Ziel, durch einen einseitigen Austausch von Konzessionen möglichst viel für die eigene und möglichst wenig für die gegnerische Position zu erreichen. Diese Verhandlungsstrategie findet oft unter Zuhilfenahme von Verhandlungstricks Anwendung, wenn einmalige Geschäfte getätigt werden, da ein Verhandlungsteilnehmer in der Regel als Verlierer den Tisch verlässt.

Ein guter Verhandler muss alle drei Verhandlungsstrategien beherrschen, um diese in unterschiedlichen Situationen anwenden, aber auch abwehren zu können.

8.2 Die Vorbereitung

Eine gründliche Vorbereitung auf eine Verhandlung wird in der Praxis oft vernachlässigt. Häufige Ursachen dafür sind mangelnde Zeit, unstrukturiertes Vorgehen oder fehlendes Bewusstsein. Doch die Vorbereitung ist bereits eine der wichtigsten Phasen im Verhandlungsprozess. Denn unabhängig davon mit welcher Motivation, Ausgangsposition oder Strategie die Verhandlung durchgeführt wird, ist bereits ein Großteil des späteren Verhandlungserfolgs mit einer gründlichen Vorbereitung erzielt. Sie kann mit dem Schreiben eines Drehbuchs verglichen werden. Erfahrene Einkäufer entwickeln hierbei einen roten Faden, bei dem verschiedene Szenarien im Vorfeld durchdacht werden. So bietet sich die Möglichkeit im Verlauf der Verhandlung flexibel auf verschiedene Themenbereiche einzugehen, ohne dabei die Hauptthemen aus den Augen zu verlieren. Viele Potenziale und Risiken lassen sich bereits im Vorfeld abwägen und bieten somit Handlungsspielraum. Eine klare Strukturierung des Verhandlungsverlaufs und das Schaffen verschiedener Optionen und Lösungswege wirken sich dabei positiv auf die Verhandlungszeit aus und vermeiden langatmige und zähe Verhandlungsmarathons. Je schwieriger sich der Verlauf der Verhandlung vorausahnen lässt, desto sorgfältiger sollte die Vorbereitung durchgeführt werden. Als Faustregel gilt hier: Doppelt so viel Zeit für die Vorbereitung wie für die Verhandlung selbst einplanen.

8.2.1 Die organisatorische Vorbereitung

Zunächst gilt es, die organisatorischen Rahmenbedingungen für einen reibungslosen Verhandlungsablauf zu schaffen. Dazu muss zunächst mit dem Verhandlungspartner der Verhandlungsort, der Zeitpunkt und der Zeitrahmen, in dem die Verhandlung stattfinden soll,

8.2 Die Vorbereitung

abgestimmt werden. Die Verhandlung im eigenen Haus hat neben dem Heimvorteil den positiven Effekt, dass die Zeit der An- und Abreise alternativ genutzt werden kann. So können Kollegen flexibel aus anderen Fachbereichen hinzugezogen werden und auf sämtliche Ressourcen des eigenen Arbeitsplatzes zurückgegriffen werden. Des Weiteren nimmt der Einkäufer die Rolle des Gastgebers ein und kann den Verhandlungsrahmen somit bewusst steuern. Der Vorteil einer Verhandlung beim Lieferanten ist hingegen, dass sich der Einkäufer vor Ort ein Bild von Produktionsabläufen, Prozessschritten und möglichen Potenzialen des Lieferanten machen kann. Je nach Hintergrund und Ziel der Verhandlung ist der Verhandlungsort somit bewusst zu wählen.

Der Verhandlungszeitpunkt spielt ebenso eine Rolle, denn der Mensch durchläuft im Tagesverlauf verschiedene Leistungsphasen. Sogenannte Morgenmenschen erreichen ihr Leistungshoch gegen zehn Uhr vormittags, wohingegen Abendmenschen erst nachmittags aktiv werden. Die Gemeinsamkeit liegt im Verlauf des Mittags, denn dort erreicht die Leistungsfähigkeit ihren Tiefpunkt. Dies ist somit der schlechteste Zeitpunkt für einen Verhandlungsbeginn. Daher ist es wichtig, seine eigene Leistungskurve zu kennen und den Verhandlungszeitpunkt dementsprechend zu planen. Dabei sollte natürlich sinnhafterweise die Verhandlungsdauer mit berücksichtigt werden, sodass die Verhandlung im Rahmen der üblichen Arbeitszeit stattfinden kann.

Der zeitliche Rahmen sollte so gewählt werden, dass die einzelnen Verhandlungspunkte realistisch besprochen werden können und kein unnötiger Zeitdruck entsteht. Dabei sind je nach Verhandlungsdauer auch Pausenzeiten zu berücksichtigen.

Neben Ort, Zeit und Zeitrahmen sollten im Vorfeld die Themen der Einkaufsverhandlung abgestimmt werden. Dabei erstellt eine Partei in schriftlicher Form eine Themenliste, die durch die andere Partei ergänzt und somit zu einer Agenda ausgearbeitet wird. Dies ermöglicht beiden Parteien eine gezielte Vorbereitung, wodurch ein effizienter Ablauf der Verhandlung gewährleistet wird. Oft genug müssen Entscheidungen aufgrund unvollständiger Dokumente oder erforderlicher Rücksprachen mit Fachabteilungen vertagt werden, was durch eine themenorientierte Vorbereitung hätte vermieden werden können.

Findet die Verhandlung im eigenen Haus statt, müssen im nächsten Schritt die allgemeinen Rahmenbedingungen geschaffen werden. Dies umfasst beispielsweise die Besucheranmeldung am Empfang. Wird der Lieferant namentlich auf einer Anzeigetafel am Empfang begrüßt, zeugt dies von Professionalität und vermittelt dem Lieferanten ein Gefühl der Wertschätzung. Des Weiteren kann eine Betriebsbesichtigung organisiert werden, in der der Lieferant Einblick in die Verarbeitung der von ihm gelieferten Produkte erhält. Dabei sind besondere Aspekte wie Sauberkeit, Prozesssicherheit und Qualitätsmanagement hervorzuheben.

Im Rahmen der zunehmenden Besprechungsflut im täglichen Unternehmensablauf, sollte unbedingt ein geeigneter Besprechungsraum reserviert werden. Einrichtung, Ausstattung, Lichtverhältnisse und Belüftung sind dem Verhandlungsrahmen angemessen zu wählen, denn sie repräsentieren hierbei das eigene Unternehmen. Eventuell müssen für die Verhandlung benötigte Hilfsmittel wie Laptop, Beamer oder Flipchart organisiert und im Besprechungsraum positioniert werden.

Abschließend muss noch eine angemessene Bewirtung organisiert werden. Dabei gilt der Grundsatz, mindestens das anzubieten, was man selbst als Gast erwarten würde. Kaffee und Erfrischungsgetränke sollten unabhängig vom Besucher und zeitlichem Rahmen standardmäßig angeboten werden. Ist ein längerer Verhandlungszeitraum angesetzt, kann zudem ein Mittagessen organisiert werden. Reist der Lieferant aufgrund der Entfernung bereits am Vortag an, ist es oft hilfreich, ihn am Vorabend zum Essen einzuladen. So kann im Rahmen eines gemeinsamen Abendessens bereits auf zwischenmenschlicher Ebene das Eis gebrochen werden, was sich nur positiv auf den Verhandlungsverlauf auswirken kann. Hier gilt jedoch das Gebot: Mehr zuhören als selbst preisgeben.

Sind die Rahmenbedingungen für einen reibungslosen Verhandlungsablauf geschaffen, beginnt im nächsten Schritt die sachliche Vorbereitung auf den Verhandlungspartner unter Zuhilfenahme einer standardisierten Checkliste, dem Lieferantenverhandlungsblatt.

8.2.2 Das Lieferantenverhandlungsblatt

Das Lieferantenverhandlungsblatt (Abb. 8.1) ist eine in der Praxis erprobte Checkliste, die zur sachlichen Vorbereitung auf eine Lieferantenverhandlung dient. Es enthält verschiedene Themenbereiche, die es im Vorfeld zu recherchieren gilt. Dabei sollen im Wesentlichen die folgenden drei Fragen beantwortet werden:

- Was ist das konkrete Thema der Verhandlung?
- Welche Informationen werden benötigt, um Entscheidungen im Rahmen der Verhandlung zu treffen?
- Ist der Lieferant in der Lage, die geforderten Anforderungen zu erfüllen?

Zunächst erfolgt eine übersichtliche Darstellung der Geschäftsbeziehung zwischen Lieferant und Abnehmer. Daraus ergeben sich in der Regel eine Reihe von Ansatzpunkten und Argumentationshilfen, die in der späteren Verhandlung genutzt werden können. Dies beinhaltet insbesondere aktuelle Unternehmensdaten wie die Rechtsform, Kapitalverhältnisse, Branche, Unternehmensgröße, Marktstellung, Referenzen, Anzahl und Ort von Produktionsstätten und eingesetzte Produktionsverfahren. Die benötigten Informationen können im Rahmen der Beschaffungsmarktforschung, durch eine Lieferantenselbstauskunft oder anderweitige Recherchemethoden eingeholt werden.

Im nächsten Schritt erfolgt eine Betrachtung von aktuellen Markttrends der jeweiligen Branche, in der sich der Lieferant befindet. Aktuelle Konjunkturindikatoren, Wechselkurse oder Rohstoffpreisentwicklungen können hier durchaus die Verhandlungsposition des Einkäufers stärken.

Handelt es sich um einen bestehenden Lieferanten kann im nächsten Schritt die Historie der Geschäftsbeziehung erfasst werden. Besonders die Umsatzentwicklung gibt Auskunft darüber, ob der Lieferant einen steigenden Stellenwert für das eigene Unternehmen besitzt oder ob er zunehmend Einkaufsvolumen an Mitbewerber verliert. Unterstützt wird die

8.2 Die Vorbereitung

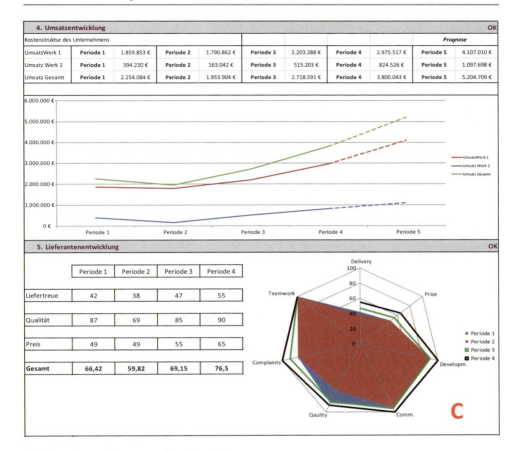

Abb. 8.1 Das Lieferantenverhandlungsblatt

Umsatzentwicklung durch zwei Kennzahlen aus der Lieferantenbewertung, nämlich die Liefertreue und die Qualität. Diese beiden Kennzahlen dienen nicht nur als Argumentationshilfe um Verhandlungsziele durchzusetzen, sondern können auch als Komplexitätsmasse in die Verhandlung eingebracht werden (siehe Kap. 5), indem das vereinbarte Ergebnis an einen bestimmten Zielwert geknüpft wird. Somit verpflichtet sich der Lieferant zu einer direkten Performancesteigerung. Allerdings müssen sowohl die Messmethode, mit der die Kennzahlen ermittelt werden, als auch Konsequenzen, die beim Nichterreichen der Zielwerte greifen, genau definiert sein, um keinen Raum für spätere Diskussionen zu geben.

Im nächsten Schritt erfolgt eine Auflistung der Produkte, die vom Verhandlungspartner bezogen werden. Je nach Umfang kann sich hier auf die wichtigsten und umsatzstärksten Positionen beschränkt werden. Für die aufgelisteten Teile wird die absolute und prozentuale Preishistorie ermittelt. Zum einen, um festzustellen wie preisstabil die vom Lieferanten bezogenen Teile sind, zum anderen, um zu erfahren, ob nicht nur Kostensteigerungen, sondern auch Kostenreduzierungen an Kunden weitergegeben werden.

Sollen im Rahmen der Verhandlung Neuteile verhandelt werden, können die vorab angebotenen Preise des Lieferanten eingetragen werden. Durch das Hinzufügen von Wettbewerbspreisen erhält man einen vereinfachten Angebotsvergleich, wobei hier stets Zusatzkosten wie Fracht, Zoll, Verpackung etc. berücksichtigt werden müssen, um die Preise vergleichbar zu machen. Daraus abgeleitet empfiehlt es sich, einen Zielpreis zu formulieren, der im späteren Verhandlungsverlauf erreicht werden soll.

Abschließend erfolgt eine Betrachtung der Verhandlungspartner. Wer wird an der Verhandlung teilnehmen, welche Interessen verfolgen diese Personen und für welchen Entscheidungsrahmen sind diese befugt? Handelt es sich um einen Geschäftsführer oder einen Vertriebsleiter können Entscheidungen oft direkt im Rahmen der Verhandlung getroffen werden. Nehmen Techniker an der Verhandlung teil, kann sich die Argumentation des Verkäufers schnell in technische Details verlaufen, worauf der Einkäufer dementsprechend vorbereitet sein muss, entweder durch umfangreiches Know-how über den Verhandlungsgegenstand oder durch das Hinzuziehen von technisches Beratern aus anderen Unternehmensbereichen. Zur Planung eines roten Fadens muss deshalb klar sein, wer an der Verhandlung teilnimmt und in welche Richtung diese Personen den Gesprächsverlauf beeinflussen können. Darüber hinaus muss die eigene Entscheidungsbefugnis klar sein, im Zweifel durch das Einfordern der notwendigen Rückendeckung durch die Führungsebene.

Somit werden auf dem Lieferantenverhandlungsblatt alle für die Verhandlung benötigten Informationen zusammengefasst und übersichtlich dargestellt. Je nach Komplexität und Umfang der Verhandlung ist es durchaus ratsam, das Verhandlungsblatt im Team mit den beteiligten Fachabteilungen durchzugehen. Somit erhält man eine zweite oder dritte Perspektive und es können weitere Ansatzpunkte erschlossen werden.

8.2.3 Verhandlungsziele

Zum Abschluss der Verhandlungsvorbereitung sollten unbedingt Ziele definiert werden. In Form von Minimal- und Maximalzielen können dabei Eckpfeiler für den eigenen Verhandlungsspielraum gesetzt werden. Somit wird vermieden, dass in der späteren Verhandlung unter Druck oder Euphorie voreilige Zugeständnisse gemacht werden, die im Nachhinein bereut werden. Beim Formulieren von Zielen empfiehlt es sich, die SMART-Regel anzuwenden. SMART steht für die fünf Eigenschaften spezifisch, messbar, akzeptiert, realistisch und terminiert. Je mehr dieser Eigenschaften das formulierte Ziel aufweist, desto greifbarer und präziser wird es.

Als Orientierung für die minimalen Ziele kann die BATNA-Methode angewendet werden. BATNA (best alternative to a negotiated agreement) entstammt aus dem Harvard-Konzept, welches im Zuge dieses Kapitels näher erläutert wird, und verfolgt den Ansatz, dass ein zufriedenstellendes Verhandlungsergebnis nur dann erreicht wird, wenn es besser ist als die zur Verfügung stehenden Alternativen. Das bedeutet, dass im Rahmen der Vorbereitung realistische Handlungsalternativen ermittelt werden, die im Falle eines Scheiterns der Verhandlungen ergriffen werden können. Je besser die Alternative, desto höher können die Minimalziele angesetzt werden. Somit fördert BATNA die eigene Verhandlungsposition enorm, denn nur wer eine gute Alternative in der Hinterhand hält, braucht das Scheitern einer Verhandlung nicht zu fürchten.

Maximalziele können auf ähnliche Weise formuliert werden, indem die BATNA des Verhandlungspartners abgeschätzt und bewertet wird. Die Schmerzgrenze des Gegenübers bildet hierbei das bestmögliche Verhandlungsergebnis.

Da das Abschätzen der BATNA des Verhandlungspartners oft nur vage möglich ist, kann hier auf eine Methode des kompetitiven Verhandelns zurückgegriffen werden, das MPP-Phänomen. MPP steht dabei für Maximum Plausible Position und verfolgt den Ansatz, dass die Verhandlung mit der höchsten gerade noch begründbaren Forderung beginnen sollte. Die Forderung muss nicht berechtigt sein, sondern lediglich plausibel erscheinen. Dieser Ansatz begründet sich darin, dass in der Regel die wahre Schmerzgrenze des Gegenübers nicht bekannt ist. Somit ist es durchaus möglich, dass Verhandlungsmacht und Interessenlage des Verhandlungspartners völlig überschätzt wurde und daher eine theoretische Chance auf Erfolg besteht. Des Weiteren wird durch diesen Ansatz die Messlatte des eigenen Verhandlungsspielraums angehoben, wodurch sich oft bessere Ergebnisse erzielen lassen. Denn durch ein höheres Eröffnungsangebot bietet sich die Möglichkeit, Zugeständnisse zu machen. Dies wirkt sich wiederum positiv auf den Verhandlungsverlauf aus, da der Verhandlungspartner, durch den Erfolg des Runterhandelns beflügelt, ebenfalls zu Zugeständnissen bereit sein kann. Denn eine Einigung wird in der Regel erst dort erreicht, wo sich die Verhandlungsspielräume der Teilnehmer überschneiden. Beispielsweise hat ein Einkäufer ein Budget von 20.000 EUR für den Kauf einer Anlage zur Verfügung. Der Verkäufer muss einen Mindestpreis von 15.000 EUR erzielen, um seine Kosten zu decken. Die Spanne zwischen 15.000 EUR und 20.000 EUR stellt somit die Zone dar, in der eine für beide Seiten befriedigende Einigung stattfinden kann, die sogenannte Zone of Possible Agreement.

Durch Anwenden der MPP-Regel kann der Einkäufer sein Eröffnungsangebot beispielsweise auf 10.000 EUR reduzieren, um somit im Verlauf der Verhandlung möglichst nahe an die Mindestforderung des Verkäufers zu gelangen. Je weniger Wissen über das Verhandlungsobjekt vorhanden ist, desto höher sollte die Anfangsforderung angesetzt werden. Durch weiche Formulierungen kann dennoch ein geordneter Rückzug ohne Gesichtsverlust erfolgen. Problematisch wird es allerdings, wenn die Anfangsforderung dermaßen überzogen ist, dass sie einen sofortigen Verhandlungsabbruch zur Folge hat. Daher formulieren viele Verhandler ihre Forderungen eher zurückhaltend und angemessen, um nicht unhöflich oder unverschämt zu wirken.

Neben konkreten und messbaren Zielen können zudem übergeordnete Ziele im Rahmen einer Verhandlung verfolgt werden. Diese können auf inhaltlicher oder auf persönlicher Ebene definiert werden, wie beispielsweise der Austausch von Informationen oder das Aufbauen einer strategischen Partnerschaft.

Werden die gesammelten Zielsetzungen abschließend mit einer Priorisierung versehen, versetzt sich der Verhandler in die Lage, im Verhandlungsverlauf systematisch Zugeständnisse machen zu können. Die Priorisierung reicht dabei von „geben wir ohne Schmerzen her" bis zu „müssen wir unbedingt erreichen". Denn eine Verhandlung ist stets ein Geben und Nehmen und ohne Zugeständnisse kommt sie schnell ins Stocken oder mündet in einen toten Punkt, an dem sich nichts mehr bewegt. Daher müssen gute Verhandler flexibel und beweglich agieren und in der Lage sein zu geben. Im Idealfall werden dabei Konzessionen, die eine niedrige Priorität für das eigene Unternehmen haben, gegen Konzessionen mit hoher Priorität eingetauscht. Um Zugeständnisse strategisch und systematisch einzusetzen, sollten sie im Rahmen der Vorbereitung geplant werden.

Praxistipp: Die richtige Vorbereitung ist mehr als die „halbe Miete"

Verhandeln ist bekanntermaßen eine Kernkompetenz des strategischen Einkaufs, aber auch der operative Einkäufer tut sich beim Kampf um Termine und Mengen nicht ganz so schwer, wenn er entsprechendes Know-how und Talent besitzt. Das gilt natürlich gleichermaßen für die Gegenseite, wobei Verkäufer in der Regel deutlich weniger Kunden und Artikel zu betreuen haben als Einkäufer Lieferanten und Beschaffungsteile managen. Deshalb sind Verkäufer auch oft besser vorbereitet. Umso wichtiger ist es für den Einkäufer, Paroli bieten zu können und wenn möglich noch besser zu sein. Denn der Verhandlungserfolg ist eine Kombination aus guter Vorbereitung und klaren, strategiekonformen Verhandlungszielen, die in eine positive Beeinflussung und Überzeugung des Gegenübers münden. Bis zu 80 % des Verhandlungserfolges werden der Vorbereitung zugeschrieben, also zwingen Sie sich und ihre Mitarbeiter wenn nötig dazu.

Aber wie bereitet man sich richtig vor? Zunächst heißt es, die eigene Verhandlungsposition zu analysieren, denn die Macht hat derjenige, der sich das Scheitern der Verhandlung leisten kann. Deswegen ist es für die Verhandlungsstrategie sehr wichtig, die eigene Position richtig einzuschätzen und Alternativen abzuwägen. Um das herauszufinden heißt es, Informationen sammeln. Der Aufwand sollte dabei im Verhältnis zum möglichen Potenzial stehen. Je schwieriger das Thema scheint, desto gründlicher und je mehr Potenzial oder Risiko, desto intensiver sollte die Vorbereitung sein. Der persönliche Aufwand dafür kann überschaubar sein, denn diese Fleißarbeit eignet sich hervorragend zur Delegation an Auszubildende und Studenten. Sehr oft haben diese dann mit großem Interesse den gesamten Verhandlungsprozess begleitet. Beispielhaft sei hier die Vorbereitung für eine Verhandlung mit drohender Preiserhöhung beschrieben, die sich in der Praxis hervorragend bewährt hat:

Schritt 1: Fast jede Preiserhöhung wird in der Regel mit Teuerungsraten einzelner Preisbestandteile wie Material, Löhne etc. begründet. Daher ist im ersten Schritt zu prüfen, ob und in welcher Höhe die angegebenen Kostensteigerungen stattgefunden haben. Anhand der Preisstruktur kann schließlich festgestellt werden, welchen Einfluss die genannten Teuerungsraten auf den Gesamtpreis haben und ob die geforderte Preiserhöhung gerechtfertigt ist.

Schritt 2: Im nächsten Schritt werden die absolute und die prozentuale Preiserhöhung im 12-Monatseffekt ermittelt, um die Auswirkungen der geforderten Preiserhöhung darzustellen.

8.2 Die Vorbereitung

Schritt 3: Anschließend erfolgt eine Betrachtung der Preishistorie, um festzustellen, ob der Lieferant in Rezessionszeiten seine günstigeren Einkaufspreise weitergegeben hat.

Schritt 4: Je nach Machtposition des Lieferanten und der Laufzeit des Artikels werden aktuelle Anfragen vorzugsweise in Low Cost Countries gestartet. Denn diese Lieferanten bieten sehr schnell und meist zu guten Konditionen an. Auch wenn auf diese Quellen nicht zurückgegriffen werden soll, bieten sie doch hervorragende Argumente für das anstehende Preisgespräch und können darüber hinaus als Benchmark dienen.

Schritt 5: Um einen Volumeneffekt zu erzeugen, wird geprüft, für welche Artikel noch kein Rahmenvertrag vereinbart wurde. Für diese Artikel werden die potenziellen Mengen mit in die Verhandlungsmasse eingebracht.

Schritt 6: Welche Produktivitätsverbesserungen hat der Lieferant in den letzten Monaten und Jahren erzielt und hat er diese an seine Kunden weitergegeben? Wenn dies nicht der Fall ist, dann wird eine angenommene branchenübliche, jährliche Produktivitätssteigerung als Kompensationsmasse mit in die Verhandlung eingebracht.

Schritt 7: Steht ein zusätzliches, dem Lieferanten bisher nicht bekanntes, Neugeschäft zur Vergabe an, gilt die gleiche Vorgehensweise.

Schritt 8: Schließlich folgt noch die Prüfung, ob der Lieferant in der Vergangenheit negativ aufgefallen ist. Dabei erfolgt eine Prüfung von Termin- und Preistreue sowie Anlieferqualität, in der Regel findet man immer etwas Nutzbares. Des Weiteren werden die aktuellen Randkonditionen mit den strategischen Zielen verglichen, um hier ein weiteres Verhandlungsargument zu erzeugen.

Schritt 9: Danach werden Minimal- und Maximalziele definiert, die jedoch nicht zu überzogen sein sollten. Denn hier gilt, wie in Abb. 8.2 dargestellt, die allgemeine Motivationskurve. Wird der Bogen überspannt, droht Demotivation bis hin zum Rückzug des Verhandlungspartners und damit der eigene Gesichtsverlust!

Schritt 10: Abschließend erfolgt die finale Verhandlungsplanung. Der Verhandlungsort sollte mit Bedacht gewählt werden, da es sich deutlich besser verhandelt, wenn man ein Heimspiel hat. Den Faktor Zeit sollte man nutzen und auch die Tagesleistungs- und Tagesstörkurven beachten. Die Verhandlungsmethode muss dem Thema (ob Preis-, Reklamations-, Forderungs- oder Analysegespräch in der Anfragephase) angemessen sein, aber je nach Gesprächsverlauf auch flexibel gehandhabt werden. Und da steht, wie im weiteren Verlauf des Kapitels dargestellt, eine ganze Palette zur Verfügung. Von der Nutzung des MPP-Phänomens (Maximum Plausible Position), frei nach dem Motto „Fordere das Unmögliche, damit du das Mögliche erreichst", das ergebnisorientierte kompetitive Verhandeln über die BATNA- (Best Alternative To a Negotiated Agreement)Methode bis hin zum Win-Win-Ansatz des Harvard-Konzeptes können verschiedene Verhandlungstaktiken zum Ergebnis führen. Nach interner Abstimmung gilt es dann, den Gesprächsverlauf auch mit einem Plan B zu durchdenken und bei angemessenem Zeitaufwand sogar zu proben. Spätestens jetzt hat man den eigenen Agenda-Vorschlag entwickelt, den man vorab mit dem Verhandlungspartner

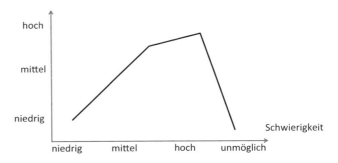

Abb. 8.2 Motivationskurve

abstimmen sollte. Fertig ist der Gesprächsleitfaden. Diese Vorgehensweise sollte jedem Einkäufer in Fleisch und Blut übergehen.

8.3 Kommunikation und Körpersprache

Die Schlüsselfaktoren einer erfolgreichen Einkaufsverhandlung sind neben der sorgfältigen Vorbereitung vor allem die kommunikativen Fähigkeiten des Einkäufers sowie ein gewisses Verhandlungsgeschick. Denn die Verhandlung selbst ist von einer hohen Interaktionsdichte geprägt, die zu einem wesentlichen Teil auf der Beziehungsebene stattfindet. Besonders anschaulich beschreibt dies der Kommunikationswissenschaftler Paul Watzlawick in seinem Eisbergmodell der Kommunikation. Demnach ist lediglich ein kleiner Teil der Interaktion oberhalb der Wasseroberfläche sichtbar, etwa das Gesagte, Zahlen, Daten, Fakten oder schriftliche Angebote. Der weitaus größere Teil spielt sich allerdings unterhalb der Wasseroberfläche ab, auf der Beziehungsebene der verhandelnden Personen. Daher haben Bedürfnisse, Motivation, Emotion und Gefühle entscheidenden Einfluss auf das Verhandlungsergebnis.

Kreativität, Flexibilität und zwischenmenschliche Intelligenz sind also ebenso gefragt wie Schlagfertigkeit und Durchsetzungsvermögen. Einiges davon kann erlernt werden, vieles davon basiert auf Intuition und Menschenkenntnis. Aus diesem Grund soll im Folgenden ein kurzer Ausflug in das Feld der Kommunikation und Körpersprache unternommen werden, um einige Ansatzpunkte und Verhaltensweisen für die Einkaufsverhandlung zu gewinnen.

8.3.1 Das Kommunikationsquadrat

Das Kommunikationsquadrat oder „Vier-Ohren-Modell" von Friedmann Schulz von Thun ist ein bekanntes Modell, welches der Frage nachgeht, wodurch Kommunikationsprobleme zustande kommen. Das Modell besagt, dass jede Nachricht, wie in Abb. 8.3 dargestellt, grundsätzlich vier Botschaften beinhaltet:

8.3 Kommunikation und Körpersprache

Abb. 8.3 Das Kommunikationsquadrat nach Schulz von Thun

- **Die Sachbotschaft:** Worüber informiere ich? Hierbei steht die Sachinformation im Vordergrund.
- **Die Selbstoffenbarungsbotschaft:** Was gebe ich von mir selbst zu erkennen? Diese Botschaft gibt Hinweise darauf, was in mir vorgeht und wie ich meine Rolle auffasse.
- **Die Beziehungsbotschaft:** Wie stehe ich zum anderen? Die Beziehungsseite gibt zu erkennen, wie ich zum anderen stehe und was ich von ihm halte.
- **Die Appellbotschaft:** Was will ich beim anderen erreichen? Die Appellseite verweist darauf, welchen Einfluss ich nehmen möchte und welche Wünsche, Ratschläge oder Handlungsanweisungen ich dem Gegenüber geben möchte.

Missverständnisse entstehen oft dadurch, dass der Sender einer Nachricht eine bestimmte Seite ansprechen will, der Empfänger hingegen eine ganz andere Seite wahrnimmt.

Ein einfaches Beispiel aus der täglichen Einkaufspraxis soll dies verdeutlichen. Im Rahmen einer Einkaufsverhandlung macht der Einkäufer die Aussage „Der angebotene Preis ist zu hoch." Nun gibt es verschiedene Möglichkeiten, wie der Verkäufer diese Aussage verstehen kann.

Versteht er sie auf der Sachseite, gibt die Nachricht ihm die Information, dass der angebotene Preis zu teuer ist. Evtl. sind andere Anbieter günstiger oder der angebotene Preis liegt tatsächlich über dem vorgegeben Zielpreis des Einkäufers.

Komm die Nachricht hingegen auf Selbstoffenbarungsseite des Verkäufers an, beginnt dieser Schlüsse über die persönliche Motivation dieser Aussage zu ziehen. Evtl. will sich der Einkäufer profilieren, denn er versucht den letzten Cent herauszupressen, um später bei seinem Vorgesetzten gut dazustehen. Seine Reaktion wird dementsprechend eher neutral bis negativ ausfallen.

Wird die Nachricht auf der Beziehungsebene verstanden, könnte der Verkäufer beginnen, über die derzeitige Geschäftsbeziehung nachzudenken. Vielleicht sind Einkäufer und Verkäufer langjährige Geschäftspartner und der Einkäufer will Hinweise auf die Preisgestaltung der Wettbewerber geben. Oder aber der Einkäufer hat kein Interesse an einer weiteren Zusammenarbeit und möchte die Verhandlung scheitern lassen.

Von der Appellseite betrachtet, könnte sich der Verkäufer dazu aufgefordert fühlen, den Preis zu senken und umgehend ein neues Angebot abzugeben.

Somit existieren vier Perspektiven, die je nach Situation unzählige Schlüsse zulassen, wie die gemachte Aussage verstanden wird. Dieses Schema macht deutlich, dass Kommunikation immer dann nicht zufriedenstellend verläuft, wenn der Empfänger eine andere Seite der Nachricht versteht, als der Sender gemeint hat. Weiß man allerdings, dass diese vier Seiten existieren, so kann man bei Missverständnissen durchaus versuchen herauszufinden, ob der Empfänger die gleiche Seite der Nachricht verstanden hat, die man als Sender gemeint hat und umgekehrt, ob man als Empfänger die Seite der Nachricht verstanden hat, die der Sender gemeint hat. Denn oftmals reagiert man sauer oder enttäuscht auf etwas, was ein Kollege oder Geschäftspartner gesagt hat, wobei man lediglich nur die falsche Seite der Nachricht verstanden hat.

8.3.2 Nonverbale Kommunikation

Eine bekannte Theorie von Paul Watzlawick besagt, dass man nicht „nicht-kommunizieren" kann. Kommunikation findet immer dann statt, wenn sich Personen gegenseitig wahrnehmen, da jedes menschliche Verhalten kommunikativen Charakter aufweist. Das bedeutet, dass der Mensch durch Mimik, Gestik oder optische Zeichen stets nonverbal kommuniziert.

Nonverbale Kommunikation ist die älteste Form zwischenmenschlicher Verständigung und wird in der Regel bereits von Neugeborenen beherrscht. Dadurch bringt der Mensch entweder zum Ausdruck wie er sich fühlt und was in ihm vorgeht oder er unterstützt den Inhalt einer verbalen Botschaft. Der Interpretationsrahmen kann dabei stark variieren und erfordert stets eine situationsgebundene und objektive Betrachtung. Allerdings kann es durchaus hilfreich sein, einige grundlegende Regeln der nonverbalen Kommunikation zu kennen und zu beachten:

Etikette Die Etikette umfasst ein angemessenes Verhalten und ein entsprechendes Erscheinungsbild innerhalb eines sozialen Rahmens. Den sozialen Rahmen bildet in der Regel das Treffen mit einem Lieferanten. Legt der Einkäufer in diesem Rahmen ein ungepflegtes Äußeres an den Tag, verursacht dies nicht nur Ablehnung, sondern vermittelt auch eine geringe Wertschätzung für den Verhandlungspartner. Genauso hinterlassen Unpünktlichkeit und unangemessene Kleidung den Eindruck, dass der Termin nicht für wichtig erachtet wurde.

Blickkontakt Der Blickkontakt ist einer der wichtigsten Faktoren der nonverbalen Kommunikation. Zum einen vermittelt der Zuhörer Interesse und gibt dem Redner Feedback, ob das Gesprochene verstanden wurde, zum anderen verleiht der Redner seiner Botschaft durch Blickkontakt einen gewissen Nachdruck und hebt dadurch die Wichtigkeit der Nachricht hervor. Die Dauer des Blickkontakts kann sowohl eine positive Wirkung, wie Sympathie oder Wichtigkeit, auf den Gesprächspartner haben, aber auch eine negative Reaktion bewirken. Etwa wenn sich der Gesprächspartner bedroht und in die Enge gedrängt fühlt. Anstarren wird dabei als unhöflich, unangenehm und abwertend empfunden.

Gestik Unter Gestik versteht man kommunikative Bewegungen von Händen, Armen, Schultern und Kopf. Diese Bewegungen haben die Funktion verbale Botschaften zu betonen, zu verstärken, zu regulieren oder zu ersetzen. Dies geschieht in der Regel natürlich und spontan, beispielsweise durch ein Aufzeigen der Hand zur Betonung einer Aussage oder einem Mitzählen der Finger bei Aufzählungen. Gestiken sollten keinesfalls erzwungen oder gekünstelt wirken und zum Inhalt der Botschaft passen. Tun sie das nicht, kann dies zu Unsicherheit oder mangelnder Glaubwürdigkeit führen. Diese negative Wirkung wird häufig unterstützt durch häufiges Kratzen an Hals und Nase sowie dem Vermeiden von Blickkontakt. Da Gestik oft spontan und natürlich eingesetzt wird, muss sie nicht immer zum Inhalt passen. So kann beispielsweise das Reiben der Hände eine stille Vorfreude vermitteln oder das Kratzen am Kopf Unsicherheit und Verlegenheit ausstrahlen. Ein Aufeinanderlegen der Hände vermittelt hingegen Ruhe und Souveränität.

Mimik Die Mimik beschreibt sichtbare Bewegungen des Gesichts und gilt als eine emotionale Ausdrucksform der menschlichen Gefühlslage. Das bedeutet, die Mimik spiegelt wider, wie sich ein Mensch fühlt und was er denkt. Lachen ist je nach Situation ein geeignetes Mittel, um Barrieren zu überwinden und reduziert die Distanz zum Zuhörer. Es vermittelt das Gefühl von Offenheit, Freundlichkeit und Vertrauen.

Stimme Die Stimme ist indirekter Bestandteil der nonverbalen Kommunikation, denn durch Variation der Stimme können bestimmte Inhalte oft besser und verständlicher vermittelt werden. Die Stimme wird dabei nach ihrer Qualität (dem Inhalt angepasst), Verständlichkeit (Pausen, Ausdruck und Grammatik) sowie der Abwechslung (Tempo, Lautstärke und Akzente) charakterisiert.

8.4 Verhandlungsphasen

Für den allgemeinen Ablauf einer Verhandlung existiert eine einprägsame Eselsbrücke, das englische Akronym „NEGOTIATE". Hierbei stehen die einzelnen Buchstaben für eine logische Abfolge des Verhandlungsprozesses[1].

Names and niceties – Austausch von Namen und Nettigkeiten Der Einstieg in den Verhandlungsprozess beginnt mit dem Austausch von Namen und Nettigkeiten. Dies bedeutet, die beteiligten Personen stellen sich gegenseitig vor und beginnen, durch Small Talk eine Beziehung zueinander aufzubauen. Dieser Prozessschritt beschränkt sich in der westlichen

---
[1] Vgl. Portner (2010, S. 67 ff.).

Geschäftswelt auf wenige Minuten, kann jedoch je nach Kultur auch mehrere Stunden in Anspruch nehmen. **Besonders in asiatischen Regionen ist der Aufbau einer persönlichen Beziehung entscheidend für den Erfolg zukünftiger Geschäfte.**

Establish General Conditions – Grundregeln festlegen Das Etablieren von Grundregeln umfasst die gemeinsame Einigung auf den Verhandlungsrahmen. Wer führt Protokoll, was sind die Erwartungen der Verhandlungsparteien und welches Ziel soll am Ende der Verhandlung erreicht werden? An dieser Stelle kann außerdem geklärt werden, ob die Beteiligten entscheidungsbefugt sind oder ob die anschließende Genehmigung einer höheren Autorität notwendig ist.

Get Standardpoints Exchanged – Standpunkte austauschen Im nächsten Verhandlungsschritt werden die Positionen, Forderungen und Wünsche der Parteien ausgetauscht. In der Regel ergibt sich daraus eine Diskussion, in der es die Wünsche und Interessen der Gegenseite zu verstehen gilt. Wichtig ist hierbei, dass die eigenen Forderungen eindeutig und präzise formuliert werden. Eine zu weiche Formulierung bietet lediglich Angriffspunkte und signalisiert dem Gegenüber Verhandlungsspielraum.

Observe and Identify Common Ground – Gemeinsamkeiten finden Nach Austausch der Positionen wird schnell deutlich, wie weit die beiden Parteien auseinander liegen. Hier ist es ratsam, vor dem Versuch die Lücke schließen zu wollen zunächst die beiden Standpunkte zusammenzufassen und Gemeinsamkeiten zu finden, um später gemeinsame Lösungen zu erarbeiten.

Take Note of Differences – Unterschiede berücksichtigen Im nächsten Schritt gilt es, die Unterschiede der beiden Positionen zu verstehen und anzuerkennen. Anerkennen bedeutet in diesem Zusammenhang nicht, dass die Forderungen der Gegenseite akzeptiert werden. In dieser Phase ist es wichtig, dass sich die Verhandlung nicht festfährt und die Atmosphäre entspannt bleibt.

Initiate Negotiation – Verhandlung starten Nun folgt die eigentliche Verhandlung. Dabei können verschiedene Strategien zum Einsatz kommen. Unabhängig davon, ob hart oder weich verhandelt wird, geht es in dieser Phase darum, Zugeständnisse auszutauschen und Lösungswege zu erarbeiten. Dabei sollten Zugeständnisse strategisch positioniert und effektiv eingetauscht werden.

Agreement Should be Reached – Übereinkunft treffen Ist die Lücke der beiden Positionen im Rahmen einer Einigung geschlossen, erfolgt eine Zusammenfassung der Verhandlungsergebnisse. Dadurch wird sichergestellt, dass beide Parteien das gleiche Verständnis vom Ergebnis haben und dieses tragen.

Tasks Should be Distributed – Aufgaben verteilen Die verhandelten Aktionsfelder werden anschließend an die Teilnehmer verteilt. Welche Schritte müssen als nächstes eingeleitet werden und wer macht was bis wann? Dadurch wird sichergestellt, dass keine Unklarheiten in der Aufgabenverteilung entstehen und die gesammelten Aktionspunkte zeitnah umgesetzt werden.

End, Celebrate and Say Farewell – Verhandlung beenden Zum Abschluss erfolgt die Verabschiedung des Gegenübers. Auch diese ist in der Regel von Small Talk dominiert und nimmt nur wenige Minuten in Anspruch. Je nach Kultur kann das Verhandlungsergebnis aber auch bei einem gemeinsamen Abendessen oder dem Besuch einer Kulturveranstaltung gefeiert werden, denn auch hier spielt wieder die persönliche Beziehung eine wichtige Rolle.

> **Praxisbeispiel**
> Den größten Erfolg hatte und habe ich auch heute noch mit der folgenden Vorgehensweise in der Verhandlung:
> Nach der Begrüßung und dem Abfragen von Tageszielen und Wünschen der Gegenseite folgt die eigene Sicht. Auf freundliche Art und Weise konfrontiert man den Gegenüber mit Zahlen, Daten und Fakten, die diesen idealerweise in eine defensive Position bringen. „Grounden" nannte ein ehemaliger englischsprachiger Chef diese Vorgehensweise. Aber Vorsicht, die Argumente müssen hieb- und stichfest sein und ein Plan B muss parat liegen. Danach richtet man den Lieferanten langsam wieder auf und bringt dabei teilweise künstlich erzeugte Komplexität aus den verschiedensten Verhandlungsfeldern mit in die Verhandlungsmasse ein. Somit versetzt man sich in die Lage, im Gesprächsverlauf auch etwas geben zu können, ohne dass es „wehtut". Denn die Verhandlung ist oberflächlich betrachtet stets ein Geben und Nehmen und so fällt es leichter, die wahren Ziele durchzusetzen. Nachdem also vorher alle Gesprächsthemen, insbesondere die technischen, final behandelt wurden, hebt man sich den wichtigsten Verhandlungspunkt bis zum Schluss auf und dann heißt es Nehmen. Setzen Sie während der gesamten Verhandlung Ihre Körpersprache gezielt ein. Beispielsweise, indem Sie zu Beginn einer Verhandlung durch Spiegel (Abb. 8.4 und 8.5) eine vertrauensvolle Atmosphäre schaffen.
> Dabei nehmen Sie eine ähnliche Körperhaltung wie Ihr Gegenüber ein, was Ihrem Verhandlungspartner ein gutes Gefühl vermittelt und sich somit positiv auf die Beziehungsebene auswirkt.
> Beobachten Sie im weiteren Verlauf der Verhandlung Ihren Verhandlungspartner aufmerksam und fassen Sie nach, wenn Sie zu erkennen glauben, dass etwas nicht verstanden wurde oder sich Ungereimtheiten ergeben.
> Häufiges Nasenjucken (Abb. 8.6) oder Kratzen am Hals (Abb. 8.7) vermittelt beispielsweise eine gewisse Unsicherheit und ist oft ein Hinweis für Zweifel oder sogar Unwahrheiten. Stellen Sie solche Verhaltensmuster fest, wiederholen Sie Ihre Aussagen, um Misstrauen und Unsicherheit auszuräumen.

Abb. 8.4 Verschiedene Körperhaltungen verdeutlichen unterschiedliche Positionen

Abb. 8.5 Spiegeln der Körperhaltung vermittelt Einigkeit

Als weiteres Signal für Skepsis oder wenig Interesse kann ein aufgestütztes Kinn (Abb. 8.8) sein. Nehmen Sie diese Körperhaltung wahr, unterbrechen Sie und fragen nach, ob Sie sich verständlich ausgedrückt haben.

8.4 Verhandlungsphasen

Abb. 8.6 Nasejucken als Zeichen von Unsicherheit

Abb. 8.7 Kratzen am als Hinweis für Zweifel

Beachten Sie das räumliche Territorium, wie in Abb. 8.9 verdeutlicht. Nutzen Sie dieses Wissen für einen Angriff, wenn es zur Umsetzung Ihrer Strategie passt, indem Sie zum Beispiel einen Kugelschreiber unmittelbar vor Ihrem Gegenüber auf dem Tisch platzieren.

Überschreiten wir gewisse Grenzen, vor allem die der Intimzone, fühlt sich unser Gesprächspartner bedrängt oder verstimmt. Das Eindringen in das Territorium eines

Abb. 8.8 Ein aufgestütztes Kinn vermittelt Skepsis

Abb. 8.9 Je höher der Status eines Menschen, desto größer ist das Territorium, das er beansprucht

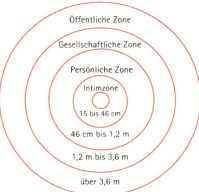

anderen kann als ein Vertrauenshinweis oder aber als Bedrohung wahrgenommen werden und Aggressionen auslösen. Denn nicht immer lautet das Verhandlungsziel eine Einigung zu erzielen und die Geschäftsbeziehung fortzusetzen.

Wie unsicher Sie sich innerlich auch fühlen mögen, zeigen Sie nach außen immer Stärke.

8.5 Verhandlungsmethoden

Es gibt, wie beschrieben, verschiedene Möglichkeiten, um die gesetzten Ziele im Rahmen der Verhandlung zu erreichen. In der Theorie gibt es grundsätzlich drei Arten zu verhandeln, das kooperative Verhandeln, der faire Kompromiss oder das kompetitive Verhandeln. Je nach Situation bietet jede dieser drei Methoden Vor- und Nachteile. Werden langfristige und enge Partnerschaften angestrebt, empfiehlt sich ein kooperativer Verhandlungsstil, wohingegen bei einmaligen Geschäften oder ungleichen Machtverhältnissen kompetitive Verhandlungsmethoden zum Einsatz kommen können. Ein guter Verhandler beherrscht daher alle drei Varianten, um diese situationsbedingt anwenden zu können, aber auch um in der Lage zu sein, auf die verschiedenen Methoden zu reagieren.

8.5.1 Kompetitives Verhandeln

Das kompetitive Verhandeln umfasst allgemein den Ansatz eines harten Verhandlungsstils. Es sollte nur begrenzt zum Einsatz kommen, wenn eine langfristige Partnerschaft angestrebt wird, denn meist verlässt eine Verhandlungspartei den Raum als Verlierer. Ein guter Verhandler beherrscht aber auch diese Methode um zu erkennen, wann eine harte Verhandlungsmethode notwendig sein kann und wie er auf hartes Verhandeln reagieren kann. Nicht immer ist direkt offensichtlich, dass das Gegenüber kompetitiv verhandelt. Zwar gibt es auf der einen Seite die ganz „harten Hunde", die ihre Forderungen strikt durchsetzen und deren Gegenüber ständig mit der Angst des Verhandlungsabbruchs konfrontiert werden. Ein guter kompetitiver Verhandler lässt sein Gegenüber allerdings nicht spüren, dass er gerade über den Tisch gezogen wird. Denn er weiß, dass am Ende der Verhandlung nur eine Einigung zustande kommt, wenn für beide Parteien ein zufriedenstellender Kompromiss gefunden wird. Dabei nutzt er die subjektive Verhandlungszufriedenheit als Stellschraube für den eigenen Verhandlungserfolg[2]. Der kompetitive Verhandler unterscheidet die Zufriedenheit mit dem Verhandlungsergebnis und die Zufriedenheit mit dem Verhandlungsverlauf. Unerfahrene Verhandler ziehen ihre Verhandlungszufriedenheit oft aus dem verfahrensmäßigen Verlauf der Verhandlung. Dies nutzt der kompetitive Verhandler, indem er dafür sorgt, dass die Gegenseite mit dem Verlauf der Verhandlung zufrieden ist und dadurch vergisst, sich auf das eigentliche Ergebnis zu konzentrieren.

8.5.1.1 Grundmuster des kompetitiven Verhandelns

Das kompetitive Verhandeln basiert auf der plausiblen Annahme, dass der Verhandlungsgegenstand stets ein knappes Gut darstellt, das optimal aufgeteilt werden muss. Optimal bedeutet in diesem Zusammenhang möglichst zu eigenen Gunsten. Somit verläuft eine kompetitiv geführte Verhandlung grundsätzlich immer nach einem Grundmuster. Beide Parteien beginnen mit ihren Maximalforderungen. Anschließend erfolgt das Feilschen um Konzessionen, um sich gegenseitig anzunähern. Dabei büßt eine Partei immer das ein, was die andere gewinnt. Ziel ist dabei, möglichst viel zu gewinnen und möglichst wenig einzubüßen. Haben beide Seiten entsprechend nachgegeben, wird an irgendeiner Stelle ein Kompromiss im Sinne einer Einigung geschlossen.

---

[2] Vgl. Risse (2007, S. 6).

Kompetitive Verhandler wählen für ihr Eröffnungsgebot oft die höchste noch irgendwie begründbare Anfangsforderung. Dieses sogenannte MPP-Phänomen (Maximum Plausible Position) begründet sich in der Tatsache, dass theoretisch eine Chance auf Erfolg besteht, denn unter Umständen wurde die Verhandlungsmacht des Gegenübers im Vorfeld zu hoch eingeschätzt. Gleichzeitig dient die Anfangsforderung dazu, den Verhandlungsspielraum möglichst hoch zu halten und den Erwartungswert des Verhandlungspartners zu senken. Problematisch wird diese Methode nur, wenn die Anfangsforderung dermaßen hoch ausfällt, dass ein sofortiger Verhandlungsabbruch riskiert wird. Denn in unseren Kulturkreisen werden überzogene Forderungen als unhöflich und unverschämt gewertet. Daher sollte die Anfangsforderung plausibel argumentierbar sein und durch eine weiche Formulierung Verhandlungsbereitschaft signalisiert werden.

8.5.1.2 Der Faktor Macht

Der Faktor Macht spielt für den Verhandlungserfolg eine entscheidende Rolle und dies ist allen Beteiligten im Rahmen der Verhandlung bewusst. Denn wer Macht hat, kann die Dinge in Richtung der eigenen Zielsetzung bewegen. Daher zielen viele Manöver, die während der Verhandlung zur Anwendung kommen darauf ab, das Machtverhältnis zu den eigenen Gunsten zu beeinflussen.

In der Regel besitzen alle Verhandlungsparteien in den Augen der Gegenseite ein gewisses Machtpotenzial. Wäre dies nicht der Fall, gäbe es keinen Anlass für eine Verhandlung. Im Vorfeld sollte sich deshalb klar gemacht werden, wie sich die eigene Machtposition, aber auch die der Gegenseite darstellt. Warum ist die Gegenseite bereit zu verhandeln, wo liegen die eigenen Stärken und wer kann es sich leisten, die Verhandlung ohne eine Einigung abzubrechen? Denn Verhandlungsmacht zu haben bedeutet, die Möglichkeit „Nein" zu sagen und weniger auf einen erfolgreichen Verhandlungsabschluss angewiesen zu sein als die Gegenseite. Daher sollte sich das Risiko eines Verhandlungsabbruchs bereits im Vorfeld bewusst gemacht werden, um abzuschätzen, inwieweit dieses Risiko eingegangen werden kann. Ist das Risiko zu groß für einen alleine, können Kollegen und Vorgesetzte mit einbezogen werden, um das Risiko aufzuteilen. Auch das Schaffen von Alternativen anhand der BATNA-Methode kann hier äußerst hilfreich sein, die eigene Risikolage und somit die Verhandlungsmacht deutlich zu verbessern.

Des Weiteren kann Macht mit Hilfe einer schlüssigen Argumentationskette aufgebaut werden. Wird die eigene Position schlüssig dargestellt, verbessert sich das Machtverhältnis zu den eigenen Gunsten und es fällt wesentlich leichter, die Gegenseite zum Einlenken zu bewegen. Dabei ist allerdings zu beachten, dass die Machtwirkung von Argumenten lediglich im Vorfeld der Verhandlung voll zum Tragen kommt. Werden Argumente in der Stresssituation einer Verhandlung vorgetragen, können diese schnell als Angriff auf die Position des Gegenübers verstanden werden. Die eingenommene Position gilt es allerdings in der Verhandlung zu verteidigen, wodurch Argumente eher abwehrende Reaktionen auslösen. Je plausibler das vorgetragene Argument dabei ist, desto schneller kann sich der Verhandlungspartner in die Ecke gedrängt und überfahren fühlen. So behindern während der Verhandlung vorgetragene Argumente einen positiv wahrgenommenen Verhandlungsverlauf eher als dass sie für das Ergebnis förderlich sind. Daher sollten Argumente stets im Vorfeld schriftlich mitgeteilt werden. Somit hat die Gegenseite die Möglichkeit die Argumente sachlich und in Ruhe zu prüfen und sich darauf vorzubereiten. Dadurch wird eine Anpassung an die eigene Position erleichtert und es werden hitzige Diskussionen vermieden.

8.5.1.3 Der Faktor Zeit

Der Faktor Zeit nimmt eine Schlüsselfunktion des kompetitiven Verhandelns ein, denn in der Regel finden Verhandlungen in einem vorher abgestimmten Zeitrahmen statt. Ist noch keine Einigung getroffen, werden viele Verhandler mit näher rückendem Zeitlimit unruhig. Kommt keine Einigung zustande, würde dies ein Scheitern der Verhandlung bedeuten. Daher werden Einigungen oftmals erst gegen Ende einer Verhandlung erzielt, wenn die Verhandlungsteilnehmer zu größeren Konzessionen bereit sind. Daher ist es ratsam, nie eigene Zeitlimits wie beispielsweise den Abflug des Flugzeugs bekannt zu geben. Um den Faktor Zeit gezielt einzusetzen, sollte vielmehr das Zeitlimit der Gegenseite bekannt sein, um somit die für die eigene Position wichtigen Themen erst gegen Ende einer Verhandlung zu besprechen. So wird der Druck auf die Gegenseite erhöht, was diese zu größeren Zugeständnissen bewegt.

Aber Zeit kann nicht nur als Druckmittel verstanden werden. Zeit bedeutet gleichzeitig Aufwand und somit Geld. Je mehr Zeit in eine Verhandlung und deren Vorbereitung investiert wurde, desto wahrscheinlicher ist eine Einigung. Daher werden in vielen Verhandlungen zunächst unwichtige Punkte besprochen und abgehakt. Mit zunehmendem Verhandlungsverlauf erhöht sich neben der Relevanz der Themen auch die investierte Zeit. Wurde viel Zeit investiert, fällt es wesentlich schwerer „nein" zu sagen, wodurch viele Verhandler mit zunehmendem Zeiteinsatz zu größeren Zugeständnissen bereit sind.

Die investierte Zeit beinhaltet im Übrigen auch die Zeit der An- und Abreise. Somit bieten Verhandlungen im eigenen Haus auch noch den Vorteil, dass die Gegenseite bereits mit Beginn der Verhandlung Zeit investiert hat und großes Interesse an einer Einigung verfolgt.

8.5.1.4 Der Faktor Information

Das wichtigste Instrument während der Verhandlung ist der Umgang mit Informationen. Je mehr Informationen gesammelt werden, desto mehr Macht hat der Verhandler. Denn im Grunde will jede Verhandlungspartei das Limit der Gegenseite erfahren, ohne dabei das eigene Limit preiszugeben. Daher ist eine gründliche Sammlung von Informationen im Rahmen der Vorbereitung enorm wichtig, um bereits im Vorfeld eine Vorstellung über das mögliche Limit des Verhandlungspartners zu erhalten. Gleichzeitig können an die Gegenseite gerichtete Informationen gezielt gesteuert werden, um das eigene Limit zu verschleiern.

Während der Verhandlung selbst gilt es, so viele Informationen wie möglich zu bekommen und dabei möglichst wenige Informationen preiszugeben. Daher sprechen gute Verhandler während der Verhandlung lediglich 1 / 3 der Zeit, die restlichen 2 / 3 der Zeit hören sie zu. Dies kann durch das Einsetzen der richtigen Fragetechnik erreicht werden, denn offene W-Fragen ermuntern zum Reden und somit zur Preisgabe von Information.

8.5.1.5 Der Faktor Komplexität

Komplexe Verhandlungen, bei denen es um eine Vielzahl von Positionen geht, können die Teilnehmer einer Verhandlung schnell überfordern. Daher werden bei klassischen Verhandlungen oft viele einzelne Problemlösungen in einen Verhandlungsgegenstand zusammengefasst, dessen Geldwert im Austausch von Konzessionen verhandelt wird. Allerdings kann es durchaus hilfreich sein, diesen Verhandlungsgegenstand aufzulösen, um Komplexität zu erzeugen. Durch den Aufbau zusätzlicher Positionen eröffnen sich zum einen Handlungsspielräume für den Austausch von Zugeständnissen und zum anderen kann Komplexität zum eigenen Vorteil genutzt werden, da unerfahrene Verhandler die Werte im außerpreislichen Bereich nicht immer richtig einschätzen können und dadurch unbewusst große Zugeständnisse machen. Wichtig ist dabei jedoch die erzeugte Komplexität vorab zu organisieren, um nicht selbst einer Überforderung zu unterliegen.

8.5.1.6 „Dirty tricks"

Nicht immer geht es in kompetitiven Verhandlungen sauber und fair zu. Es gibt eine ganze Palette von sogenannten „dirty tricks", mit denen sich angestrebte Zielsetzungen mit Hilfe von falschen Versprechungen oder Bluffs erreichen lassen. Ein guter Verhandler sollte diese Trickkiste kennen, souverän darauf reagieren, wenn er mit diesen Methoden konfrontiert wird und diese auch gelegentlich selbst nutzen. Dann sollten sie jedoch nicht vergessen, dass auch Verkäufer ein gutes Gedächtnis haben und sie bei passender Gelegenheit die Quittung erhalten werden. Die nachfolgende Aufstellung zeigt einen kleinen Überblick über gängige Methoden von unsauberen Verhandlern[3] und wie Sie entsprechend Ihrer Machtposition darauf reagieren sollten.

Salamitaktik Nach und nach werden scheinbar irrelevante Zugeständnisse abgerungen, die in Summe allerdings ein beträchtliches Stück ausmachen.

▸   **Tipp** Verschenken Sie keine wichtigen Zugeständnisse, sondern verlangen Sie für jede Konzession auch eine Gegenleistung.

Zahlensalat Durch das Einbringen vieler Zahlen wird Verwirrung und Unsicherheit erzeugt.

▸   **Tipp** Sammeln und strukturierten Sie diese Zahlen auf einem Flipchart und behalten Sie so den Überblick.

Good Guy/Bad Guy Bekannt aus jeder Krimiserie nimmt die Gegenseite verschiedene Rollen ein. Während der Bad Guy in der Regel eine harte Linie fährt, unterstützt der Good

---

[3] Vgl. Portner (2010, S. 170 ff.).

Guy den Verhandlungspartner. Durch das dadurch aufgebaute Vertrauen ringt der Good Guy dem Verhandlungspartner schließlich Zugeständnisse ab.

▸ **Tipp** Hier gilt es, konsequent zu bleiben und den Good Guy für das Durchsetzen der eigenen Ziele zu gewinnen.

Wechsel des Verhandlungsführers Durch den Wechsel des Verhandlungsführers bezweckt die Gegenseite bereits zugestandene Konzessionen zurück zu ziehen oder neu zu verhandeln.

▸ **Tipp** Hier hilft lediglich Hartnäckigkeit, um die verhandelten Zugeständnisse nicht wieder her zu geben. Ansonsten muss wieder von vorne angefangen werden. Bleibt das jedoch ohne Erfolg, dann sollten Sie je nach Machtposition auch einen Verhandlungsabbruch in Erwägung ziehen.

Eingeschränkte Autorität Verhandlungspartner besitzen keine ausreichende Autorität, um einer Einigung zuzustimmen. Oft muss erst noch die Zustimmung des Managements eingeholt werden.

▸ **Tipp** Schon im Vorfeld muss abgestimmt werden, welche Entscheidungen getroffen werden sollen und dass die Verhandler auch die notwendige Befugnis dafür besitzen oder sich diese fernmündlich während der Verhandlung einholen können.

Mitleid Ein weiteres beliebtes Schema ist die Mitleidsschiene. Durch die Betonung einer wirtschaftlich schwierigen Lage verbunden mit der Berufung auf die langjährige Zusammenarbeit versuchen Verhandler dadurch die Gegenseite emotional zu erpressen.

▸ **Tipp** Helfen sollte nur eine Option sein, wenn es sich um eine echte Notlage handelt. Andernfalls gilt der Grundsatz des Harvard-Konzepts: Weich zur Person, hart in der Sache sein.

Geschäftsführer oder Vorgesetztenbonus Nicht selten erscheint am Ende einer Verhandlung der Vorgesetzte und gar Ranghöchste des anderen Unternehmens und verlangt trotz vorheriger Einigung noch einen „Nachschlag".

▸ **Tipp** Bestehen Sie auf die vorher getroffene Vereinbarung mit den Hinweisen, dass das Ergebnis nur im Ganzen Bestand hat und loben Sie Ihr Gegenüber, dass er das Maximale erreicht hat, unabhängig davon ob dies der Fall ist oder nicht.

Schwachstellen Durch das Rauspicken von Schwachstellen wird die Position der Gegenseite schlecht geredet, um somit die eigene Verhandlungsposition zu stärken.

> **Tipp** Machen Sie sich in solchen Situationen innerlich die eigene BATNA bewusst und kontern Sie, denn die andere Seite hat auch Schwächen.

Forderungen visualisieren Durch das für alle sichtbare Niederschreiben eines Preises wird psychologisch eine Marke gesetzt, die einem Fakt nahe kommt.

> **Tipp** Lassen Sie sich davon nicht beeinflussen, sondern „entwerten" sie die geschriebene Zahl durch „Ihre" Zahl, die Sie daneben schreiben.

Schmeichelei Komplimente, Anerkennung und Lob geben dem Verhandlungspartner ein gutes Gefühl und verleiten schnell dazu, Zugeständnisse zu machen.

> **Tipp** Der erfahrene Verhandler spürt dies sofort, unterbricht diesen psychologischen Schachzug und richtet das Gespräch zügig auf den eigentlichen Verhandlungsgegenstand.

Zeitdruck Sehr oft wird durch das Setzen eines Zeitlimits künstlicher Druck aufgebaut, um schnell zu einer Einigung zu kommen und dem Verhandlungspartner weitere Zugeständnisse abzuringen.

> **Tipp** Hinterfragen Sie das Zeitlimit und klären Sie von Beginn an die Konsequenzen einer Überschreitung.

8.5.2 Das Havard-Konzept

Das Havard-Konzept beschreibt einen alternativen Ansatz eines sachorientierten Verhandelns, bei dem Streitfragen nach ihrer Bedeutung und ihrem Sachgehalt entschieden werden, anstatt zu feilschen[4]. Dabei soll allen Verhandlungsparteien ermöglicht werden, ein positives Verhandlungsergebnis zu erzielen. Entwickelt wurde das Havard-Konzept im Rahmen des „Havard Negotiation Project" an der renommierten Havard-Universität von den amerikanischen Rechtswissenschaftlern Roger Fischer und William L. Ury, die dieses Konzept erstmals 1981 in dem Buch „Getting a Yes" vorgestellt haben. Ziel der Methode ist es, selbst in schwierigen Verhandlungssituationen eine konstruktive und friedliche Einigung zu erzielen, ohne dass dabei eine Partei ihr Gesicht verliert. In diesem Zusammenhang spricht man auch häufig vom Schaffen einer Win-Win-Situation bzw. von einer kooperativen Verhandlungsmethode, bei der beide Parteien mit dem Verhandlungsergebnis zufrieden sind.

Besonders vor dem Hintergrund einer zunehmenden Bedeutung enger und vertrauensvoller Partnerschaften mit Lieferanten, bietet die Harvard-Methode die Möglichkeit,

---

[4] Vgl. Fisher et al. (2004).

gemeinsam mit Lieferanten Lösungen zu entwickeln, die langfristige und nachhaltige Verhandlungsergebnisse ermöglichen.

Das Harvard-Konzept besteht aus fünf Prinzipien, die logisch aufeinander aufbauen und durch den Verhandlungsprozess führen sollen:

Prinzip 1: Menschen und Probleme getrennt behandeln Verhandlungspartner sind stets Menschen, die zwei Grundinteressen verfolgen, den Verhandlungsgegenstand und die persönliche Beziehung. Im Rahmen des Havard-Konzepts ist es zunächst entscheidend, diese beiden Interessen voneinander loszulösen. Beziehungsprobleme dürfen keinen Einfluss auf die Sachebene haben. Allerdings ist eine funktionierende Beziehung Voraussetzung, um effiziente Lösungen von Sachproblemen zu erarbeiten. Daher spielt wechselseitiges Vertrauen und Akzeptanz eine wesentliche Rolle. Der Grundsatz lautet, „weich zu der Person, aber hart in der Sache zu sein".

Prinzip 2: Interessen zählen, nicht Positionen Das zweite Prinzip stellt die Frage nach dem Warum. Nicht die Position des Gegenübers ist entscheidend, sondern die Interessen und Motive, die er verfolgt. Denn in der Regel lassen sich Interessen durch mehrere Lösungsmöglichkeiten erreichen. Eine Ausweitung des Handlungshorizonts kann also ein offenes Verhandeln ermöglichen und das Feilschen um Positionen wird vermieden. Dabei ist es wichtig, die Interessen des Verhandlungspartners zu kennen und zu verstehen sowie die eigenen Interessen deutlich zu machen.

Prinzip 3: Lösungsmöglichkeiten sammeln „Kreative Köpfe finden in der Regel verschiedene Optionen". Nach diesem Grundsatz werden im nächsten Schritt gemeinsam mit dem Verhandlungspartner Lösungsmöglichkeiten gesammelt. Dies kann in Form eines Brainstormings geschehen, da der Fokus in diesem Schritt darauf liegt, möglichst viele verschiedene und kreative Möglichkeiten zu sammeln. Dabei sollten möglichst Optionen gesammelt werden, die für beide Seiten Vorteile mit sich bringen.

Prinzip 4: Einigung auf neutrale Kriterien Im nächsten Schritt erfolgt eine Bewertung der gesammelten Lösungsvorschläge. Dabei ist es wichtig, dass die Ergebnisse der Bewertung auf allgemeingültigen und objektiven Entscheidungsprinzipien aufbauen. Dies können beispielsweise Gerichtsurteile, Expertenwissen oder moralische Kriterien sein. Dadurch wird sichergestellt, dass beide Parteien das gleiche Verständnis haben und sich keine der beiden Parteien im Nachhinein benachteiligt fühlt. Durch das Bewerten der Lösungsoptionen nach objektiven Kriterien wächst somit die Chance einer tragfähigen und überzeugenden Lösung.

Prinzip 5: Vergleich der BATNA Ob sich die beiden Verhandlungsparteien auf ein Lösungspaket einigen, hängt davon ab, ob sich das Ergebnis besser als die beste vorhandene Alternative (BATNA) erweist. Denn nur wenn dies der Fall ist, ist eine Einigung sinnvoll und beide Parteien können als Gewinner den Verhandlungstisch verlassen.

8.6 Besonderheiten bei globalen Verhandlungen

Unter den Skandinaviern gilt zum Beispiel der Däne als hemdsärmelig, aber auch direkt, der Schwede eher als sachlich, nüchtern und fair. In Finnland kann eine Verhandlung auch schon mal schweißtreibend in der Sauna stattfinden und in Norwegen sollte man immer auf der Hut sein, denn dort kennt fast jeder jeden. In Russland ist man gut beraten, den Spruch Lenins zu befolgen, denn hier gilt besonders „Vertrauen ist gut, Kontrolle ist besser".

Diese, zugegebener Maßen pauschalen Einschätzungen einiger europäischer Eigenarten treffen oftmals genauso zu, wie die nachfolgende Gegenüberstellung der kulturellen Verhaltensweisen von Chinesen, Japanern und Koreanern, die im Laufe der Jahre aus Erfahrungswerten gewonnen werden konnten.

> **Praxistipp: Globale Verhandlungen am Beispiel von China, Japan und Korea**
>
> Auch wenn sich Japaner, Koreaner und Chinesen selbst als grundverschieden bezeichnen, so habe ich im Laufe der Jahre doch viele mehr oder weniger ausgeprägte Gemeinsamkeiten festgestellt. Angefangen beim Ritual des Visitenkartentausches über das Senioritätsprinzip bis hin zum Entscheidungsfindungsprozess, um nur wenige zu nennen. Und deswegen habe ich im Hinblick auf die Verhandlungsführung diese drei Kulturen in den nachfolgenden Betrachtungen zusammengefasst.
>
> Etwa 70 % der europäisch-chinesischen Joint Ventures scheitern an den unterschiedlichen Verhaltensweisen und Geschäftsgebaren der beteiligten Partner, während nur 30 % der Probleme mit der Finanzierung, einer falschen Strategie, juristischen Fehlern oder falschen Markteinschätzungen zusammenhängen[5]. Zu diesem Ergebnis kommen mehrere Studien und deshalb gilt nach wie vor der Satz von Henry Ford: „Das Geheimnis des Erfolgs liegt in der Fähigkeit, den anderen zu verstehen und die Dinge mit dessen Augen zu betrachten."

8.6.1 Ritual Visitenkartentausch

Gerade global aktive Einkäufer sollten sich intensiv mit den Kulturen ihrer Geschäftspartner auseinandersetzen. Denn, wie heißt es so schön: „Andere Länder, andere Sitten" und das beginnt schon bei der Begrüßung und dem Ritual des Austausches der Visitenkarten. Diese sind übrigens schon seit der Han-Dynastie, also im 2. Jahrhundert vor Christus, in China bekannt. Sie waren damals aus dünnen Holz- oder Bambusbrettchen angefertigt und wurden ye (wörtl: Bitte um Empfang) genannt. In der Regel wurden sie von den Untergebenen oder von den Jüngeren eingesetzt, wenn sie zu einer Audienz bei der Obrigkeit geladen waren. Auf diesen „Karten" standen nur die Namen und der Herkunftsort, nur selten auch Angaben zum sozialen Status oder Titel des Kartenbesitzers. Diese historische Höflichkeitsform geriet dann aber für viele Jahrhunderte in Vergessenheit. Erst Anfang der 80er Jahre wurde sie allmählich wieder eingeführt und genießt zum Beispiel in China seit dem Wirtschaftsaufschwung immer mehr an Popularität und das nicht nur im Geschäftsle-

Abb. 8.10 Japanische Visitenkarte

Abb. 8.11 Chinesische Visitenkarte

ben, sondern in allen Bereichen des gesellschaftlichen Lebens. Besonders ausgeprägt ist das Zelebrieren des Visitenkartenaustauschs in Japan, aber auch in Korea und in China nach wie vor von extrem wichtiger Bedeutung und deshalb sollte man sich an folgenden Ablauf halten:

Zunächst begrüßt man immer den Ranghöchsten oder den Ältesten, indem man die Visitenkarte mit beiden Händen hält und sich während der wechselseitigen Übergabe verbeugt. Beim Überreichen selbst ist darauf zu achten, dass der asiatische Text dem Empfänger zugewandt ist. Außerdem empfiehlt es sich, auf die Rückseite der eigenen Visitenkarte die jeweilige Übersetzung zu drucken.

Im Gegenzug ist die empfangene Visitenkarte oftmals nur in Japanisch, Koreanisch bzw. Chinesisch ausgeführt. Wichtig ist, dass alle Informationen der eigenen Karte, wie Titel, Funktion und Kontaktdaten, ersichtlich sind, damit die Geschäftspartner wissen, welchen Status man in der eigenen Organisation hat (beispielhaft in Abb. 8.10 und 8.11 dargestellt). Aufgrund der enormen Bedeutung des Rituals des Austausches der Visitenkarte, sollte man in hochwertiges Papier und besten Druck investieren und diese stets in neuwertigem Zustand und in ausreichender Anzahl mit sich führen. Die empfangenen Karten sollte man dann auf keinen Fall einfach in die Tasche stecken, sondern interessiert betrachten und während des Meetings vor sich (entsprechend der Sitzordnung geordnet) ausbreiten. In China und in Korea folgt anschließend häufig das Händeschütteln, wobei man dabei schnell an der Intensität des Händedruckes spürt, wer noch von der „Alten Garde" ist und wer schon westlich orientiert geschult wurde. Denn Händeschütteln war vor allem in Japan noch bis vor wenigen Jahrzehnten absolut unüblich. Daher ist vor allem bei der älteren Generation bis heute ein ausgesprochen weicher Händedruck festzustellen. Alternativ erfolgt eine Verbeugung zur Begrüßung des Gastes.

Nach Abschluss des Meetings verstaut man die Karten vorsichtig in ein Visitenkartenetui oder in eine Aktenmappe. Nehmen Sie lieber zu viele als zu wenige Visitenkarten mit auf Ihre Reisen und das gilt besonders für Japan, denn wer keine Karte im Gepäck hat, der sollte besser zu Hause bleiben.

8.6.2 Der Gesprächsbeginn

Japaner und Koreaner investieren sehr viel Zeit in die Gesprächsvorbereitung und erscheinen deutlich vor dem vereinbarten Zeitpunkt. Deshalb erwarten sie von der anderen Seite das gleiche rücksichtsvolle Verhalten. Genau zu dem vereinbarten Zeitpunkt zu kommen, gilt fast schon als unhöflich. In China werden bei einer ersten Begegnung mit Ausländern mit Vorliebe Standardfragen zum Kennenlernen gestellt. Wie ist Ihr Name oder woher kommen Sie? Ältere Personen werden oft gefragt: „Wie alt werden Sie in dieses Jahr? Wie alt sind Ihre Kinder?" oder „Sind Ihre Kinder schon berufstätig?" Jüngere fragt man dagegen: „Sie sind sicher noch nicht dreißig, oder?" . „Sind Sie verheiratet, haben Sie Kinder?" und sogar: „Wie viel verdienen sie monatlich?" Grundsätzlich sind lobende Äußerungen über die Kultur (Sprache, Schrift, Kunst und Natur sowie Sport und Sport-Legionäre) sehr förderlich für den nachfolgenden Gesprächsverlauf.

Diese für Europäer ungewöhnlichen Fragen sind für Chinesen ganz normal und Ausdruck der Höflichkeit. Der nachfolgende Verhandlungsprozess läuft dann in der Regel sowohl bei Japanern, Koreanern als auch bei Chinesen wie folgt ab: Nach dem Small Talk folgt der themenbezogene Informationsaustausch. Danach erläutert der Asiate gerne ausführlich seinen Standpunkt, wiederholt diesen in allen Variationen und versucht den Verhandlungspartner so zu überzeugen, um gegen Ende der Verhandlung jedoch recht kompromissbereit zu sein oder aber eine wohlwollende Prüfung in Aussicht zu stellen.

8.6.3 Lachen, ein asiatisches Mittel Konflikte zu managen

Auf ungeschickte oder gar peinliche Äußerungen eines ausländischen Verhandlungspartners reagiert das asiatische Gegenüber gelegentlich wortkarg, aber auch manchmal mit einem lauten Lachen. Dann ist das Lachen als Mittel des Konfliktmanagements zu verstehen. Im chinesischen Gesprächsverhalten kann das Lachen sowohl zur Vermeidung als auch zur Entschärfung von Konfliktsituationen eingesetzt werden. Eine kritische Meinungsäußerung wird daher auch oft von Lachen begleitet. Es handelt sich dabei um eine wichtige Gesprächsführungstechnik, die im Chinesischen als „zhuangxie bingju" definiert wird. Eine erfolgreiche Gesprächsführung basiert auf einer harmonischen Atmosphäre, die im Chinesischen mit dem folgenden Spruch umschrieben wird: „Wenn man einen Herzensfreund trifft, sind auch tausend Gläser zu wenig; wenn man nicht die gleiche Sprache spricht, ist schon ein halber Satz zu viel". So wichtig und ernsthaft das Thema auch sein mag, der Chinese wird es immer in einem lockeren und ruhigen Ton vortragen. Seine wichtigsten

Charaktermerkmale gründen in der konfuzianischen Lehre und werden wie folgt beschrieben:

- In Bezug auf seine Leistung und seine Person zeigt er Bescheidenheit und Zurückhaltung
- Firmen oder Abteilungsziele betrachtet er als persönliche Ziele und ordnet sein individuelles Bedürfnis immer dem Unternehmen oder dem Gemeinwohl unter
- Er besitzt ein starkes Zugehörigkeitsgefühl zum Unternehmen bzw. der Gruppe und ist eher unkritisch in seinem Glauben an die Autorität
- Er hat in der Regel ein starkes Ehrgefühl und eine starke Selbstachtung
- Sein Gerechtigkeitssinn ist mehr emotional als rational geprägt
- Im zwischenmenschlichen Umgang verhält er sich vorsichtig, aber oft auch raffiniert
- Durch seine Selbstkontrolle ist er stets bemüht, in seinem sozialen Umfeld einen guten Eindruck zu hinterlassen

8.6.4 Gesicht verlieren

Der „Gesichts-Verlust" („diu mianzi") ist für viele Asiaten dramatisch. Das kann durch die vom betreffenden Menschen selbst verursachte Missachtung gesellschaftlicher Regeln, aber auch durch die Verweigerung seiner Mitmenschen, ihn in der entsprechenden Situation das Gesicht wahren zu lassen, ausgelöst werden. Dadurch wird die Integrität des Charakters der Person in Frage gestellt. Das verletzte bzw. verlorene „Gesicht" ist nur schwer zu reparieren bzw. wieder herzustellen. Das Ansehen des Betreffenden wird dabei beschädigt und kann nur sehr mühsam wieder hergestellt oder durch gute Taten wieder vermehrt werden. Genau deshalb sollte man es vermeiden, einzelne Personen vor einer Gruppe (unter vier Augen ist das kein Problem), sei es negativ oder positiv, hervorzuheben. Zunehmend habe ich jedoch beobachtet, dass der raue Umgang, der speziell in einigen koreanischen Unternehmen herrscht, mit dieser Tradition bricht.

8.6.5 Weitere Besonderheiten

Grundsätzlich ist nach meiner Erfahrung der „richtige" Umgang mit Chinesen und Koreanern für Europäer einfacher zu erlernen und zu verstehen, als das bei Japanern der Fall ist. Koreaner sehen sich in ihrer Art selbst näher an Japan als an China.

Japaner sind zum Beispiel absolut konfliktscheu. In einem Schreiben oder einem Meeting werden sie äußerst selten sofort auf den Punkt kommen. Deshalb vermeiden es Japaner auch, direkte Antworten zu geben. Man muss sich grundsätzlich viel Zeit für den Small Talk nehmen, bevor man zur Sache kommt und braucht aus der Sicht von Europäern ungewohnt viel Geduld und Durchhaltevermögen während der Verhandlung. Denn Japaner, aber auch Chinesen, sind es gewohnt, alles in der Gruppe ausführlich und intensiv zu analysieren. Koreaner unterscheiden sich in diesem Punkt deutlich von ihren asiatischen

Nachbarn und hier liegt auch einer der Schlüssel ihres aktuellen Erfolges. Mit Strategien, wie der des geschickten Verfolgers, überholen sie einen japanischen Konzern nach dem anderen. Aktuelles Beispiel hierfür ist das familiengeführte Konglomerat (auch Chaebol genannt) und mittlerweile fünftgrößte Unternehmen der Welt Samsung. Palli, Palli (schnell, schnell) das versteht und lebt der Koreaner bis zum Exzess. Gepaart mit asienuntypisch schnellen Entscheidungen und zumindest im Top Management mit einer 7-Tagewoche (ab dem 55. Lebensjahr werden die Gehälter kontinuierlich reduziert, deshalb treten dann viele Koreaner in den Ruhestand) ist man zurzeit unschlagbar.

Bei fast allen Treffen mit Asiaten lauert die Gefahr deren Gestik falsch einzuschätzen. Aufgrund der Sprachbarriere gewinnt der Europäer schnell den Eindruck eine Zustimmung zu erkennen, wo Asiaten dieser Regionen nur deutlich machen wollen, dass sie zuhören. Japaner teilen ein „Nein" nicht gerne direkt mit und das hat einen guten Grund. Sie wollen damit vermeiden, dass wiederum der Verhandlungspartner sein Gesicht verliert. Daher muss der Gesprächspartner ihre nonverbale Kommunikation genau beobachten. Am besten stellt man Fragen so, dass sie nur mit „ja" oder „ nein" beantwortet werden können. Entscheidungsfindung und Konsens in der Gruppe sind wichtige Werte für diese Asiaten. Japaner hüllen sich oft für längere Zeit in Schweigen. Dann heißt es, geduldig zu bleiben und herauszufinden, ob die Gesprächspartner wirklich verstanden haben was besprochen wurde. Japaner, Koreaner und Chinesen setzen auf weit gefasste Vereinbarungen und wechselseitiges Verständnis, damit auftretende Probleme flexibel gelöst werden können. Manche Japaner schließen sogar die Augen, wenn sie konzentriert zuhören. Sie machen selten sofort Zugeständnisse und erwarten, dass beide Parteien mit ihrem besten Angebot an den Verhandlungstisch kommen. Sie betrachten Verträge nicht als abschließende Vereinbarungen, sodass Nachverhandlungen immer möglich sind. Hier lauert übrigens eines der größten Konfliktpotenziale einer interkulturellen Geschäftsbeziehung. Während der westliche Geschäftsmann in der Regel volle Handlungsvollmacht mitbringt, sofort die „Karten auf den Tisch" legt und somit ein unmittelbares Geben und Nehmen durch dominierendes Verhandeln an den Tag legt, hat vor allem der Japaner nur beschränkte Handlungsvollmacht. Er strebt eher nach einem langfristigen wechselseitigen Geben und Nehmen und versucht dies durch seine zurückhaltende Verhandlungsführung zu erreichen. Egal wie schwierig sich eine Verhandlung auch gestaltet, so sollten Sie doch niemals die Beherrschung verlieren oder gar laut werden.

8.6.6 Fazit

Seien Sie freundlich, selbstbewusst, aber niemals arrogant beim Umgang mit Ihren globalen Partnern. Bringen Sie deren Leistungen, auch wenn sie noch nicht vollkommen sind, ausreichende Wertschätzung entgegen. Interessieren Sie sich für die Kultur der Geschäftspartner und deren Familien, essen, trinken und feiern Sie soweit Sie es verantworten bzw. vertragen können mit, aber seien Sie mit politischen Äußerungen vorsichtig. Entwickeln Sie ein Gefühl für die Sprache (ich habe sowohl italienischen als auch chinesischen Sprachunterricht genommen) und damit auch für die Kultur und machen Sie Gastgeschenke (aber Vorsicht, verschenken Sie zum Beispiel in China keine Uhr, denn das bedeutet so viel wie „ihre Zeit ist abgelaufen"). Respektieren Sie das Ritual der Visitenkartenübergabe und drängen Sie gerade beim ersten Kontakt nicht zu schnell auf die geschäftlichen Details. Diese werden später oder auf einer niedrigeren Ebene besprochen. Beachten Sie das Senioritätsprinzip und seien Sie sensibel bei der richtigen Deutung der non-verbalen Signale des Gegenübers. Stellen Sie geschlossene Fragen, wenn Sie den Eindruck haben, dass der Verhandlungspartner Sie nicht versteht oder ausweichen will. Beteiligen Sie sich an der zeitintensiven Analyse und Diskussion der Gegenseite und schaffen Sie somit ein Zusammengehörigkeitsgefühl und damit die Basis für einen optimalen Verhandlungsverlauf. Bauen Sie Kontakte auf und pflegen Sie diese auch und gerade wenn Sie kein gemeinsames Geschäft mehr verbindet.

Aber die Rücksichtnahme und die Anpassung an andere Kulturen sollten auch ihre Grenzen haben, denn die deutschen Geschäftsgebaren werden global und besonders in Asien durchaus geschätzt und die „neue" Generation der asiatischen Geschäftsleute ist gut darauf vorbereitet, so ist zumindest meine Erfahrung.

8.7 Verhandlungserfolg messen

Ob ein gutes Verhandlungsergebnis erreicht worden ist, hängt von der Erwartungshaltung und den Prioritäten der Verhandlungsparteien ab. Grundsätzlich gibt es drei Dimensionen, nach denen sich ein Verhandlungsergebnis bemessen lässt: Effizienz, Effektivität und Verhandlungsklima. Wie sich Verhandlungserfolg in der Praxis messen lässt, soll im folgenden Praxistipp verdeutlich werden.

> **Praxistipp: Wie messe ich Verhandlungserfolge?**
> Kaum eine Unternehmensdisziplin hat es so leicht, die eigene Leistung transparent zu machen und in Euro auszudrücken wie der Einkauf. Nutzen Sie diese Chance, wohlwissend, dass Sie sich dadurch einem erhöhten Druck aussetzten, denn nicht alle Ergebnisse sind und werden durchweg positiv sein. Aber nur was man messen kann, kann man managen, mit der Planung vergleichen und ggf. rechtzeitig und regulierend eingreifen. Abbildung 8.12 zeigt beispielhaft, wie man den Wertbeitrag grafisch aufbereiten kann.
> Ein weiteres Beispiel dokumentiert ein komplexes Verhandlungsergebnis beim Kauf von zwei Maschinen. Die Zusammenfassung in Abb. 8.13 ist sehr gut geeignet, alle an der Verhandlung Beteiligten und die Vorgesetzten über das Ergebnis zu informieren. Auch hier gilt wieder „tue Gutes und rede darüber", um das Standing des Einkaufes kontinuierlich zu steigern.
> **Fazit:** Investieren Sie doppelt so viel Zeit in die Vorbereitung, wie in die Verhandlung selbst. Seien Sie flexibel beim Verhandlungsstil. Je weniger Sie vom Produkt in Erfahrung bringen können, desto mehr sollten Sie fordern, aber übertreiben Sie es nicht. Haben Sie unbedingt einen „Gesprächsplan B" parat, für den Fall, dass sich die Ver-

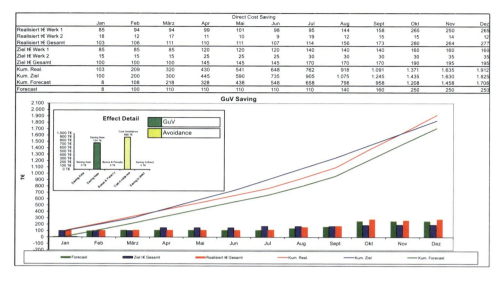

Abb. 8.12 Wertbeitrag durch Kosteneinsparung (G&V-wirksam) oder -vermeidung

	Verhandlungsgegenstand	Angebot MAKINO	Verhandlungsergebnis (Vertrag)	§ im Vertrag
1	Prototypen	-	50 Prototypen inklusive	§ 1 Abs. 2.
2	zugesicherte Eigenschaften	-	circle times	§ 2 Abs. 2.
3	Preis für 2 Maschinen + Tools	827.000,- €	775.000,- €	§ 6 Abs. 1
4	Option	gleicher Angebotsrabatt für 2 Jahre	Option für 2 weitere Maschinen zu den gleichen Konditionen bis Ende 2012	§ 6 Abs. 3.
5	Zahlungsbedingungen	30% - 60% - 10%	20% - 60% - 20%	§ 7 Abs. 1
		-	45 Tage	§ 7 Abs. 3
6	Bank Garantie	-	+	§ 7 Abs. 1/4
7	Transportversicherung	-	+	§ 10 Abs. 4
8	Umzug	-	Abbau + Wiederaufbau, ohne Transport	§ 14
9	Gewährleistung	12 Monate	24 Monate + Verlängerung bis zu 30 Monate bei Nachbesserungen	§ 15
10	Vertragsstrafe	-	Vertragsstrafe bei Liefer- bzw. Produktionsverzögerungen	§ 17
11	allgemeine Versicherungen	-	+	§ 19
12	Geheimhaltung	-	+	§ 20

Abb. 8.13 Übersicht Verhandlungsergebnis

handlung durch vorher unbekannte Umstände ganz anders entwickelt. Aktualisieren Sie regelmäßig Ihre Markt- und Lieferantendaten, die Sie immer bei sich haben sollten. Setzten Sie bewusst Ihre Gestik ein, denn das vermittelt Stärke. Bleiben Sie in der Regel freundlich, denn wer lächelt, gewinnt. Zeigen Sie aber auch zwischendurch immer mal wieder die „Zähne". Beobachten Sie unablässig die Körpersprache Ihres Gegenübers und reagieren Sie ggf. mit Fragen darauf. Bringen Sie so viel wie möglich Verhandlungsfelder mit ins Spiel, um leicht verzichtbare Komplexität künstlich zu erzeugen. So werden Sie, bei den für Sie wichtigen Punkten, deutlich mehr erreichen. Stimmen Sie die Agenda vorher mit dem Lieferanten ab. „Sei glaubhaft und gut zum Gegenüber, aber hart in der Sache" – beherzigen Sie diesen Rat. Parafieren Sie Ihr Gegenüber während der Verhandlung, das heißt, wiederholen Sie entscheidende Worte des Gegenübers mit ihren eigenen, um ein gleiches Verständnis zu erzeugen. Und am Ende sollte dann ein Vertrag, eine Vereinbarung oder zumindest ein schriftliches und einvernehmliches Protokoll mit WER macht WAS bis WANN unterschrieben vorliegen. Sammeln, Messen und Clustern Sie Ihre Erfolge und dokumentieren Sie somit immer aktuell die Leistung und den Gewinnbeitrag des Einkaufs.

Personalentwicklung im Einkauf

9

Zusammenfassung
Der Wandel im Einkauf, der im bisherigen Verlauf des Buches deutlich geworden ist, hat zur Folge, dass sich auch das Anforderungsprofil von Einkäufern drastisch verändert hat. Denn der klassische Bestellabwickler wird bei den neuen Aufgabenfeldern schnell an seine Grenzen stoßen. Daher ist das folgende Kapitel der Personalentwicklung gewidmet, die es ermöglicht, diesen Wandel auch personell zu vollziehen. Der Leser erhält einen Einblick in die fachlichen und persönlichen Kompetenzfelder eines modernen Einkäufers, die notwendig sind, um den gestiegenen Anforderungen gerecht zu werden.

9.1 Grundlagen der Personalentwicklung

Das Feld der Personalentwicklung stellt im ursprünglichen Sinne eine zentrale Aufgabe des Personalmanagements dar und verfolgt das Ziel, die für die Zielerreichung der Unternehmung benötigten Personalressourcen auf- und auszubauen. Dies umfasst zum einen den Erhalt und die Weiterentwicklung von Mitarbeiterqualifikationen, um die Einsetzbarkeit in einem sich verändernden Arbeitsumfeld sicherzustellen. Dabei gilt es, die benötigten Qualifikationen von Mitarbeitern beispielsweise durch Schulungen und Weiterbildungen zu fördern, aber auch durch Mitarbeiterbindung, Motivation und dem Aufzeigen von Perspektiven Anreize zu schaffen. Zum anderen umfasst Personalentwicklung das Bereitstellen von benötigten Fach- und Führungskräften im Rahmen der Personalbeschaffung durch sogenanntes Recruitment und Talent-Management. Personalentwicklung kann somit als ein organisierter Lernprozess verstanden werden, der im sozialen Umfeld des Unternehmens stattfindet und von diesem ausgelöst, gestaltet und gesteuert wird. Dabei sind neben den fachlichen auch die persönlichen Interessen der Mitarbeiter zu berücksichtigen, um eine optimale Wahrnehmung der aktuellen und zukünftigen Aufgaben zu erreichen.

Abb. 9.1 Personalentwicklung als Kooperationsaufgabe

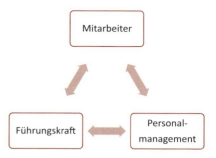

Verantwortlich für die Personalentwicklung ist wie in Abb. 9.1 dargestellt neben dem Personalmanagement und der disziplinarischen Führungsebene vor allem der Mitarbeiter selbst.

Die Durchführung der Personalentwicklung kann unternehmensintern, -extern oder in einer Mischform erfolgen. Dabei haben sich verschiedene Konzepte entwickelt:

Personalentwicklung Into-the-Job

- Berufsausbildung: Ausbildung in einem staatlich anerkannten Ausbildungsberuf
- Einarbeitung: Fachliche und soziale Eingliederung in das Arbeitsumfeld
- Trainee-Programm: Systematischer Aufbau von Hochschulabsolventen durch aufeinander abgestimmte Einsätze in verschiedenen Unternehmensbereichen
- Duales Studium: Hochschulstudium mit fest integrierten Praxisblöcken im Unternehmen

Personalentwicklung On-the-Job

- Coaching, Mentoring: Persönlicher Wissenstransfer zwischen erfahrenen Personen (Mentoren) und diesbezüglich unerfahrenen Mitarbeitern (Mentees)
- Job Enlargement: Erhöhung der Vielfältigkeit der Aufgaben und Inhalte auf gleichem Anforderungsniveau
- Job Enrichment: Erweiterung der Kompetenzen durch Übernahme neuer Verantwortungsbereiche, beispielsweise durch Projektarbeit oder dem Einsatz als Stellvertreter
- Job Rotation: Systematischer Arbeitsplatztausch mit dem Ziel, eine neuartige Arbeitssituation zu bewältigen und Kompetenzen zu erweitern

Personalentwicklung Near-the-Job

- Qualitätszirkel: Innerbetriebliche Arbeitskreise, durch die das Ideen- und Wissenspotenzial der Mitarbeiter aktiviert werden soll und gleichzeitig die Qualität von Produkten und Dienstleistungen verbessert wird

- Lernwerkstatt: Materialreiche Lernumgebungen, in denen Mitarbeiter durch praktisches und aktives Lernen eigene Erfahrungen sammeln können

Personalentwicklung Off-the-Job

- Seminare: Lern- und Lehrveranstaltungen, in denen Wissen in kleinen Gruppen interaktiv vermittelt und vertieft wird
- Studium: Wissenschaftliches Lernen und Forschen an Hochschulen und Berufsakademien

Im Zuge eines vorherrschenden Fachkräftemangels gestalten sich die Aufgaben der Personalentwicklung zunehmend schwieriger und sind somit längst auch im Einkauf zum Thema geworden. Dies gilt besonders vor dem Hintergrund, dass auch heute noch relativ wenige Qualifizierungsmöglichkeiten, wie Ausbildungen oder Studiengänge, angeboten werden, die speziell auf die Bedürfnisse des Einkaufs zugeschnitten sind. Darum sind die in den Unternehmen tätigen Einkäufer oft Quereinsteiger mit unterschiedlichen Qualifikationen, die durch Weiterbildungsmaßnahmen gezielt geschult werden. Aus diesem Grund ist es besonders für die Einkaufsfunktion sehr schwer, qualifiziertes Fachpersonal zu finden, welches den gestiegenen Anforderungen gerecht wird, wobei sich dieser Trend aufgrund des demographischen Wandels weiter verschärfen wird.

Oft führt kein Weg an einer innerbetrieblichen Personalentwicklung vorbei, um die vorhandenen Potenziale von Einkaufsmitarbeitern zu entwickeln und um neue Talente für das Aufgabengebiet des Einkäufers zu begeistern. Denn nur durch qualifiziertes und gut geschultes Einkaufspersonal lassen sich die Herausforderungen des Einkaufs effektiv umsetzen.

9.2 Anforderungen an den modernen Einkäufer

Durch den gestiegenen Stellenwert des Einkaufs für den Unternehmenserfolg sowie eine zunehmend prozessorientierte Vernetzung der internen Fachbereiche hat sich das Anforderungsprofil an den modernen Einkäufer drastisch verändert.

Während der operative Einkäufer beispielsweise über tiefgehende Kenntnisse der Logistik- und Beschaffungsprozesse verfügen sollte, muss der strategische Einkäufer über umfangreiche Marktkenntnisse und internationales Verhandlungsgeschick verfügen. Im Projektgeschäft tritt der Einkäufer hingegen als Teamplayer unter Wahrung der einkaufsrelevanten Interessen auf.

Das macht deutlich, dass die Aufgaben der Einkaufsmitarbeiter sowie deren Ausgestaltung immer umfassender und komplexer werden. Dadurch nimmt der Einkäufer im Unternehmen neue, bisher unbekannte Rollen ein, wie beispielhaft in Abb. 9.2 angedeutet.

Neben den gestiegenen fachlichen Anforderungen werden zunehmend auch soziokulturelle und persönliche Fähigkeiten der Einkaufsmitarbeiter wichtiger. Denn lag in der

Abb. 9.2 Das Berufsbild des Einkäufers – Vom Verwaltungsangestellten zum Multifunktionstalent

Abb. 9.3 Kompetenzfelder des modernen Einkäufers

Vergangenheit die Hauptaufgabe darin, die Bestellabwicklung zu koordinieren und den Informationsaustausch mit Lieferanten zu gewährleisten, erfordert die heutige Einkaufsfunktion eine weitaus höhere Interaktionsdichte. Durch die zunehmende Vernetzung der internen Fachbereiche nimmt der Einkauf die Funktion eines Nahtstellenmanagers zwischen internen Unternehmensbereichen und den externen Lieferanten ein. In diesem Zusammenhang werden, wie in Abb. 9.3 dargestellt, Führungsfähigkeiten sowie kommunikative und interkulturelle Fähigkeiten zu zentralen Kompetenzfeldern des Einkäufers.

Eine besondere Kompetenz, die sich der moderne Einkäufer aneignen sollte, ist die Kunst des Verteidigens. Besonders bei der bereichsübergreifenden Wahrung einkaufsrelevanter Interessen kommt dieser Aspekt zum Tragen. Der folgende Praxistipp soll dazu etwas mehr Aufschluss geben.

> **Praxistipp: Die Kunst der vorausschauenden und schlagfertigen Verteidigung**
>
> Gerade als Einkäufer kennen wir doch die Situation nur allzu gut, wenn wir im Unternehmen vor hochkarätiger Kulisse plötzlich einem Vorwurf oder Angriff ausgesetzt sind. Denn es liegt ja in der Natur der Sache, dass Versäumnisse in vorgelagerten Prozessen meist erst am Ende sichtbar werden und dies nur allzu oft in Form von fehlenden Kaufteilen offenbar wird. Für den Laien gilt dann: „Der Einkauf hat die Teile wieder nicht rechtzeitig, zu teuer oder in schlechter Qualität beschafft". Dass dies aber oft nur

das Symptom für Versäumnisse anderer Bereiche ist, interessiert in der Millisekunde des verbalen Angriffes niemanden. Meistens kommt die Kritik aus den Reihen von Abteilungen mit konkurrierenden Zielen, wie Vertrieb, Qualitätssicherung, Projektleitung oder der Produktion. Aber auch von Ihnen nicht gut gesonnen „Kollegen" droht regelmäßig Gefahr. Denn Everybodys Darling wollen wir gerade als Einkäufer schon mal gar nicht sein. Und deshalb heißt es sofort zu kontern. Aber jetzt fehlen die passenden Worte, Sie stehen dumm da und würden dem Gegenüber am liebsten, im wahrsten Sinne des Wortes, schlagfertig antworten. Und dies ist nun auch gefragt, um auf die verbale oder in einer bis dato unbekannten Präsentation dokumentierten Attacke zu reagieren. Denn sonst legt man Ihnen Ihre Sprachlosigkeit und Unsicherheit als Schwäche aus und Sie gehen als Verlierer aus dem Ring. Dass man Ihnen, wenn Sie jetzt nicht professionell reagieren, gerade als Führungskraft nicht mehr viel zutraut, ist die logische Folge. Und das gilt es unbedingt zu verhindern.

Aber was genau macht denn die Schlagfertigkeit aus? Ein wesentliches Merkmal für die Schlagfertigkeit eines Menschen, ohne die man im Leben nicht weit kommt, ist das selbstbewusste und zumindest nach außen unerschütterliche Auftreten. Der Schlagfertige gibt immer Paroli und verblüfft bei jeder Gelegenheit mit treffenden Gegenschlägen. Er weiß auf so ziemlich jede Frage sofort eine Antwort, die durchaus auch witzig sein kann und dadurch hilfreiche Sympathien weckt. Er setzt gelegentlich auch Zitate ein, die er im Vorfeld aus einer gesammelten Auswahl einstudiert hat. Seine Argumente haben häufig ironische oder sogar sarkastische Züge. Soweit das Idealbild.

Aber nicht jeder hat von Natur aus diese Gabe. Man kann diese Eigenschaft jedoch erlernen und ständig weiter entwickeln. Die manchmal schon von Kindesbeinen an schmerzlich erlernte Härte, aber auch die Erfolge, die jeder auf irgendeine Art in seinem Leben errungen hat, sind die Basis für die sogenannte Daumendruckmethode. Wie funktioniert diese, aus der Akupunktur abgeleitete, Methode? Man fügt sich durch das Zusammendrücken des Daumennagels mit der Fingerkuppe des Zeigefingers einen Schmerz zu und im gleichen Moment erinnert man sich an jene Erfolge und Glücksmomente. Dadurch belohnt man sich durch das Ausschütten von Glückshormonen mit neuer Energie, die jetzt dringend benötigt wird. Über lange Zeit eingeübt, reicht der künstlich erzeugte Schmerz zur Energiebereitstellung für den jetzt fälligen Konter. Es hilft aber auch schon, sich seine eigenen Erfolge nur bewusst zu machen, um so sein Selbstbewusstsein kurzfristig wieder zu erlangen.

Damit Sie jedoch überzeugend antworten können, ist es von Vorteil, immer gut informiert zu sein. Rhetorisch gewandte Menschen verfügen in den meisten Fällen auch über eine überdurchschnittlich gute Allgemeinbildung oder ein umfangreiches Fachwissen. Vorausschauende Vorbereitung (siehe Verhandlungsvorbereitung) ist ein weiterer wichtiger Erfolgsfaktor und das ist nicht so schwer wie es sich zunächst vermuten lässt. Besorgen Sie sich eine Zitatensammlung und prägen Sie sich die passenden Redewendungen so gut wie möglich ein, um diese im richtigen Moment parat zu haben. Meetings, in denen es zu Konflikten kommen kann, erkennt man größtenteils im Voraus. Daher ist es sinnvoll, sich bereits im Vorfeld darüber Gedanken zu machen, welche

Informationen und Antworten für welche potenziellen Fragen geeignet sind. Und da ist es wichtig, dass das eigene Team darauf getrimmt ist, insbesondere schlechte Nachrichten, sofort an einen weiter zu geben. Nichts ist schlimmer, als wenn andere vor einem selbst von einem Problem im eigenen Verantwortungsfeld wissen und es dann auch noch kommunizieren. Dieses Frühwarnsystem sollte aber nicht nur aus der eigenen Linie mit Informationen gespeist werden. Genauso wichtig sind ihre „echten" Freunde, die optimalerweise mit Stakeholdern (die Übersetzung dieses mittlerweile eingebürgerten englischen Begriffes beruht auf einem Missverständnis. Das in der englischen Sprache verwendete Wort „stakeholder" meint dort den neutralen Verwahrer von Spiel- oder Wetteinsätzen, wo hingegen im Deutschen damit „interessierte Kreise", bei Projekten „Projektbeteiligte" und „Projektbetroffene", aber auch zunächst scheinbar Unbeteiligte, wie Kunden oder Mitarbeiter, gemeint sein können) aus allen wichtigen Bereichen, aber auch aus gegnerischen Lagern des Unternehmens gespickt sind. Pflegen Sie diese wichtigen Kontakte. Investieren Sie in dieses Netzwerk, helfen Sie mit Tipps und informieren Sie Ihre Verbündeten. Nebenbei ist es immer wichtig, nicht anwesende Kollegen in Meetings zu verteidigen. Sie beweisen damit Sozialkompetenz, gewinnen an Ansehen und können davon ausgehen, dass Ihnen gleiches widerfährt.

Ob im Time System oder im mobilen Datenspeicher, relevante Kennzahlen und aktuelle Informationen sollten immer parat sein. Sammeln Sie dort auch nützliche Informationen gegen potenzielle Angriffe und Kontrahenten. Das bringt Selbstsicherheit und Mut für den eventuell notwendigen Konter. Zusätzlich können Sie mit Fragen an den Gegenüber wertvolle Zeit für die Vorbereitung ihrer Antwort gewinnen. Kontern Sie in der Regel sachlich, bei Gelegenheit mit Humor oder Zitaten, aber wenn es sein muss, zeigen Sie auch mal Zähne. Ein erfolgreicher Konter hinterlässt beim Kontrahenten meist bleibende Spuren und schreckt auch andere ab. Sie werden jedoch nicht immer Punktsieger sein, besonders dann nicht, wenn Ihnen im entscheidenden Moment keine passende Antwort eingefallen ist. Dann überlegen Sie im Nachhinein, was sie zukünftig besser machen können.

Fazit: Bereiten Sie sich vorausschauend vor. Bauen Sie ein Frühwarnsystem sowohl innerhalb als auch außerhalb Ihrer Abteilung auf. Aktualisieren Sie regelmäßig Ihre Informationen, die Sie immer bei sich haben sollten. Wenn Sie nicht sofort kontern können, stellen Sie Fragen, um Zeit zu gewinnen. Setzen Sie Ihren Humor ein und nutzen Sie berühmte Zitate. Auch ein Lachen kann Ihnen Schutz vor einem Angriff bieten und den Kontrahenten verunsichern. Erinnern Sie sich an starke Momente und Erfolge in Ihrem Leben und schöpfen Sie spontan Kraft daraus. Verteidigen Sie Kollegen und geben Sie Ihnen regelmäßig Tipps und für sie wichtige Informationen. Scheuen Sie keinen Konflikt und statuieren Sie auch mal ein Exempel, wenn Sie sich stark genug fühlen. Sollten Sie dennoch einmal als Verlierer aus dem Wortgefecht gehen, dann vergessen Sie nicht:

„Ein guter Einkäufer ist zwar nicht nachtragend, er hat aber ein gutes Gedächtnis, auch wenn er sich im zunehmenden Alter immer mehr aufschreiben muss."

9.2.1 Potenziale erkennen mit der Transaktionsanalyse

Um eine effektive Personalentwicklung zu betreiben, ist es entscheidend, die Potenziale der Mitarbeiter zu kennen und gezielt zu fördern. In diesem Zusammenhang bedient man sich häufig sogenannter Potenzialanalysen. Diese dienen dazu, das Vorhandensein bestimmter Fähigkeiten bei Mitarbeitern strukturiert zu untersuchen. Somit können Schwächen erkannt und Stärken gezielt ausgebaut werden, wodurch Potenzialanalysen sowohl für die Führungskraft als auch für den Mitarbeiter Vorteile bieten.

Als eine Methode, um Potenziale zu erkennen, kann die Transaktionsanalyse zur Anwendung kommen. Diese entstammt der humanistischen Psychologie und legt zugrunde, dass jeder Mensch drei verschiedene „Ich-Zustände" aufweist. Das Eltern-, das Erwachsenen- und das Kindheits-Ich. Diese Bewusstseinszustände beschreiben Verhaltensmuster, die der Mensch in verschiedenen Situationen im Rahmen seiner Kommunikation aufweist. Dabei bezieht sich der jeweilige Ich-Zustand auf das gesamte Verhalten und die Erfahrung eines Menschen in einem gegebenen Moment[1]. Die verschiedenen Ich-Zustände weisen in der Regel typische Verhaltensmuster auf:

Das Eltern-Ich lässt sich nach zwei Ausprägungen differenzieren: Das kritische und das fürsorgliche Eltern-Ich. In beiden steckt eine typische Vater-/Mutter-Figur. Doch während das kritische Eltern-Ich von Zurechtweisen, Kritisieren und dem Erteilen von Befehlen geprägt ist, tröstet und unterstützt das fürsorgliche Eltern-Ich.

Das Erwachsenen-Ich ist geprägt von rationalem Verhalten und objektiven Entscheidungen. Verhaltensmuster in diesem Ich-Zustand sind in der Regel wenig emotional, sachlich und neutral.

Das Kindheits-Ich erscheint wiederum in zwei Ausprägungen. Zum einen das natürliche Kindheits-Ich, welches durch unbekümmertes, spontanes Verhalten geprägt ist, zum anderen das angepasste Kindheits-Ich, welches durch angepasstes und zögerliches Verhalten in Erscheinung tritt.

Die Analyse umfasst einen umfangreichen Fragebogen, der nach seiner Auswertung graphisch in einem Egogramm dargestellt werden kann. Das Ergebnis zeigt, wie häufig und intensiv die verschiedenen Ich-Zustände im Alltag des Mitarbeiters in Erscheinung treten. Einen konkreten Anwendungsfall liefert dazu der Praxistipp im Abschn. 9.3.

9.3 Einkaufen als Führungsaufgabe

Zu den wesentlichen Anforderungen eines modernen Einkäufers zählt die Fähigkeit zu führen. Auch wenn nicht jeder Einkäufer mit direkter Personalverantwortung betraut ist,

---
[1] Vgl. Henning und Petz (2007, S. 28).

erfordert das Aufgabengebiet des strategischen Einkäufers in erheblichem Maße Führungskompetenz. Besonders deutlich wird dies in seiner Rolle als Lieferantenmanager, in der er Lieferanten auswählt, bewertet, entwickelt und ggf. aussteuert. Das bedeutet nichts anderes als Lieferanten aktiv zu führen, sei es durch das Vereinbaren von Zielvereinbarungen, dem gezielten Fördern oder dem Durchsetzen von Sanktionen.

Des Weiteren ist der Einkäufer täglich Konfliktsituationen mit anderen internen Bereichen ausgesetzt. Besonders in frühen Produktentwicklungsphasen gehört es zu den Aufgaben des Einkäufers an der Kostenschraube zu drehen, wobei hier häufig ein hohes Maß an kommunikative Fähigkeiten, Durchsetzungsvermögen und sozialer Intelligenz erforderlich sind.

Somit kann der moderne Einkauf seiner wachsenden Bedeutung im Unternehmen nur gerecht werden, wenn er sich ein gewisses Maß an Führungskompetenzen aneignet. Dazu soll der nachfolgende Praxistipp noch einige aufschlussreiche Hinweise geben.

> **Praxistipp: Sie führen nicht nur Mitarbeiter, Sie führen auch Lieferanten**
> Lange Jahre wusste ich mit dem Begriff Führung nicht viel anzufangen. Schon früh wurde ich mit Führungsaufgaben „ins kalte Wasser geworfen", wobei ich schnell lernte, dass hier ein wesentlicher Schlüssel zum Erfolg und damit einhergehend auch zu besseren Verdienstmöglichkeiten lag. Sogenannte Assessments, die bei Einstellungen ab Bereichsleiterebene bei vielen Unternehmen ein Muss sind, habe ich immer als Chance für mich betrachtet und die umfangreichen Fragen deshalb auch ehrlich beantwortet. Ob es ein Potenzial-Check nach dem bepa-System oder eine, auf 143 Fragen basierende, Transaktionsanalyse war. Die Ergebnisse deckten sich auf verblüffende Weise. Das Ergebnis der Transaktionsanalyse kann graphisch in einem Egogramm (Abb. 9.4) dargestellt werden und zeigt, ob u. a. Führungstalent vorhanden ist und wie ausgeprägt die eigene psychische Energie im Vergleich zum Durchschnittswert von 3000 deutschsprachigen Testpersonen ist.
>
> Und so hatte ich es schwarz auf weiß, dass ich wohl Führungstalent besaß, aber auch gerne dazu neigte, ein zu hohes Tempo vorzulegen, dem Mitarbeiter teilweise nicht folgen konnten. Nun konnte ich mich aber darauf einstellen und dafür eine gesunde Sensibilität entwickeln. Genau deshalb ist es sehr wichtig zu wissen, wer man ist, wie man auf andere wirkt und wie man besonders in Stresssituationen reagiert. Das kann in Führungsgesprächen in beide Richtungen, aber auch in Verhandlungen mit Lieferanten sehr hilfreich sein. Übrigens ist die Transaktionsanalyse auch ein hervorragendes Instrument und eine objektive Entscheidungshilfe bei Einstellungen. Als Leiter eines strategischen Einkaufes führt man aber nicht nur Menschen im eigenen Unternehmen, auch der Umgang mit Lieferanten bedeutet im weitesten Sinne Führung. Und da deckt sich in hohem Maße die Anwendbarkeit der Führungsqualitäten und Führungskonzeptionen, bei Mitarbeitern als auch bei Lieferanten. In über 20 Jahren Führungserfahrung in der Beschaffung wurde ich nicht nur von meinen ehemaligen Vorgesetzten geprägt, ich eignete mir auch nach und nach wichtige Führungskonzepte und -grundsätze an. Diese Eigenschaften bilden nach meiner Erfahrung die Basis für hohe Führungsqua-

9.3 Einkaufen als Führungsaufgabe

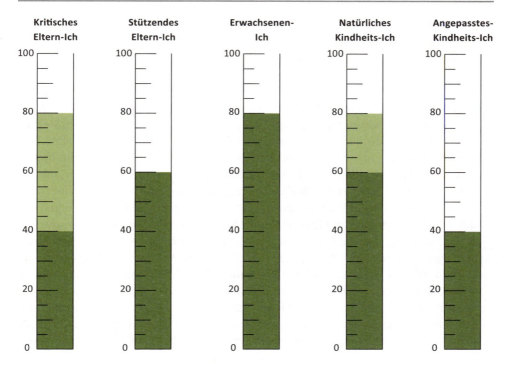

Abb. 9.4 Auswertung der Transaktionsanalyse mit Führungseigenschaften

lität. Voraussetzungen dafür sind erst einmal ein positives Selbst- und Fremdbild und die persönliche Autorität. Bedeutende Merkmale sind aber auch ein ausgeprägtes Organisationstalent, ein hohes Kommunikationsvermögen und die Fähigkeit, delegieren zu können. Ein hohes Einschätzungsvermögen und ein ausgeprägtes Einfühlungsvermögen sind genauso hilfreich wie die Konfliktfähigkeit und vor allem das furchtlose Führen. Zu eigenen Fehlern sollte man stehen, die eigenen Mitarbeiter immer, wenn es kritisch wird, persönlich unterstützen und immer nach außen verteidigen. Sollte jedoch ein Versäumnis vorliegen, dann muss ein Vier-Augen-Kritikgespräch folgen. Natürlich sind diese Eigenschaften bei jedem unterschiedlich ausgeprägt, aber ich halte sie mir ständig vor Augen und versuche vorhandene Potenziale zu nutzen.

Genauso wichtig wie die Führungsqualitäten sind die Führungskonzepte
Führen Sie mit SMARTen (vgl.) und ambitionierten, aber erreichbaren Zielen, die von der langfristigen strategischen Planung des Unternehmens bzw. des eigenen Bereichs abgeleitet sein sollten (vgl. Kap. 2). Fördern Sie das Unternehmerdenken Ihrer Mitarbeiter und geben Sie ihnen dafür den entsprechenden Gestaltungsfreiraum. Suchen Sie gemeinsam unablässig nach Innovationen in Ihrem Bereich, die es Ihnen zunehmend erlauben, von der Reaktion zur Aktion zu gelangen und mehr ergebnisorientiert als

verfahrensorientiert handeln zu können. Generalisierung sollten Sie als Führungskraft immer der Spezialisierung vorgezogen. Ich habe es auch nie mit dem Spruch von Lee Iacocca, dem ehemaligen Chrysler-Vorstand, „Nimm nur die Besten" gehalten, sondern immer nach dem Motto „Jeder kann was" geführt. Diese Stärken eines Teams zu erkennen, richtig einzusetzen, hoch zu motivieren und sukzessive mit Externen zu verstärken, auch das bedeutet für mich Führung. Handeln Sie bei Ihrer Teambesetzung immer nach dem Leitspruch „Passung vor Eignung". Fordern Sie nicht nur, sondern fördern Sie Ihre Mitarbeiter auch, denn im Vertrieb wird zum Beispiel im Schnitt 9-mal so viel in Aus- und Weiterbildung investiert wie üblicherweise in der Beschaffung. Aber nicht immer herrscht eitel Sonnenschein und als Führungskraft müssen Sie auch entlassen können, wobei dies natürlich das letzte Mittel im Umgang mit Low-Performern sein sollte. Dann gilt es herauszufinden, ob die Person will, aber nicht kann oder aber kann und nicht will. Um das im Hinblick auf Quantität und Qualität der Arbeit messbar zu machen ist es Voraussetzung, dass die Arbeitsplatz- und Stellenbeschreibungen und die Zielvereinbarungen immer aktuell gehalten werden. Sollten dann alle Gespräche und Coachings fruchtlos bleiben, dann wird es ernst. Die dann notwendigen Einzelgespräche müssen unbedingt auf einem unterschriebenen Dokument festgehalten werden. Wenn möglich, muss der dem Unternehmen entstandene Schaden nachgewiesen werden. Ist dies der Fall, muss abgemahnt werden, aber auch hier gilt: Manchmal ist weniger mehr. Deshalb sollte man sich auf gravierende und spezifische Vorfälle konzentrieren und bei diesen Gesprächen frühzeitig die Personalabteilung und den Betriebsrat involvieren.

Fazit: Eines ist gewiss: Ihre Mitarbeiter (das gilt übrigens in gleichem Maße für Lieferanten) werden Sie immer und besonders in schwierigen Situationen beobachten. Und sie merken sich ganz genau, wie authentisch und verlässlich Sie sich verhalten. „Walk as you talk", diesen Leitsatz kann ich Ihnen für Ihre interne und externe Führungsrolle nur wärmstens empfehlen.

9.4 Berufseinstieg im Einkauf

Im Gegensatz zu anderen Unternehmensbereichen, wie beispielsweise Marketing, Vertrieb oder Controlling gibt es für den Einkäufer keine klassische Ausbildung. In der Regel werden Quereinsteiger aus anderen Bereichen individuell für die Anforderungen des Einkäufers weiterentwickelt. Um den Zugang zu erleichtern bieten sich vor allem Praktika oder Trainee Programme an. Besonders Auszubildende und Werksstudenten eignen sich hervorragend dazu die strategische Entwicklung des Einkaufs voranzutreiben, da diese, im Rahmen von eigenen Projekten, Methoden und Prozesse erarbeiten können, für die im Rahmen des Tagesgeschäfts oftmals keine Zeit bleibt. Dadurch erzielt das Unternehmen einen direkten Nutzen aus der geleisteten Arbeit und kann gleichzeitig neue Talente für die Einkaufsfunktion begeistern.

Um den Berufseinstieg nach dem Studium zu erleichtern gehen viele Unternehmen dazu über Trainee-Programme anzubieten. Dabei lernen die Trainees in einem Zeitraum

9.4 Berufseinstieg im Einkauf

von etwa zwölf Monaten die Abläufe im Unternehmen kennen. Hier ist es wichtig, dass besonders bei den späteren internen Kunden, wie beispielsweise Konstruktion, Qualitätssicherung und Arbeitsvorbereitung Erfahrungen gesammelt werden. Unerlässlich ist dabei das Kennenlernen von Beschaffungsteilen und Lieferanten in einer ausgeprägten Phase im operativen Einkauf.

Dort können bereits erste „Gefechten" ausgetragen werden und die wesentlichen Gestaltungsfelder für die spätere strategische Tätigkeit erkannt und verstanden werden.

Des Weiteren können hierbei ebenfalls erste Projekte eigenverantwortlich durchgeführt werden, wie beispielsweise das Entwickeln einer Warengruppenstrategie oder der Optimierung von Einkaufsprozessen. Hierbei ist es hilfreich den Trainees einen Mentor zur Seite zu stellen, der sie bei der Durchführung unterstützt und bei Fragen zur Verfügung steht. Begleitend dazu können gezielte Weiterbildungsmöglichkeiten und Auslandsaufenthalte absolviert werden. Voraussetzung für den Einstieg im Einkauf ist neben allgemeinen persönlichen Anforderungen wie Eigeninitiative, Kommunikationsfähigkeit und Führungskompetenz ein guter Mix aus kaufmännischer und technischer Kompetenz.

Praxistipp: Vom Azubi zum strategischen Einkäufer (M. Rücker)

Den Weg ins Berufsleben startete ich nach der allgemeinen Hochschulreife mit einer klassischen dreijährigen Ausbildung zum Industriekaufmann. Bereits die ersten Monate verbrachte ich hierbei in der Einkaufsabteilung, was meinen weiteren beruflichen Werdegang wahrscheinlich maßgeblich prägen sollte. So sammelte ich durch das Bearbeiten von Bestellvorgängen, dem Verfassen von Anfragen und dem Informationsaustausch mit Lieferanten bereits erste Einkaufserfahrung.

Nach der erfolgreichen Abschlussprüfung standen im Unternehmen schließlich zwei Stellen zur Auswahl. Ich entschied mich für die Stelle des Junior-Einkäufers. Mein damaliges Aufgabengebiet umfasste schwerpunktmäßig die operative Betreuung von Nicht-Produktions-Materialien sowie das Durchführen kleinerer Projekte. Ich musste allerdings schnell feststellen, dass die rein kaufmännische Ausbildung alleine nicht ausreicht um umfangreicherer Aufgaben im Einkauf zu erfüllen. Denn es mangelte mir an technischer-, sozialller- und Methoden-Kompetenz. Daher entschied ich mich nach einem Jahr als Junior-Einkäufer den Bachelor-Studiengang Wirtschaftsingenieurwesen zu besuchen. Das Unternehmen unterstützte mich dabei und so konnte ich am dualen Studienangebot der heutigen Technischen Hochschule Mittelhessen „StudiumPlus" teilnehmen. Dort absolvierte ich in den folgenden drei Jahren während der regulären Semesterzeiten den lehrplanmäßigen Vorlesungsteil, während ich in den Semesterferien im Unternehmen verschiedene Projekte durchführen konnte. Dabei standen mir von Unternehmens- wie von Hochschulseite Betreuer zur Seite, die mich bei der Durchführung der Projekte unterstützten. Einen Großteil der Projekte konnte ich hierbei im Einkauf durchführen, beispielsweise das Umsetzen von systematischen Kostenreduzierungen, das Konzipieren eines Lieferantenbewertungsverfahrens oder das Einrichten eines Frühwarnsystems zur Steuerung von Lieferantenrisiken.

Die Projekte wurden nach Projektabschluss jeweils in einem Bericht festgehalten, präsentiert und durch die Betreuer bewertet. Somit konnte ich praktische Einkaufsthemen mit theoretischem Grundlagenwissen systematisch erarbeiten.

Nach dem erfolgreichen Abschluss des Studiengangs nahm ich eine Stelle als strategischer Einkäufer im Unternehmen ein, die ich auch heute noch begleite. Zu meinen Aufgaben zählt hierbei die Projektverantwortung für das Verlagern komplexer Baugruppen, die Strategie- und Prozessentwicklung sowie das Gestalten des Risikomanagements im Einkauf. Um meine Kenntnisse weiter zu entwickeln besuche ich neben der Vollzeitstelle den zweijährigen dualen Masterstudiengang Prozessmanagement, der besonders für die Prozessgestaltung und -optimierung hilfreich ist. Denn umfangreiches Einkaufswissen kann schließlich nur durch ein lebenslanges Lernen und dem Anpassen auf sich ändernde Anforderungen erlangt werden.

Die Autoren

Ulrich Weigel (ulrich.weigel@prex-consulting.de) ist Vice Chief Operating Officer und Bereichsleiter Einkauf bei der Leica Camera AG. Mit seinen 25 Jahren Berufserfahrung als Einkäufer mit Führungsverantwortung (zeitweise 250 MA) hat Ulrich Weigel unzählige Projekte in der Automotive-, Luftfahrt-, Consumer Non Food- sowie der Optischen Industrie erfolgreich geleitet und durchgeführt. Aufgrund seiner fundierten technischen Ausbildung „von der Pike auf" liegen seine Stärken insbesondere in wertanalytischen Betrachtungen sowie in der Mitarbeiterführung und im globalen Einkauf. Dabei konnte er besonders im aufstrebenden asiatischen Raum (China, Japan, Korea) sowie in Süd-Ost-Europa umfangreiche Einkaufserfahrungen sammeln. Hierunter fällt beispielsweise der Aufbau eines Einkaufsbüros in Shanghai vor wenigen Jahren.

Modernes und schlankes Einkaufsmanagement mit kontinuierlicher und nachhaltiger Kostensenkung lehrt Ulrich Weigel nebenberuflich als Berater, Coach und Lehrbeauftragter für Einkaufsmanagement, Verhandlungsführung und Global Sourcing an diversen Hochschulen. In diesem Zusammenhang ist er Gründer der im Jahre 2011 entstandenen Beratungsfirma PREX Consulting (www.prex-consulting.de).

Marco Rücker (marco.ruecker@prex-consulting.de) ist strategischer Einkäufer bei der Leica Camera AG. Während seiner Studienzeit im dualen Bachelor-Studiengang Wirtschaftsingenieurwesen hat er eine Vielzahl von aktuellen Einkaufsthemen wissenschaftlich erarbeitet und anschließend in der Praxis erprobt. Hierunter fallen beispielsweise die Neugestaltung eines Lieferantenbewertungssystems, der Aufbau von Risikomanagement im Einkauf sowie der Einrichtung eines Frühwarnsystems. Neben der Betreuung von Projekten zur Verlagerung komplexer Baugruppen ist Herr Rücker derzeit für Strategieentwicklung, Prozessoptimierung und Risikomanagement im Einkauf verantwortlich. Zusätzlich besucht er aktuell den dualen Masterstudiengang Prozessmanagement an der Technischen Hochschule Mittelhessen und ist als wissenschaftlicher Berater für PREX Consulting tätig.

Literatur

Aon Credit: Risik.o – http://www.unserebroschuere.de/6989242183/WebView/pagedata/26292_5.swf. Zugegriffen: 18.03.2013

Arnolds H et al (2010) Materialwirtschaft und Einkauf. Gabler, Wiesbaden

Brünger C (2011) Nutzenkonsistente Risikopriorisierung. Gabler, Wiesbaden

Büsch M (2011) Praxishandbuch strategischer Einkauf. Gabler, Wiesbaden

DIN EN ISO 9001 (2008) Qualitätsmanagementsysteme – Anforderungen (ISO 9001:2008). Beuth, Berlin

Fiege S (2006) Risikomanagement- und Überwachungssystem nach KonTraG. Gabler, Wiesbaden

Fisher R, Ury W, Patton B (2004) Das Harvard-Konzept. Campus, Frankfurt

Fritz W, von der Oelsnitz D (2006) Marketing: Elemente marktorientierter Unternehmensführung. Kohlhammer, Stuttgart

Fröhlich L, Lingohr T (2010) Gibt es die optimale Einkaufsorganisation? Gabler, Wiesbaden

Gabath C (2010) Risiko- und Krisenmanagement im Einkauf. Gabler, Wiesbaden

Gabath C (2011) Innovatives Risikomanagement im Einkauf. In: Innovatives Beschaffungsmanagement. Gabler, Wiesbaden

Grundmann T (2008) Der Begriff des Risikomanagements. In: Ein anwendungsorientiertes System für das Management von Produkt- und Prozessrisiken. Apprimus, Aachen

Henning G, Pelz G (2007) Transaktionsanalyse. Junfermann, Paderborn

Heß G (2008) Supply-Strategien in Einkauf und Beschaffung. Gabler, Wiesbaden

Janker C (2008) Multivariate Lieferantenbewertung. Gabler, Wiesbaden

Kirchler K (2008) Arbeits- und Organisationspsychologie. Facultas, Wien

Meierbeck R (2010) Strategisches Risikomanagement in der Beschaffung. Eul, Lohmar

Moder M (2008) Supply Frühwarnsysteme. Gabler, Wiesbaden

Portner J (2010) Besser verhandeln – Das Trainingsbuch. Gabal, Offenbach

Risse J (2007) Verhandlungsführung – Kann man verhandeln lernen? In: Workshop auf dem 14. Syndikusanwaltstag. Baker & McKenzie, Berlin

Schatz A, Mandel J, Hermann M (2010) Risikomanagement im Einkauf. Fraunhofer, Stuttgart

Schumacher S et al (2008) Die 3 Faktoren des Einkaufs. Wiley, Weinheim

Siebermann C, Vahrenkamp R (2007) Risikomanagement in Supply Chains. Erich Schmidt, Berlin

Stollenwerk A (2012) Wertschöpfungsmanagement im Einkauf. Gabler, Wiesbaden

The Risk Management Network (2011) Strategisches Risikomanagement. www.risknet/126.html. Zugegriffen: 23.12.2011

Wannewetsch H (2010) Integrierte Materialwirtschaft und Logistik. Springer, Heidelberg

Wieland J (2006) Tugenden in der chinesischen Kultur. KieM 21(2006), Konstanz

Wolke T (2008) Risikomanagement. Oldenbourg, München